甲骨學論叢

朱歧祥著

臺灣學生書局印行

甲骨學論叢

朱芳圃著

臺灣學生書局印行

再版序言

　　早年在台灣大學甲骨室隨　金祥恆老師修習說文專題研究、甲骨學等課程，開啓了我爲學先重溯源的想法。金老師的平實理性，也爲我日後的研究路途奠下了很好的典範。金老師在課餘對我的訓練，是先由通讀《說文解字》入手，然後令我摹寫甲骨室中大量拓印不清而又沒有釋文的秦漢鏡銘，並加以楷定。接著要我直接閱讀兩周金文的拓本，在有疑難的時候再翻核前人的考釋。最後，才讓我逐一臨摹甲骨圖版和撰寫甲骨的文章。這種由《說文》而秦漢文字而兩周文字而殷商文字的訓練方式，給予我一條非常明確的文字流變縱線，也奠定我靜心致力於精確求眞和客觀審核的治學基礎。這些年我一直提倡科學的立體的研治甲骨的方法，並撰寫了不少有關甲骨的文章。我寫文章的動能，除了靠個人一點果毅疑古的靈光外，明顯的是深受當年在甲骨室所受系統訓練的影響。

　　回顧這份再版的文稿，無論在辭例、考字、明史、釋文、方法等方面，迄今仍有參考的價值。特別是研治甲骨辭例和方法的一些文章，是全書的重點，對於有志於研究工作而缺乏研治方法的年青學子，應該會有幫助。本書與我後來撰寫的《甲骨文研究》、《甲骨文讀本》有一定的關連，彼此的研究成果可以相互參照。這系列的書稿應能讓讀者建立一可靠的甲骨學基礎。

序 言

　　本論叢收錄近年本人有關甲骨學的演講稿和單篇論文，凡十五篇，分別發表於中國大陸、台灣及香港等地的大學、研究單位及學報。

　　論叢的內容包括研究甲骨的辭例、考字、明史、釋文、方法等五類。

其中討論卜辭辭例的有：

　　〈殷墟甲骨文字的藝術〉

　　　　（中國西安意象藝術國際研討會講稿，刊於《意象藝術國際研討會論文集》。1991年9月）

　　〈甲骨文一字異形研究〉

　　　　（台灣國立中正大學中文研究所講稿。1991年5月）

考析文字的有：

　　〈釋示冊〉

　　　　（香港中文大學《中國語文集刊》第五期。1990年）

　　〈釋乍〉

　　　　（中國上海中國古文字研究會第八次年會講稿，刊於《靜宜人文學報》第三期。1990年8月）

　　〈釋重〉

　　　　（《金祥恆教授逝世周年紀念論文集》。1990年7月）

　　〈釋勿、另同字〉

　　　　（中國鄭州許慎與說文學術研討會講稿，刊於《說文

解字研究論文集》第二輯。1991年9月）

辨史的有：
〈殷武丁時期方國研究—鬼方考〉
（中國《許昌師專學報》第三期。1988年）
〈由小屯南地甲骨看殷代官制〉
（1986年4月未刊稿）

考定拓片釋文的有：
〈小屯南地甲骨釋文正補〉
（香港《浸會學報》第13卷。1986年）

有關甲骨學研究方法的有：
〈略談甲骨文字的新方向〉
（香港中文大學《中國語文集刊》第四期。1986年）
〈甲骨學九十年回顧與前瞻〉
（台灣國立中正大學中文研究所講稿。1990年6月）
〈談王國維的三種境界〉
（台灣靜宜大學中文系講稿。1990年9月）
〈論王國維二重證據法〉
（台灣台南師範學院語教系講稿。1991年12月）
此外，由甲骨學過渡至殷周金文研究的有〈殷周彝器作器人物簡論
〉（香港中文大學《中國語文集刊》第五期。1990年），藉古文字
的演變檢討今文的有〈中國文字簡化芻議〉（中國北京語言文字應
用研究所講稿。1990年6月）。

論叢諸文稿以推廣普及甲骨學為旨。余實不敏，復欠文采，糾

結言語，博引旁徵，無非欲求一客觀的眞相。行文務必有所依據，以冀不誣古人爲是。粗略處懇請方家敎正。多年來漂泊無定所，營役爲人，學途孤寂無友，幸仍能孜孜不倦，以撰述爲志，唯盼長存一點誠敬之心，不負先師　金祥恆敎授對這塊頑石的栽培罷了。知我罪我，付諸悠悠。

一九九一年平安夜序於台中沙鹿鎭

甲骨學論叢

總 目

殷墟甲骨文字的藝術

目　錄

殷墟甲骨文字的藝術

第一節　前言

　　文字是表達語言和思想的一種工具，它紀錄了人類現實生活中的感受。文字的一筆一畫，蘊藏著民族濃厚的情感和逐步躍升的社會文明。文字的創製亦充分表現出該民族對於情感的處理手法，以及對於現實和想像世界的敏感度。

　　文字或藉著實物取象，或透過表現抽象事物的技巧，來顯示民族的美學觀點。漢民族發源於黃河流域，一望無際的層疊高原，滾滾奔騰的長江大河，以及蒼翠生機的廣拓沃土，孕育出此一民族豁達沈實的胸懷；亦產生了特有的漢文字。透過漢文字的取材和演變，可以平實的反映出這個樸實民族的審美觀。

　　本文嘗試檢討中國文字的源頭，就殷墟甲骨卜辭的象形類文字、書寫行款、句型排列、結構組合、書法等方面，分析中國古代文字的藝術觀點。

第二節　甲骨文字象形的美

　　甲骨文是目前中國考古發掘最早最完備的一批文字，它代表著三、四千年前的殷商時期字體，其中仍保留著一些圖畫意味非常濃烈的象形字形，這反映中華民族在早期「近取諸身、遠取諸物」的造字過程。如：虎作　、雞作　、象作　、鹿作　、蛇作　、蜀作

、犀作　　等，都一一呈現出文字的美感，簡單的線條取代了筆畫繁雜的圖繪，把字意的特徵表露無遺。

　　以下，吾人互較甲骨文和目前流傳在雲南麗江納西族的原始圖形文字，從而了解甲骨文在文字發展史上並不是中國的原始文字。它雖然承接著圖畫取象的美感，但成熟、方正的字體，足以證明它已經遠離文字的始創期。

	納西文字	甲骨文字
1.水		
2.火		
3.艸		
4.鳥		
5.集		
6.羽		
7.爪		
8.燕		
9.羊		

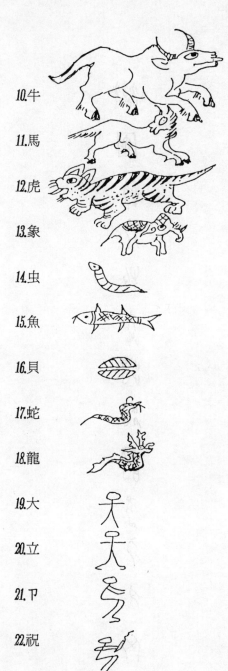

10.牛

11.馬

12.虎

13.象

14.虫

15.魚

16.貝

17.蛇

18.龍

19.大

20.立

21.卩

22.祝

23.流

24.因

25.執

26.耤

27.牧

28.奔

29.陟

30.降

31.飲

32.次

33.尿

34.屎

35.鬥

36.保

37.从

38.鄉

39.首

40.耳

41.目

42.眉

43.口

44.鼻

45.齒

46.鬚

47.手

48.足

49.心

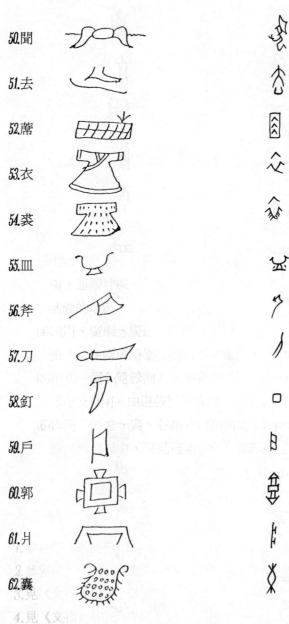

50.聞

51.去

52.蓆

53.衣

54.裘

55.皿

56.斧

57.刀

58.釘

59.戶

60.郭

61.爿

62.囊

63. 網		
64. 帚		
65. 聿		
66. 冊		
67. 弓		
68. 矢		
69. 箙		
70. 射		
71. 角		
72. 旗		
73. 壴		
74. 行		
75. 舟		

　　雲南麗江地區的納西文字始創於唐宋時期，有形字、音字兩種。形字較早，音字後起，至今仍被沿用，其中的形字是一種地域性甚濃的圖繪文字。它反映出早期以圖繪呈現實質狀況的字形，如山字取象平地崇起的形，水字取象短少而直的形，石字是壘壘土塊的，田字屬梯田的，路字象彎曲山徑的，朝、暮字分別是靠山所見太陽浮沈作、。這些文字的取象，都是麗江附近特有的景色。文字的產生，是先有意，才有象。由以上75組納西文字和甲骨文互較，顯見甲骨文已脫離原始圖繪的意味，而過渡至利用簡單線條的取象。甲骨文爲適應文字書寫的需要，其中取象動物的如馬⑾、虎⑿、象⒀等字皆由四足著地的立體圖繪發展成爲二足騰空側立之形；虫⒁、魚⒂、貝⒃、蛇⒄等字皆由常態的側臥圖形演變爲方便上下書寫的直立字形；羊⑼、牛⑽取象的繁體已由簡化的局部結體所取代。人字由正面立形轉變爲側面立形，以遷就文字方正的要求，如執㉕、耤㉖、飲㉛、次㉜、尿㉝、屎㉞、鬥㉟、保㊱、从㊲、鄉㊳等字形是；甚至連表示死人的因字㉔，亦見取象的遠離圖畫意味，由側臥而豎立起來。甲骨文中有用人身的部份代替全身，如牧字㉗只從手；陟㉙、降㉚只從止；手㊼、足㊽由五趾省略爲三趾；耳㊵、目㊶、眉㊷由雙目省爲單目、雙耳省爲單耳、雙眉省爲單眉。此皆爲圖繪過渡至文字的簡化傾向。甲骨文中復有抽象意念取代具體的實象，如奔㉘從三止，示快跑；首㊴由具體的臉形改爲二橫的形。其他如火⑵、艸⑶、郭㊿諸字的省簡，水⑴、爿⑹等字的豎立，都在在呈現甲骨文字脫離寫實的、繁雜的圖繪，自成體系的建立實用的、約定的特色和風格。

　　甲骨文應用簡單的線條來構成活潑的象形，它沒有早期原始圖繪文字的繁瑣，但能明快有力的突顯了圖繪的表意重點，恰到好處

地把圖形的共相描寫出來；它沒有後來隸、楷筆畫的呆板，運用圓筆靈活的、生動的把漢文字的藝術精神徹底詮釋出來。

第三節　甲骨文字書寫行款的美（註①）

殷人占卜多採用對貞。所謂對貞卜辭，是指以正反或重複的對應方式，多次占問吉凶的卜辭。由於對應的關係，對貞卜辭刻寫的位置多兩兩對稱成組。今就龜甲和牛胛骨上常見的對貞卜辭區分為14類，其內容或為左右對貞、或為上下對貞、或為交叉對貞、或為隔組對貞等形式。如此，構成殷代看似複雜無章，實則嚴謹而有系統的書寫格式。

甲、龜甲的對貞位置

龜甲的對貞主要刻寫在腹甲的甲邊趨甲心間。其行款主要有六類：

(一)右正左反的正反對貞，兩兩成組。此例最為常見。如：

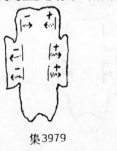

集3979

集136

㈡同在一邊的正反對貞，各自成組。如：

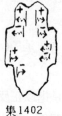 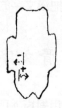

集1402　　　　　　　丙564

㈢交叉相對成文的正反對貞。如：

集3945　　　　　　　丙394

㈣右反左正的正反對貞，兩兩成組。如：

 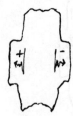

集14138　　　　　　丙302

㈤有兩兩皆正，或左右、或上下相對。如：

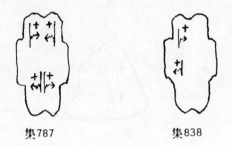

集787　　　　　　　　　　集838

㈥有兩兩皆反，或左右，或上下相對。如：

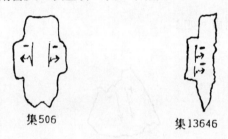

集506　　　　　　　　　集13646

乙、牛胛骨的對貞位置

　　牛胛骨的對貞多刻寫在骨扇正面上。其行款主要有八類：

㈠右正左反的左右對貞，兩兩成組。此例最為常見。如：

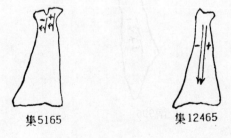

集5165　　　　　　　　集12465

㈡兩兩皆正的左右對貞。如：

集5167

南341

㈢左正右反的左右對貞。如：

集12425

南723

㈣上反下正的上下對貞。如：

集14672

南996

㈤上正下反的上下對貞。如：

集7259

南624

㈥隔組正反相對應的上下對貞。如：

集6250

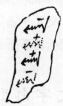

集4368

㈦兩兩皆正的上下對貞。如：

南783

南675

㈧兩兩皆反的上下對貞。如：

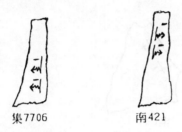

集7706　　　　　南421

　　總結以上《合集》、《屯南》等常見的對貞刻寫位置，龜甲有六類，牛骨有八類，共計十四類。其中以正反對貞的句式最爲常見。對貞卜辭以左右、上下、交叉、隔句成組等對稱方式，或同向，或背向，或正或反，充分顯示其平衡、規律的整齊之美。

第四節　甲骨文字句型排列的美（註②）

　　一條完整的卜辭可區分爲貞辭、命辭、固辭、驗辭四部份，其中以命辭的句型最繁雜。本節利用對比互較的方法，歸納對貞中命辭的句型，從而了解卜辭採用的單句和複句句式的變化。透過以下衆多的對貞句式，亦可體會殷人靈活、藝術的處理文句的能力。今僅就《甲骨文合集》、《小屯南地甲骨》、《殷墟文字丙編》等書的對貞句型結構加以說明如下：

甲、單句的對貞句型

　　對貞中的命辭句型皆爲單句，互較二單句的異同，可區分爲十一類：

(一) $\left\{\begin{array}{l} A \\ -A \end{array}\right\}$

　　正反對貞為對貞中的常態句型。A、-A分別代表正、反兩組同文句型，皆屬單句或由單句省略而來的詞組。其中多正詳而反略。此例最為常見。如：

　　　　〈集 734〉　　己巳卜，㱿貞：㱿其囚？

　　　　　　　　　　己巳卜，㱿貞：㱿不囚？

(二) $\left\{\begin{array}{l} A \\ A \end{array}\right\}$

　　二肯定式的同文單句兩兩對貞。如：

　　　　〈丙466〉　　戊寅卜，爭貞：燎于岳？

　　　　　　　　　　戊寅卜，爭貞：燎于岳？

(三) $\left\{\begin{array}{l} -A \\ -A \end{array}\right\}$

　　二否定式的同文單句兩兩對貞。如：

　　　　〈集9055〉　　甲申卜，爭貞：㲼弗其致？

　　　　　　　　　　甲申卜，爭貞：㲼弗其致？

(四) $\left\{\begin{array}{l} A \\ B \end{array}\right\}$

　　兩肯定式的單句在甲骨上相應的位置對貞。A、B分別代表異文句型。二者的句意不同，但卻有互補的現象。如：

　　　　〈南887〉　　卯伐？

　　　　　　　　　　于祖乙用羌？

　　本辭句意謂用殺伐進行卯祭，卯祭的對象是先祖祖乙，殺人牲的對象為外族羌人。

㈤ $\left\{\begin{array}{ll} A_1 & B \\ A_2 & B \end{array}\right\}$

A、B分別代表肯定式單句中詞組的前、後部份。對貞兩單句前半部的句式相同，句意相類，分別用A_1、A_2來表示；後半部的句式句意則全同。如：

〈南60〉　于祖丁旦尋？

　　　　　于宮旦尋？

此辭的祖丁爲殷先王，宮屬祭地名。

㈥ $\left\{\begin{array}{ll} A & B_1 \\ A & B_2 \end{array}\right\}$

A、B分別代表肯定式單句的前、後部份。對貞兩單句的前半部全同；而後半部的句式相同，句意相類，分別用B_1、B_2來表示。如：

〈集438〉　戊辰卜，爭貞：攸羌自妣庚？

　　　　　貞：攸羌自高妣己？

㈦ $\left\{\begin{array}{ll} A & B_1 \\ B_2 & A \end{array}\right\}$

對貞兩單句前後二部份互相顛倒，其中的一部份內容相類而不相同。如：

〈集13646〉　勿告于仲丁？

　　　　　　勿于大甲告？

〝勿于大甲告〞即〝勿告于大甲〞的倒裝用法。

㈧ $\left\{\begin{array}{ll} A & B \\ A & C \end{array}\right\}$

對貞兩單句的前半部份相同，後半部份相異，唯其句意仍可以互補。如：

〈集3458〉　　貞：王自宋入？

貞：王步？

此辭的次句強調〝王自宋入〞的進入方法，卜問是否宜用步行。

(九)$\begin{bmatrix} A & B_1 & C \\ A & B_2 & C \end{bmatrix}$

對貞兩單句由三部份組成，其中兩部份的詞組全同，一部份的詞組句型相同，句意相類。如：

〈集7768〉　　癸酉卜，殼貞：雀重今日圅？

癸酉卜，殼貞：雀于翌甲戌圅？

二句卜問的時間〝重今日〞和〝于翌甲戌〞稍有差異。

(十)$\begin{bmatrix} A_1 & B_1 & C_1 \\ A_2 & B_2 & C_2 \end{bmatrix}$

對貞兩單句中的詞組分為三部份，三部份的詞意皆相類。如：

〈南341〉　　壬申卜，王令雋以子尹立于帛？

壬申卜，王令壴以寅尹立于敦？

二句中王令的對象，協辦的人物和所立的地點均不同。

(廿)$\begin{bmatrix} A & C & D \\ A & -C & B \end{bmatrix}$

對貞兩單句中的詞組分為三部份，其中的二部份相同，一部份句意相異。如：

〈集6460〉　　貞：王重侯告征人？

貞：王勿唯侯告从？

第一句謂征伐人方，第二句強調殷王從侯告征伐。

乙、複句的對貞句型

對貞中的命辭句型皆為複合句、或是複合句的省略。比較對貞

句型的結構可區分為十九類。為方便說明，以下的Ａ代表複句中的主句，Ｂ代表複句中的第一副句，Ｃ代表複句中的第二副句。

(一) $\begin{Bmatrix} A，B \\ -A，-B \end{Bmatrix}$

　　正反兩組複合句對貞，屬複句對貞的常見用法。其中否定句的主、副句均帶有否定副詞。如：

　　　〈集9525〉　庚戌卜，㱿貞：王立黍，受年？

　　　　　　　　貞：王勿立黍，弗其受年？

　　第二句的否定詞分別用勿和弗。

(二) $\begin{Bmatrix} A_1，B \\ A_2，B \end{Bmatrix}$

　　對貞的二複合句都屬肯定句。二者的主句句式相同，句意相類，分別用A_1、A_2表示；副句則全同。如：

　　　〈南817〉　叀五牢冊，王受又？

　　　　　　　　叀十牢冊，王受又？

　　二句的差異在冊命祭祖的牢牲數。

(三) $\begin{Bmatrix} -A_1，-B \\ -A_2，-B \end{Bmatrix}$

　　對貞的二複合句都屬否定句。二者的主句句式相同，句意相類；副句則全同。如：

　　　〈集506〉　貞：龍亡不若，不執羌？

　　　　　　　　貞：㐰亡不若，不執羌？

　　二句的分別只是主句的主語稍異。

(四) $\begin{Bmatrix} A，-B \\ A，-B \end{Bmatrix}$

　　對貞的二複合句句式全同，唯副句一正一反。從例頗多。如：

〈集5447〉　貞：王屮旹，祖乙又？

　　　　　　貞：王屮旹，祖乙弗又王？

旹，即遣字。又，讀如佑。

(五) $\begin{cases} A，B \\ -A，B \end{cases}$

對貞中二複合句式全同，唯其中的兩組主句正反對貞。如：

　　〈集33273〉　戊辰卜，及，今夕雨？

　　　　　　　　　弗及，今夕雨？

(六) $\begin{cases} A，-B \\ A，-B \end{cases}$

對貞的二複合句中，兩組主句相同或相類；兩組副句句型全同，且皆屬否定式。如：

　　〈南3759〉　王其田俊，湄日亡戈？

　　　　　　　　其㞢田，湄日亡戈？

(七) $\begin{cases} A，-B \\ -A，\ B \end{cases}$

對貞的二複合句句型全同，主、副句交叉正反對貞。否定詞一在主句，一在副句。如：

　　〈南2192〉　叀盂田省，不冓雨？

　　　　　　　　弜省盂田，其冓雨？

否定詞 "弜"、"不" 分別置於主句和副句中。

(八) $\begin{cases} A，B \\ -A \end{cases}$

二複合句正反對貞。其中省略否定句的副句，從例頗多。如：

　　〈集31068〉　庚辰卜，其召，叀今酓酉？

　　　　　　　　　弜召？

(九) $\left[\begin{array}{l} A，B \\ -B \end{array}\right]$

二複合句正反對貞。其中省略否定句的主句。如：

〈集27518〉　戊戌卜，其示于妣己，王賓？

　　　　　　　　弜賓？

(十) $\left[\begin{array}{l} A \\ -A，B \end{array}\right]$

二複合句對貞，其中省略肯定句的副句。如：

〈集32453〉　丙申卜，𢦏束埶？

　　　　　　　　弜埶，茲用？

(十一) $\left[\begin{array}{l} B \\ -A，B \end{array}\right]$

二複合句對貞，其中省略肯定句的主句。如：

〈集38115〉　其戠日？

　　　　　　　　弜祀，戠日？

(十二) $\left[\begin{array}{l} A，B \\ A，C \end{array}\right]$

二複合句對貞，其中主句相同，副句相異。如：

〈集33698〉　庚辰貞：日戠，其告于河？

　　　　　　　　庚辰貞：日戠，非禍唯若？

(十三) $\left[\begin{array}{l} -A，B \\ -B，C \end{array}\right]$

二複合句對貞，前者的副句相當於後者的主句。對貞二句可以互補成一長句。如：

〈南665〉　辛巳貞：雨不既，其賓于契？

　　　　　　　弜賓，啟？

互較二辭，見卜求的內容，謂：雨不停止，乃賓祭於祖先契，

希望上天能放晴。二句辭意互相補足。

㈩$\left\{\begin{matrix} A， -C \\ B， C \end{matrix}\right\}$

二複合句正反對貞，其中的主句相異，副句相同。如

〈集26888〉　戍，亡戈？

　　　　　　　重🔲，又戈？

第一句主句言出外戍守，第二句主句點出戍守的地方爲🔲。

㈪$\left\{\begin{matrix} A，B， C \\ A，B， -C \end{matrix}\right\}$

二複合句中的詞組皆可分作三部份，在正反對貞中整句的句型全同。如：

〈集1115〉　丙子卜，亘貞，王业𝼏于唐：百長，用？

　　　　　　　貞：王业𝼏于唐：百長，勿用？

㈫$\left\{\begin{matrix} A_1，B， C \\ A_2，D， E \end{matrix}\right\}$

二複合句分別由三詞組合成，在對貞中除主句相類同外，其他的二副句均相異。如：

〈集27972〉　戍其歸，呼🔲，王弗每？

　　　　　　　戍其🔲，毋歸于止若，戈兌方？

㈬$\left\{\begin{matrix} A，B，C \\ -B， C \end{matrix}\right\}$

二複合句均由三詞組合成，對貞中否定句省略主句。如：

〈集28203〉　盂田禾稷，其邠，吉🔲？

　　　　　　　弜邠，吉🔲？

㈭$\left\{\begin{matrix} A，B，C \\ -A， -C \end{matrix}\right\}$

二複合句均由三詞組合成，對貞中的第一副句省略。如：

〈集16152〉　戊寅卜，爭貞：改，衜于止，若？

貞：勿改，不若？

(尚)　$\left\{\begin{array}{l} A，B，C \\ -C \end{array}\right\}$

二複合句正反對貞，否定句中省略主句和第一副句。如：

〈集271〉　己卯卜，㱿貞：邻婦好于父乙，屰羊屮豕，曹十
宰？

貞；勿曹？

總結以上《合集》、《屯南》等對貞句型的變化，粗略區分單句對貞凡十一類，複合句對貞凡十九類。共計三十類。常見的句型置前，罕見的句型移後。歸納以上三十類正正、反反、正反的對貞句型，包含著各種相同、相類、省略、互補、相承、相異的對應用法，由此可見，對貞中的命辭句型是相當規律、嚴謹、成熟而富變化的。對應的句型兩兩相向，產生和諧的整齊美感。句中長短單複的靈活對比，則突破了一般單調、呆板的句式，充份發揮多采多姿、具備生命力的句型美。

第五節　甲骨文字結構組合的美

甲骨文字的審美要求是以方正平穩的線條組合為主。若果字形流於過長或過寬，則以遷就上下行文的書寫習慣，寧取過長而不取過寬；過於繁雜的組合，則寧取上重下輕，而鮮取上輕下重。

吾人嘗試運用互較的方法，根據文字前後期的演變、習見和罕見、常態和異形等現象，歸納甲骨文的各種字形特徵和字與字間的

關係如次。藉著分析甲骨文的正側、橫豎、左右、上下、內外、相
背向、分合體、單複筆、偏旁通用、增意符、增聲符、增疊體、更
聲符、省意符、省疊體、同字異形、異字同形、形訛、斷代演變、
圖形變化、倒刻、缺刻、合文、逆讀等文字的特殊用例，得以了解
甲骨文是一種高度發展的、靈活應用的成熟文字。

一、甲骨文正、側無別。

甲骨文同一文字可正寫，可側書，彼此通用無別。如：弓字作
𝌆〈前5・7・2〉，象弓正面之形，復有側形作 𝌆〈乙137〉；弝字
作𝌆〈京1910〉，又作𝌆〈金351〉。龜字作𝌆〈燕192〉，象龜的
全形，復有側寫作 𝌆〈甲984〉、作 𝌆〈金717〉。朋字作𝌆〈甲777
〉，象串貝形，復有側形作 𝌆〈粹441〉。

二、甲骨文橫、豎無別。

甲骨文的字形多由取象實物的橫列改書爲豎立形，但若干字例
則仍處於橫、豎無別的過渡階段。如：舟字作𝌆〈林2・11・8〉，
又作𝌆〈乙930〉。車字作𝌆〈簠游122〉，又作𝌆〈明1906〉。
冒字作𝌆〈甲74〉，又豎目作𝌆〈粹1558〉。冕字作𝌆〈乙5347〉，
又豎兔作𝌆〈前5・14・1〉。涉字作𝌆〈佚699〉，又豎水作𝌆〈
甲411〉、作𝌆〈誠373〉。炎字作𝌆〈乙2307〉，又豎止作𝌆〈前
6・36・6〉。

三、甲骨文左右向無別。

甲骨文字形並無嚴格的固定取向，同一文字的書寫往往左右向
不拘。如：姜字作𝌆〈前4・25・7〉，又反向作𝌆〈乙192〉。又

字作 ⿱ 〈粹13〉，又作 ⿰ 〈甲384〉。允字作 ⿰ 〈甲3121〉，又作 ⿰ 〈乙7795〉。羌字作 ⿰ 〈甲119〉，又作 ⿰ 〈甲2415〉。隹字作 ⿰ 〈甲4〉，又作 ⿰ 〈甲157〉。㝆字作 ⿰ 〈甲620〉，又作 ⿰ 〈前7·34·1〉。

四、甲骨文上下移位例。

甲骨文上下式的結體組合可以上下交換位置。如：昔字作 ⿱ 〈甲2913〉，又倒作 ⿱ 〈後1·28·3〉。晶字作 ⿱ 〈菁2·1〉，又作 ⿱ 〈粹1164〉。員字作 ⿱ 〈庫180〉，又作 ⿱ 〈後2·1·11〉。寶字作 ⿱ 〈甲3741〉，又作 ⿱ 〈甲3330〉。買字作 ⿱ 〈佚462〉，又作 ⿱ 〈甲276〉。品字作 ⿱ 〈甲796〉，又作 ⿱ 〈甲241〉。⿱ 字作 ⿱ 〈林2·30·7〉，又作 ⿱ 〈前4·35·4〉。

五、甲骨文左右移位例。

甲骨文左右式的結體組合可以左右交換位置。如：明字作 ⿰ 〈後2·20·16〉，又作 ⿰ 〈乙6664〉。宿字作 ⿰ 〈甲3318〉，又作 ⿰ 〈粹1199〉。休字作 ⿰ 〈甲58〉，又作 ⿰ 〈乙484〉，楄字作 ⿰ 〈乙4211〉，又作 ⿰ 〈天39〉、作 ⿰ 〈佚787〉。安字作 ⿱ 〈乙7476〉，又作 ⿱ 〈乙119〉。雉字作 ⿰ 〈前7·24·1〉，又作 ⿰ 〈乙5403〉。漁字作 ⿰ 〈前7·9·1〉，又作 ⿰ 〈鐵184·1〉。

六、甲骨文內外移位例。

甲骨文內外式的結體組合可以內外交換位置。如：弘字作 ⿱ 〈鐵68·1〉，又作 ⿱ 〈乙3168〉。貯字作 ⿱ 〈後2·18·8〉，又作 ⿱ 〈乙689〉。豚字作 ⿱ 〈乙8698〉，又作 ⿱ 〈前3·31·1〉。

七、甲骨文上下式、左右式無別。

甲骨文的字形可以由上下式的組合轉變爲左右式的組合。如：雇字作〈佚756〉，又作〈師友1·80〉。雉字作〈乙8751〉，又作〈前7·24·1〉。韋字作〈甲2258〉，又作〈乙248〉。宿字作〈乙1170〉，又作〈甲921〉。昃字作〈乙18〉，又作〈乙32〉。賓字作〈乙3297〉，又作〈前5·10·5〉。娶字作〈續2·26·1〉，又作〈粹119〉。

八、甲骨文左右式、內外式無別。

甲骨文中一些特殊的字例，由於偏旁形體的改變，可以由左右式的組合轉變爲內外式的組合。如：酒字作〈京都1932〉，又作〈甲2121〉。沖字作〈明520〉，又作〈後2·36·6〉。黍字作〈甲2665〉，又作〈乙6725〉。

九、甲骨文相向、相背無別。

甲骨文若干結體的組合比較寬鬆，本身不需要遷就固定的方向以會意，亦不會因組合的移動而產生混淆的現象。這些字例的偏旁可以較自由的相向或相背。如：執字作〈甲1403〉，又作〈前6·61·2〉。𦘔字作〈乙616〉，又作〈寧滬1·444〉。

十、甲骨文合體、分體無別。

甲骨文若干字例常見合併兩個形體以會意，偶在不影響字義取象的前提下，可以有分別書寫的例子。如：年字作〈佚54〉，又分體作〈甲1493〉。望字作〈甲3122〉，又作〈寧滬2·48〉。𦔳字作〈存2·757〉，又作〈甲2658〉。䀠字作〈後1

・24・10〉，又作▨〈乙478〉。叙字作▨〈簠文84〉，又作▨〈乙5026〉。

十一、甲骨文單筆、複筆無別。

甲骨文基本已經脫離圖畫，過渡至利用單一線條的文字組合，然而由於美觀或別義的要求，偶有出現複筆的線條。如：克字作▨〈甲427〉，又作▨〈掇2・468〉。吕字作▨〈甲1352〉，又作▨〈甲3493〉。叶字作▨〈甲3338〉，又作▨〈甲2123〉。

十二、甲骨文偏旁通用例。

甲骨文中意義相類的偏旁有相互通用的現象。如：

①爪、又通用。

甲骨文中的爪、又皆象手形，在應用爲偏旁時可以相通。如：學字作▨〈鐵157・4〉，又作▨〈京3250〉。督字作▨〈續3・35・10〉，又作▨〈乙7040〉。墾字作▨〈甲3510〉，又作▨〈明620〉。塱字作▨〈京津4885〉，又作▨〈乙3251〉。質字作▨〈京津2259〉，又作▨〈前6・28・7〉。妥字作▨〈前5・19・1〉，又作▨〈粹124〉。采字作▨〈前4・45・4〉，又作▨〈乙12〉。再字作▨〈鐵102・2〉，又作▨〈前5・23・2〉。

②攴、殳、攵通用。

甲骨文中的攴、殳、攵均象以手持物敲擊之形，在應用爲偏旁時可以通用。如：鼓字作▨〈京1886〉，又作▨〈前5・1・1〉、作▨〈鐵38・3〉。攸字作▨〈京津5553〉，又作▨〈甲562〉。

③人、卩、女、母、旡、兄、子通用。

甲骨文中的人、卩、女、母、旡、兄、子均屬人形，在應用爲

偏旁時可以通用。如：即字作 🝖〈甲717〉，又作 🝗〈拾11・8〉，從卩、從人通用。攸字作 🝘〈甲562〉，又作 🝙〈佚923〉。鬼字作 🝚〈甲3343〉，又作 🝛〈菁5・1〉。見字作 🝜〈甲2040〉，又作 🝝〈甲2124〉。女字作 🝞〈乙145〉，又作 🝟〈鐵164・1〉。郊字作 🝠〈存2・765〉，又作 🝡〈粹387〉。兄字作 🝢〈甲2292〉，又作 🝣〈甲846〉。值字作 🝤〈鐵172・4〉，又作 🝥〈鐵182・3〉，作 🝦〈甲2239〉，可見從人、從卩、從女通用。冟字作 🝧〈乙1046〉，又作 🝨〈前6・29・2〉；嬪字作 🝩〈鐵261・1〉，又作 🝪〈前7・30・3〉，乃從卩、從女通用之證。育字作 🝫〈甲818〉，又作 🝬〈前1・30・5〉，從母、從人通用。隊字作 🝭〈菁3・1〉，又作 🝮〈粹1580〉，從人、從子通用。卿字作 🝯〈前4・21・5〉，又作 🝰〈前1・36・3〉，從卩、從旡通用。既字作 🝱〈粹493〉，又作 🝲〈寧1・170〉，從旡、從兄通用。

④止、正通用。

　　甲骨文中的止、正皆象足趾形，在偏旁中可以通用。如：旋字作 🝳〈後2・35・5〉，又作 🝴〈乙25〉。

⑤皿、凵、口通用。

　　甲骨文中的皿、凵皆象盛器，在應用為偏旁時可以通用。凵、口皆取象箕盧，偏旁中亦見通用的例子。如：盂字作 🝵〈甲357〉，又作 🝶〈甲3939〉，作 🝷〈前5・5・6〉。盡字作 🝸〈前1・44・6〉，又作 🝹〈乙3853〉。盍字作 🝺〈前2・37・8〉，又作 🝻〈甲2803〉。盉字作 🝼〈甲653〉，又作 🝽〈京2049〉。出字作 🝾〈京1201〉，又作 🝿〈後1・29・10〉。

⑥木、來、屮、禾、米、枼通用。

　　甲骨文中的木、來、屮、禾、米、枼皆屬於植物類，在應用為偏旁時可以通用。如：勤字作 🞀〈前2・7・6〉，又作 🞁〈前2・8

‧2〉，作🐾〈後1‧13‧2〉，從木、從來、從屮通用。嗇字作🐾
〈師友1‧130〉，又作🐾〈前4‧41‧3〉，從來、從禾通用。圖字
作🐾〈前4‧12‧4〉，又作🐾〈乙643〉。楚字作🐾〈粹1547〉，
又作🐾〈粹73〉。𡩋字作🐾〈乙1046〉，又作🐾〈前6‧29‧4〉。
楳字作🐾〈乙6461〉，又作🐾〈前6‧62‧3〉。麥字作🐾〈京2236
〉，又作🐾〈甲3918〉。麓字作🐾〈前2‧23‧1〉，又作🐾〈佚426
〉。粦字作🐾〈前2‧16‧4〉，又作🐾〈甲899〉，從米、從來通
用。采字作🐾〈前4‧45‧4〉，又作🐾〈前5‧36‧1〉，從木、從
枼通用。

⑦牛、羊通用。

甲骨文中的牛、羊皆屬牲畜，在應用爲偏旁時見通用的字例。
如：牧字作🐾〈甲3782〉，又作🐾〈甲1131〉。

⑧行、彳通用。

甲骨文中行、彳皆示衢道，在應用爲偏旁時見互相通用。如：
術字作🐾〈甲3049〉，又作🐾〈甲3291〉。衛字作🐾〈甲598〉，
又作🐾〈後2‧2‧15〉。

⑨丹、井通用。

甲骨文中的丹字作🐾〈乙3387〉、作🐾〈京津3050〉，示陷阱，
字與井字混。在偏旁中亦見丹、井通用。如：覘字作🐾〈粹501〉，
又作🐾〈甲2396〉。尊字作🐾〈林2‧14‧16〉，又作🐾〈明220〉。

⑩宀、广、冂、冃通用。

甲骨文中的宀、广、冂、冃諸形均象居所，在應用爲偏旁時見
通用例。如：宰字作🐾〈乙8688〉，又作🐾〈粹1196〉。𡩋字作🐾
〈乙1046〉，又作🐾〈前2‧5‧2〉。雇字作🐾〈乙183〉，又作🐾
〈京264〉。內字作🐾〈前1‧39‧4〉，又作🐾〈燕253〉。

十三、甲骨文增添意符例。

　　甲骨文意符的增省標準，是根據字形斷代分期的先後來判斷。然而，同期同一文字亦會出現不同的寫法，繁簡互見，吾人則需要另由字形出現的多寡、常見和罕見來論定文字是屬於增繁抑或省減。此外，由兩周金文和小篆往上推論文字的發展，亦是衡量字形先後的一種佐證。甲骨文字形愈與周金文或篆體接近，其時代則可能愈後；字形愈與周金文或篆體相異，其時代則可能愈早。甲骨文增添的意符多數是結體中次要的偏旁，對該結體的本義有強調的功能，此外，亦有區別義的作用。如：

①增止、彳、行。

　　甲骨文中有增附止、彳、行等意符，以強調該字義的活動過程。如：牧字作 𤘘〈甲3782〉，又增止作 𤘘〈燕589〉，增彳作 𤘘〈寧1・397〉、增止和彳作 𤘘〈存2006〉。宁字作 🔴〈乙1379〉，又增止作 🔴〈乙3274〉。賓字作 🔴〈鐵122・1〉，又增止作 🔴〈前1・8・7〉。𣪊字作 🔴〈佚624〉，又增止作 🔴〈京2490〉。矣字作 🔴〈戩27・1〉，又增彳作 🔴〈前7・19・1〉。𠱾字作 🔴〈甲1654〉，又增彳作 🔴〈前2・28・1〉。出字作 🔴〈後1・29・10〉，又增彳作 🔴〈鐵14・2〉、增行作 🔴〈甲241〉。

②增步。

　　甲骨文中有增從步的字例，如：歲字作 🔴〈粹17〉，又增步作 🔴〈明2235〉，以示專有名詞。

③增又、廾。

　　甲骨文中有增偏旁又、廾，強調是用手把持的動作。如：冊字作 🔴〈甲743〉，又增雙作 🔴〈前4・37・5〉。𨟠字作 🔴〈後2・22・13〉，又增雙作 🔴〈前6・16・2〉。娉字作 🔴〈甲225〉，又增雙作 🔴〈甲38〉。嬃字作 🔴〈甲1955〉，又增雙作 🔴〈佚410〉。

龐字作 ⬚〈乙1405〉，又增双作 ⬚〈續5‧34‧5〉。扁字作 ⬚〈乙4749〉，又增双作 ⬚〈續6‧12‧5〉。冢字作 ⬚〈珠1000〉，又作 ⬚〈前7‧12‧1〉；增從手。

④增人。

　　甲骨文中若干字形增添意符人，有藉此強調該字例屬於人身的部份；亦有屬於特殊字例的訛變，如：虎字本象虎頭身之形，其後字形豎立訛爲人身。盧字作 ⬚〈粹109〉，又增人作 ⬚〈甲886〉。虤字作 ⬚〈佚935〉，又作 ⬚〈拾4‧18〉，從虎；復作 ⬚〈京津71〉，訛作人形。眉字作 ⬚〈前6‧50‧6〉，偶有增人作 ⬚〈前6‧7‧4〉。

⑤增卩。

　　甲骨文中與人膝跪有關的字例偶有增添意符卩。如：圉字作 ⬚〈甲2415〉，又增卩作 ⬚〈林2‧20‧15〉。

⑥增示。

　　甲骨文中與鬼神有關的字偶有增添意符示。如：鬼字作 ⬚〈甲3343〉，又作 ⬚〈前4‧18‧6〉，增從示；與《說文》古文同。

⑦增阜。

　　甲骨文中有增偏旁阜的字例，如：奠字作 ⬚〈甲3389〉，又增阜作 ⬚〈戩26‧3〉。

⑧增皿、凵。

　　甲骨文中若干表示容器的字例有增加皿、凵等意符。如：醬字作 ⬚〈續3‧35‧10〉，又增皿作 ⬚〈林2‧29‧1〉。卣字作 ⬚〈甲2354〉，有增凵作 ⬚〈寧3‧23 2〉，有增皿作 ⬚〈乙706〉。

⑨增匕。

　　甲骨文中若干容器類字例有增匕，示盛器中的湯匙。如：鬯字作 ⬚〈甲1955〉，又增作 ⬚〈甲878〉。

⑩增禾。

　　甲骨文中有增意符禾，強調盛食意，如：䵼字作 ![字形]〈前2·16·4〉，又增與米相關的意符禾作 ![字形]〈燕280〉。

⑪增木。

　　甲骨文中有增意符木，強調用木焚燒意，如：炊字作 ![字形]〈拾8·2〉，又增作 ![字形]〈京津3870〉。

⑫增水。

　　甲骨文中有增意符水，示該地望屬水名。如：雍字作 ![字形]〈乙785〉，又作 ![字形]〈前2·35·5〉。

⑬增口。

　　甲骨文中有增口，或示文飾、或與口語有關。如：敗字作 ![字形]〈甲476〉，晚期又增口作 ![字形]〈鐵245·1〉。啓字作 ![字形]〈粹999〉，又作 ![字形]〈京3805〉。宦字作 ![字形]〈前6·48·5〉，又作 ![字形]〈粹541〉，復增二口作 ![字形]〈前6·29·6〉。

十四、甲骨文增添疊體例

　　甲骨文的字形由繁趨簡是一整體的大方向，但也有因強調部份結體的意義而加以重疊。此外，由於文字書寫的不要求嚴格統一，復古心理與審美標準的差異，亦爲增繁疊形的因素。

①疊羊。

　　甲骨文中有重複意符羊，疊體有強調眾多的意思。如：羊字作 ![字形]〈甲775〉，又增作 ![字形]〈鄴3·42·9〉。衔字作 ![字形]〈前6·23·5〉，又作 ![字形]〈京津2619〉。羴字作 ![字形]〈金663〉，又作 ![字形]〈前4·35·5〉。

②疊豕。

　　甲骨文中有重複意符豕。如：圂字作 ![字形]〈京2651〉，又作 ![字形]〈

前4‧16‧8〉。家字作 [圖] 〈甲207〉，又作 [圖] 〈乙4293〉。豖字作
[圖] 〈甲3634〉，又疊作 [圖] 〈前1‧31‧5〉。

③疊隹。

　　甲骨文中有重複意符隹。如霍字作 [圖] 〈乙7746〉，又增從三隹
作 [圖] 〈前2‧15‧7〉。

④疊虫。

　　甲骨文中有重複意符虫。如蜀字作 [圖] 〈後2‧27‧7〉，又作 [圖]
〈甲3340〉。

⑤疊人。

　　甲骨文中有重疊意符人，示眾人。如：旅字作 [圖] 〈甲929〉，
復增從三人作 [圖] 〈粹10〉。

⑥疊又。

　　甲骨文中有重複意符又。如：專字作 [圖] 〈鐵133‧4〉，又作 [圖]
〈鐵268‧4〉。餗字作 [圖] 〈前2‧39‧2〉，又作 [圖] 〈甲1169〉；單
手、雙手持物無別。

⑦疊匕。

　　甲骨文中有重疊意符匕。如：妣字作 [圖] 〈甲355〉，後又疊作
[圖] 〈京都1852〉。

⑧疊木。

　　甲骨文中有重疊意符木，示木盛多意。如：農字作 [圖] 〈甲96〉，
又作 [圖] 〈後1‧7‧11〉。麓字作 [圖] 〈前2‧23‧1〉，又疊四木作 [圖]
〈前2‧28‧3〉。

⑨疊禾。

　　甲骨文中有重疊意符禾。如：嗇字作 [圖] 〈前4‧41‧3〉，又作
[圖] 〈後2‧7‧2〉。

⑩疊卤。

　　甲骨文中有重疊意符卣。如：卣字作 **6**〈甲2354〉，又重作 **66**〈乙1121〉，復從三卣作 **666**〈乙3390〉；與《說文》籀文同。
⑪疊矢。

　　甲骨文中有重疊意符矢。如：族字作 **🏹**〈甲366〉，偶有作 **🏹**〈鐵93・1〉。䠶字作 **🏹**〈前5・9・3〉，又作 **🏹**〈林1・25・9〉。
癸字作 **🏹**〈乙2130〉，又疊作 **🏹**〈河754〉。

十五、甲骨文增添聲符例。

　　中國文字的起源是由圖繪發展至象形，由獨體的象形再衍生爲合體的會意。根據象形文字爲基礎附加以表音的聲符，此爲形聲字的源起。甲骨文中增添的偏旁仍以意符爲主，增添後起聲符的字例並不多見，如：鳳字作 **🐦**〈鐵55・3〉，有增凡聲作 **🐦**〈前2・30・6〉。星字作 **品**〈後2・9・1〉，有增生聲作 **🌟**〈乙1877〉。此爲漢文字由象形過渡至形聲造字的例證。

十六、甲骨文更易聲符例。

　　甲骨文是形書，以表形爲主，對於附加聲符以造字的方法仍處於發展的階段。由於人爲對於字音判斷的差異，使到同一個甲骨文有兼具不一致標音的分歧現象。如同爲一風字，有借鳳字從凡聲作 **🐦**〈拾7・9〉，又有改從兄聲作 **🐦**〈甲3918〉。

十七、甲骨文省減意符例。

　　排比甲骨文的斷代分期，發現有許多字例會在演變過程中省略了其中的次要結體，但對該字的理解並沒有影響。
①省又、双。

　　甲骨文中有省意符又或双。如：㷉字作 [字]〈菁1‧1〉，省又作
[字]〈菁1‧1〉。寶字作 [字]〈粹282〉，省又作 [字]〈甲3730〉。塦字作
[字]〈甲3510〉，省又作 [字]〈前2‧5‧7〉。學字作 [字]〈鐵157‧4〉，
復省双作 [字]〈存2‧256〉。

②省止。

　　甲骨文中從辵偏旁的字例有省止，唯無礙該字所顯示的行動意。
如：通字作 [字]〈庫1051〉，省作 [字]〈甲709〉。達字作 [字]〈存2011
〉，省作 [字]〈佚429〉。造字作 [字]〈粹1037〉，省作 [字]〈河675〉。
逆字作 [字]〈甲896〉，省作 [字]〈鐵20‧2〉。

③　省女、母。

　　甲骨文中有省意符女或母者。如：第一期卜辭的婦妌字作 [字]〈
甲3001〉，後省女作 [字]〈甲2913〉。育字作 [字]〈甲818〉，又省母
作 [字]〈甲2502〉。

④省火。

　　甲骨文中有省意符火。如：萬字作 [字]〈粹551〉，又省火作
[字]〈鐵17‧1〉。

⑤省水。

　　甲骨文中有省意符水，這些字例或爲水名，或屬特例。如：櫛
字作 [字]〈前2‧17‧3〉，又省水作 [字]〈前2‧17‧4〉。黍字作 [字]〈
甲2665〉，偶有省水作 [字]〈鐵72‧2〉。

⑥省米。

　　甲骨文中有省意符米。如：[字]字作 [字]〈前2‧16‧4〉，又省作
[字]〈鐵230‧1〉。糧字作 [字]〈乙2593〉，又省作 [字]〈粹870〉。

⑦省肉。

　　甲骨文中有省意符肉。如：[字]字有作 [字]〈簠文50〉，偶省作 [字]
〈乙837〉。

⑧省屮。

　　甲骨文中有省意符屮。如：䕫字作 [字形]〈簠文50〉，偶省作 [字形]〈甲2102〉。

⑨省貝。

　　甲骨文中有省意符貝。如：寶字作 [字形]〈甲3330〉，偶省貝作 [字形]〈師友2‧24〉。

⑩省彳。

　　甲骨文中從辵的動詞有省意符彳。如：逆字作 [字形]〈甲896〉，又省彳作 [字形]〈乙2747〉。

⑪省口。

　　甲骨文中有省意符口。如：䖕字早期卜辭作 [字形]〈前1‧7‧6〉，後有省口作 [字形]〈甲1307〉。高字作 [字形]〈粹162〉，偶省作 [字形]〈前6‧1‧6〉。商字作 [字形]〈甲2416〉，又省作 [字形]〈甲2325〉。

⑫省鳳。

　　甲骨文中有省意符鳳。如：風字作 [字形]〈前2‧3‧6〉，特例見省作 [字形]〈餘7‧11〉。

⑬省土。

　　甲骨文中有省意符土。如：聖字作 [字形]〈甲3122〉，又省土作 [字形]〈續3‧11‧3〉。

⑭省木。

　　甲骨文中有省意符木。如：麓字作 [字形]〈前2‧23‧1〉，又作 [字形]〈甲598〉，省二木。

十八、甲骨文省減疊體例。

　　吾人觀察甲骨文字形的演變過程，若干過繁的疊體省減爲較簡單的字形。此爲文字發展由繁趨簡的必然現象。

①省人的疊體。

甲骨文中有省減疊從人的結體。如：眾字作 <ruby>晶</ruby>〈甲354〉，偶有省一人作 <ruby>晶</ruby>〈乙1986〉。旅字作 <ruby>旅</ruby>〈甲929〉，又作 <ruby>旅</ruby>〈甲2647〉。字從三人、一人多寡無別。

②省又的疊體。

甲骨文有省減疊從又的結體。如：角字作 <ruby>角</ruby>〈乙877〉，有省二手為一手作 <ruby>角</ruby>〈乙2327〉。與字作 <ruby>與</ruby>〈乙5159〉，有省四手為二手作 <ruby>與</ruby>〈前5・21・7〉。

③省虫的疊體。

甲骨文有省減疊從虫的結體。如：蠱字作 <ruby>蠱</ruby>〈乙7012〉，有省為二虫作 <ruby>蟲</ruby>〈前6・67・5〉。蠱字作 <ruby>蠱</ruby>〈乙1926〉，有省為一虫作 <ruby>蠱</ruby>〈京都454〉。

④省隹的疊體。

甲骨文有省減疊從隹的結體。如：雙字作 <ruby>雙</ruby>〈後2・38・9〉，有省簡作 <ruby>隻</ruby>〈粹12〉。

⑤省木的疊體。

甲骨文有省減疊從木的結體。如：焚字作 <ruby>焚</ruby>〈鐵871〉，又省一木作 <ruby>焚</ruby>〈後2・4・5〉。

⑥省屮的疊體。

甲骨文有省減疊從屮的結體。如：囿字作 <ruby>囿</ruby>〈乙643〉，又省一屮作 <ruby>囿</ruby>〈京3146〉。

⑦省口的疊體。

甲骨文有省減疊從口的結體。如：<ruby>嚚</ruby>字作 <ruby>嚚</ruby>〈乙3468〉，從四口；有省從三口作 <ruby>嚚</ruby>〈戩42・3〉。

十九、甲骨文同字異形例。（註③）

所謂同字異形，是指同一個文字的不同書寫字體。同字異形必

需要符合兩種標準：一爲字形相承的關係，二爲具備相同的辭例。
如：

①勿字作 ⟨甲475⟩，又作 ⟨甲2501⟩，字形分別取象弓弩的
側、正面。互較以下二辭例用法得證爲同一字。

　　　〈丙32〉　甲辰卜，㱿貞：王賓翌？

　　　　　　　貞：王咸酚登，賓翌？

　　　〈粹424〉　丙辰卜，囗貞：其賓囗？

　　　　　　　貞：賓？

②示字作 ⟨庫1061⟩，又作 I ⟨前2・40・7⟩、作 ⟨遺628⟩，
皆象宗廟神主之形。由以下辭例〝三匸二示〞的用法見諸字形屬同
字。

　　　〈庫1061〉癸未卜，登來于二示？

　　　〈粹542〉　囗匸二 I，卯，王叙于此，若，佑征？

　　　〈遺628〉　丙申卜，佑三匸二示？

③牛字作 ⟨人1918⟩，又作 ⟨續1・53・1⟩、作 ⟨續2・18
・8⟩，皆象牛首豎角之形。由以下諸辭例互較亦得證。

　　　〈粹550〉　叀幽牛？

　　　〈乙7120〉　叀幽牛业黃牛？

　　　〈明820〉　幽牛？

此外，如：舞字作 ⟨甲2858⟩，又作 ⟨前7・35・2⟩、作 ⟨
乙2181⟩。糸字作 ⟨乙124⟩，又作 ⟨粹816⟩。方字作 ⟨前
7・42・1⟩，又作 ⟨甲1269⟩、作 ⟨戩38・1⟩。五字作 ⟨
林1・18・2⟩，又作 三 ⟨林1・18・13⟩。彔字作 ⟨甲598⟩，又
作 ⟨乙543⟩、作 ⟨佚658⟩。郭字作 ⟨甲145⟩，又作 ⟨
前8・10・1⟩。豆字作 ⟨甲2396⟩，又作 ⟨後2・32・9⟩。京
字作 ⟨甲1124⟩，又作 ⟨甲2132⟩。束字作 ⟨甲2289⟩，又

作 ✦〈簠帝41〉。以上皆屬同字異形的異體字字例。

二十、甲骨文異字同形例。（註④）

　　所謂異字同形，是指同一個形構代表著兩個以上不同音義的文字，乃屬於文字間的同化現象。異字同形的關係亦是建基於相同的辭例。如：∧形常用爲入字〈京津701〉，偶有用爲下字〈乙4549〉。❦形多用爲女字〈乙7731〉，亦有用爲母字〈甲2902〉。❦形用爲正字，讀如正月之正〈甲2274〉和征伐之征〈後1・31・5〉，亦有用本義作足〈甲1640〉。❦形用爲山字〈乙2463〉，間有用作火字〈粹1428〉。Ⅰ形分別用爲壬字〈甲2764〉、工字〈前3・28・5〉、示字〈粹542〉。

　　甲骨文中屬於異字同形的字例並不多見。爲了避免文字間的混淆現象，異字同形的字往往在後來演進過程中增添或更易偏旁，藉此以加強區別意的功能。

二一、甲骨文形近訛誤例。

　　甲骨文中有因形構相近而混同的。混同的現象有見於字與字之間，亦有見於偏旁。

　　字與字之間形訛混同的例子，如：

①❦—❦

　　❦，即目字；有用爲❦的訛誤。❦，從目下淚，隸作眔。《說文》：「目相及也。從目隸省。讀若與隸同。」隸，及也，和也，字用爲連詞。由以下辭例見目、眔混同。

　　〈乙5405〉　庚戌卜，业❦祁于妣辛❦父丁❦？

　　〈甲680〉　其又兄丙❦子癸？

②ℛ—ℛ

　　ℛ，即勾字，乃犁的初文。卜辭用爲黧黑意。字有訛與勿字相混，用作否定詞。由以下辭例互較得證。

　　〈粹540〉　　貞：ℛ呼？九月。

　　〈存1‧559〉　貞：ℛ呼伐呂方？

③ℱ—ℱ

　　ℱ，象斧鉞形，與戉、戊的本義相同；卜辭用爲地支的戌字。戌字有因形構接近而訛用爲年歲的歲。互較下二辭例可見。

　　〈京3904〉　癸卯卜，今ℱ受禾？

　　〈卜493〉　　癸卯卜，爭貞：今ℱ商受禾？

④ℱ—ℳ

　　ℱ，即戌字。卜辭因形體接近而訛爲我（ℳ）字。由以下諸辭例互較，見戌同用爲我。

　　(a)〈前1‧52‧1〉貞：寅尹耑ℱ？

　　　〈南明57〉　貞：呂方出，唯寅尹耑ℳ？

　　(b)〈鄴3‧37‧7〉唯ℱ虫作禍？

　　　〈前1‧27‧4〉唯ℳ虫作禍？

⑤Θ—Θ

　　Θ，象人首之形，如貌作ℛ，臭作ℳ可作佐證。字隸作白，借用爲白色，又借爲伯，復借爲晚期卜辭的田狩地名。字因形近與百字相訛同。由以下二組辭例互較可證。

　　(a)〈卜245〉　　戊子卜，賓貞：叀今夕用三Θ羌于祊，用☑？

　　　〈續2‧16‧3〉三Θ羌用于祊？

　　(b)〈鐵53‧4〉　☑丑卜☑貞：袞Θ人？

　　　〈京1688〉　☑卜☑貞：其☑Θ人☑囚？

⑥ℳ—ℳ

🏵，象束囊之形，隸作東。卜辭已借用爲四方的東，如「東土」、
「東方」、「東寢」、「東室」、「東鄙」、「東兆」、「河東」
等是。🏵，即束；字有形近而混作東，由以下辭例得證。

〈前1‧48‧5〉貞：方告于🏵西？

〈南南2‧56〉甲申卜，賓貞：勿于🏵方告？

⑦甶—甶

甶，隸作宁，即貯字初文。《說文》：「宁，辨積物也。」「
貯，積也。」字象貯物的地方。殷有「宁官」一職，乃負責管理、
儲存外邦來貢甲骨的職官，如宁豆、宁鞤、宁🔩等是。

字有訛同爲地支的子（甶）字。如：

〈乙6738〉 翌戊甶焚于西？

〈合202〉 翌庚甶其雨？

〈寧230〉 囗旬亡禍？旬壬午允囗來囗甲甶🏵。

以上的「戊宁」、「庚宁」、「甲宁」，當即干支的「戊子」、「
庚子」、「甲子」的訛誤。

⑧方—亥

方，即方字。字有形近而訛同於亥。亥象豕形，隸作亥。《說
文》：「亥爲豕，與豕同。」卜辭用爲地支。由辭例見亥的用法與
方字同。

(a)〈人1994〉 癸未其寧風，于方又雨？

〈粹784〉 甲申卜，今日亥不雨？

(b)〈掇2‧36‧3〉丁卯卜貞：聖齒多方示囗？

〈金36〉 丙戌卜，中貞：多亥囗入囗？

以上二辭的亥當爲「方不雨」、「多方」的訛誤。

⑨星—生

星，即星字。生，象屮冒出，隸作生。《說文》：「進也。象

艸木生出土上。」孫海波《甲骨文編》釋作之，稍誤。卜辭習言「
求生」，即祈求生育；「受生」，即受佑而生。祭祀的對象均爲殷
先母妣。由以下辭例見星與生混同。

〈鄴1・31・7〉　貞：二月㞢，不其 ↑？

〈柏12〉　貞：翌戊申女其 ↓？

⑩㿱—㿱

㿱，即瘳字，今作夢。字因形近訛同爲疾（㿠）字。由以下辭
例「疾趾」可證。

〈庫92〉　貞：㿠止，祇于妣己？

〈乙3475〉壬戌卜，㱿貞：王㿠唯止？

⑪𣅊—𣅊

𣅊，象三足彝器之形，隸作鬲。《說文》：「鼎屬也。象腹交
文三足。」《爾雅・釋器》：「鼎款足者謂之鬲。」卜辭有用本義，
稱「奠鬲」，即用鬲祭奠之意；字有用爲武丁時的人名。字復因形
近與鼎（𣇷）混同，借爲貞卜的貞字。如：

〈掇2・187〉　乙巳𣅊：不羍？

〈掇2・188〉　己卯𣅊：祇㞢于二示？

以上二辭的𣅊字均作貞解。

⑫𣇷—𣇷

𣇷，象鼎形，即鼎的初文。《說文》：「三足兩耳，和五味之
寶器也。」卜辭用爲動詞，示盛牲於鼎彝以烹祭。字復借爲貞字，
與𣇷形混同。由以下辭例得證。

(a)〈前8・12・6〉戊寅卜，𣇷：三卜，用？

〈京5277〉　戊寅卜，𣇷：今日征☒？

(b)〈乙8888〉　己巳𣇷：婦𡛥長亡禍？

〈乙8695〉　己巳𣇷：婦𡛥長亡禍？

　　形近混同見於偏旁的，如：疾字作 ⿰疒⿱人 〈前5·20·3〉，又作 ⿰疒人 〈燕863〉，偏旁爿形訛作 日。賓字作 ⿱宀人 〈鐵122·1〉，又作 ⿱宀人 〈甲1222〉，從豕、從人形近混同。嬪字作 ⿱宀女 〈拾10·16〉，又作 ⿱宀女 〈乙4151〉，例亦同上。⿱敬字作 ⿰敬 〈林2·28·14〉，作 ⿰敬 〈佚442〉，作 ⿰敬 〈甲756〉，諸形的偏旁從亥、從人、從方相混同。楨字作 ⿰貝 〈粹1595〉、作 ⿰心 〈前6·62·3〉，字從貝、從心相混。杳字作 ⿱木日 〈後2·39·16〉，又作 ⿱木口 〈甲427〉，從日、從口形近而混同。韋字作 ⿱韋 〈乙885〉，又作 ⿱韋 〈鐵77·4〉，例亦同上。昕字作 ⿰日斤 〈京津3261〉，又作 ⿰日斤 〈京3113〉，從日、從囧混同。

二二、甲骨文斷代演變例。

　　甲骨文的斷代研究始於王國維，大成於董作賓。董先生以斷代十例區分殷墟甲骨，總歸爲五期。加拿大多倫多博物館的許進雄先生根據實物的研究，提出第十一個甲骨斷代標準—鑽鑿，這方法亦漸爲甲骨學者認同。後來我又發現不同時期的否定詞用法有差異，此可以作爲判斷卜辭分期的另一新的標準。詳見拙文《殷墟卜辭句法論稿》第二章。吾人由精確的斷代分期，可以進一步理解甲骨文字形的演變過程。如：

　　災字在第一期卜辭作 ⿳ 〈前1·51·1〉，第二期豎形作 ⿲ 〈前2·26·2〉，第三期增添聲符作 ⿰ 〈佚197〉，第四期更易意符作 ⿱ 〈寧220〉，第五期省略作 ⿰ 〈前2·24·6〉。

　　羌字在第一、二期卜辭作 ⿱羊 〈乙6996〉，用爲部落，第三期增繁作 ⿱羊 〈甲443〉，用爲方國，第三、四期以後則作 ⿱羊 〈甲2458〉、作 ⿱羊 〈前2·35·4〉、作 ⿱羊 〈佚673〉，用爲地名。

　　轟字在第一期卜辭作 ⿱ 〈前3·18·3〉，第二期增止作 ⿱ 〈後2·14·7〉，第三至五期復增 彳 作 ⿰彳 〈前2·30·6〉。

二三、甲骨文由圖形過渡至線條例。

　　排比甲骨文中的象形文字，發現已由濃厚的圖書意味演變爲簡單、規律、要求方正的緊密線條。這是文字自然演進的結果，亦代表殷代文字已發展成爲高度成熟文字的表徵。如：

　　虎字由 🐅〈甲2422〉，而 🐅〈京津1498〉，而 🐅〈甲3017〉，而 🐅〈菁10・13〉，而 🐅〈甲1379〉，而接上小篆的形構。

　　鹿字由 🦌〈佚383〉，而 🦌〈天82〉。

　　象字由 🐘〈前3・31・3〉，而 🐘〈乙7645〉。

　　龍字由 🐉〈甲1633〉，而 🐉〈寧滬3・43〉，而 🐉〈甲3310〉，而 🐉〈鐵163・4〉。

　　魚字由 🐟〈明726〉，而 🐟〈前1・29・4〉。

　　漁字由 🐟〈前6・50・7〉，而簡化作 🐟〈拾2・5〉。

　　鳴字由 🐓〈簠人70〉，而 🐓〈甲2415〉。

　　子字由 👶〈前3・10・2〉，而 👶〈甲2911〉。

　　田字由 🌾〈拾6・1〉，而 🌾〈粹1223〉，而田〈菁1・1〉。

　　土字由 ⛰〈前7・36・1〉，而 ⛰〈粹907〉。

　　网字由 🕸〈明198〉，而 🕸〈前6・38・2〉，而 🕸〈乙3947〉，而 🕸〈庫653〉，而 🕸〈甲3112〉。

二四、甲骨文倒刻例。

　　甲骨文中若干結體有顛倒書寫的現象，顛倒的原因：一是因爲習刻和誤刻的錯誤，一是由於殷人對於文字的結合並沒有太嚴格的拘限，只要是不引起混淆和誤解，偏旁可以上下移動。如：厈字作 厈〈甲186〉，又倒刻作 厈〈乙4055〉，河字作 🌊〈鐵60・2〉，又倒作 🌊〈前6・27・4〉。畐字作 畐〈後2・22・5〉，又倒矢作 畐〈

京4467〉。

二五、甲骨文缺刻例。

　　甲骨文中偶有因人爲的疏誤而缺刻的例子。缺刻可區分爲缺刻橫畫和缺刻其中部份形體兩類。

①缺刻橫畫。

　　殷代史官在刻寫甲骨卜辭時，有些是先行刻上文字的直畫，然後再補上字的橫畫。在補充橫畫時，偶然會有漏刻。如：冊字作 ⊞〈甲743〉，但〈乙3198〉一片的冊字卻未刻橫畫而作 川。貞字作 🔲〈拾5‧10〉，但有作 ||〈燕765〉、作 🔲〈乙3444〉，皆缺刻二橫畫。食字作 🔲〈甲1289〉，但有作 🔲〈後2‧1‧5〉、作 🔲〈鐵239‧1〉，皆缺橫畫。今字作 🔲〈甲638〉，又缺刻作 Λ〈佚186〉。亘字作 🔲〈甲2578〉，又作 🔲〈乙7291〉。翊字作 🔲〈甲1565〉，又作 🔲〈甲3749〉。以上皆漏刻橫畫。

②缺刻部份形體。

　　如：婞字作 🔲〈乙1073〉，有於辛字間缺刻作 🔲〈前6‧27‧1〉。農字作 🔲〈甲96〉，又缺刻作 🔲〈明668〉。杞字作 🔲〈乙8895〉，又作 🔲〈後1‧13‧1〉。夨字作 🔲〈前5‧11‧6〉，又作 🔲〈甲3113〉。晉字作 🔲〈拾13‧1〉，又作 🔲〈佚600〉，矢的底部均有缺筆。彔字作 🔲〈乙3404〉，又缺泉作 🔲〈乙2167〉。

二六、甲骨文合文的位置經營。

　　甲骨文有由兩或三個文字合併，以一個緊密結體的形式呈現。合併的標準，是接觸面的平齊，盡可能避免字與字之間出現過多的空隙。這些合文的字主要是專有名詞、數詞或名詞加上數詞。合文

的方式有：

①上下式。

　　兩字以上下的方式結合，如：

　　　　　上甲作🔲〈河258〉　　　　下乙作🔲〈乙2455〉

　　　　　上下作🔲〈甲2416〉　　　下上作🔲〈乙1051〉

　　　　　上乙作🔲〈甲3598〉　　　下🔲作🔲〈佚979〉

　　　　　康丁作🔲〈後1・4・14〉　八百作🔲〈粹1079〉

　　　　　八千作🔲〈粹1198〉　　　八月作🔲〈鐵106・2〉

②左右式。

　　兩字以左右的方式結合，如：

　　　　　十人作🔲〈甲792〉　　　　十羊作🔲〈續1・51・4〉

　　　　　十牛作🔲〈乙5272〉　　　十羌作🔲〈京津4130〉

　　　　　廿牛作🔲〈明712〉　　　　卅人作🔲〈乙5317〉

　　　　　父乙作🔲〈甲2907〉　　　刀方作🔲〈粹1186〉

　　　　　婦石作🔲〈乙5405〉　　　茲用作🔲〈甲392〉

③內外式。

　　兩字以內外的方式結合，多屬專有名詞如：

　　　　　三匚作🔲〈粹540〉　　　　匚乙作🔲〈後1・8・10〉

　　　　　匚丙作🔲〈甲2693〉　　　匚丁作🔲〈粹117〉

④合書。

　　甲骨文中有兩字重疊書寫的，如：

　　　　　小甲作🔲〈粹112〉　　　　母戊作🔲〈寧滬1・230〉

　　　　　三千作🔲〈乙6581〉　　　五千作🔲〈前7・15・4〉

　　　　　三萬作🔲〈粹1171〉　　　四千作🔲〈鐵258・1〉

　　　　　二朋作🔲〈乙7645〉　　　一牛作🔲〈乙7284〉

　　　　　五牢作🔲〈後1・26・3〉　三牡作🔲〈掇1・202〉

⑤三合體。

　　甲骨文中有由三字緊密組合成一體，此類合文儘可能要求方正，不然，則多選擇上寬下窄的組合。三合體的排列，寧取過長，不取過寬。如：

　　　　十一月作 🔲〈甲153〉　　　十二月作 🔲〈乙6310〉
　　　　十一示作 🔲〈甲221〉　　　十四月作 🔲〈明1563〉

以上皆見合文刻意表達方正的美感。若文字的結合不能達到方正的標準，則退而要求上二下一的組合，使合體形成一上寬下窄之狀。此爲殷人用字時對文字審美的標準。如：

　　　　康祖丁作 🔲〈前1‧23‧8〉　　　十五伐作 🔲〈佚78〉

甲骨文的書寫習慣是由上而下，因此對於合體的要求也需配合行列的美觀，寧取修長而勿過於寬闊。如：

　　　　十一月作 🔲〈佚108〉　　　十二月作 🔲〈後2‧40‧10〉

諸例皆見直行而無橫書。

二七、甲骨文合文上下移位例。

　　甲骨文合文中的二字可以上下更易位置，字例多屬數詞和名詞的接合。如：一牛作 🔲〈甲196〉，又作 🔲〈佚194〉。一羊作 🔲〈甲197〉，又作 🔲〈後1‧24‧2〉。一豕作 🔲〈甲285〉，又作 🔲〈京2298〉。一牢作 🔲〈甲3670〉，又作 🔲〈佚154〉。二牛作 🔲〈乙4036〉，又作 🔲〈後1‧23‧6〉。五十作 🔲〈甲2123〉，又作 🔲〈京2389〉。

二八、甲骨文合文上下式、左右式無別。

　　甲骨文合文中的二字可以由上下的組合更易爲左右並排的組合。

如：大甲作 🔣〈粹133〉，又作 🔣〈甲504〉。羌甲作 🔣〈續1‧23
‧2〉，又作 🔣〈後1‧3‧18〉。祖丁作 🔣〈後1‧26‧6〉，又作
🔣〈甲490〉。母甲作 🔣〈佚392〉，又作 🔣〈佚390〉。母戊作 🔣
〈誠164〉，又作 🔣〈甲2215〉。五牢作 🔣〈佚79〉，又作 🔣〈佚
229〉。三人作 🔣〈佚218〉，又作 🔣〈寧滬1‧146〉。大吉作 🔣〈
佚951〉，又作 🔣〈甲406〉。

二九、甲骨文合文上下式、內外式無別。

　　甲骨文有為求方正美觀，對於合文的上下式組合可以移位為緊
密的內外式組合。如：三匚作 🔣〈粹119〉，又作 🔣〈粹540〉。

三十、甲骨文合文增繁例。

　　甲骨文合文中偶有增添意符例。如：母甲作 🔣〈佚390〉，又
增雙作 🔣〈前1‧28‧2〉。母辛作 🔣〈乙5384〉，又作 🔣〈前1‧28
‧2〉。以上二例增從雙，或示對於供祭對象的尊敬用法。

三一、甲骨文合文缺刻例。

　　甲骨文合文中亦見漏刻橫畫的現象。如：匚丁作 🔣〈前1‧53
‧4〉，又缺刻作 🔣〈燕20〉。示癸作 🔣〈前1‧2‧5〉，又作 🔣〈
林2‧25‧1〉。大甲作 🔣〈甲1531〉，又作 🔣〈前8‧11‧2〉。母
甲作 🔣〈佚390〉，又作 🔣〈乙7731〉。

三二、甲骨文合文倒刻例。

　　甲骨文合文中偶見結體顛倒的現象。如：父己作 🔣〈京都1807
〉，又作 🔣〈京津4063〉。上甲作 🔣〈粹3〉，又倒作 🔣〈林1‧22

・19〉；上字寫在甲字的右旁。以上合文例皆屬殷先王名。

三三、甲骨文合文逆讀例。

甲骨文上下式的合文自成一整體，偶有從下而上逆讀的例子。如：𡥀〈甲2123〉即五十，𠔼〈明787〉即八十，𡜸〈後2・27・10〉即婦㚸。

第六節　甲骨文字書法的美

甲骨文多用刀契刻，復有先用筆書寫然後再契刻，其中亦有書而不契的。對於已經契刻的文字，又間有塗上朱砂或墨。這種習慣多見於第一期武丁卜辭。填上朱砂的字例如：

小甲作 米〈甲875〉　　斐作 𦮆〈乙6752〉

妣庚作 𣚚〈明219〉　　亘作 𠄢〈乙6722〉

填上墨書的字例如：

妣庚作 𣚚〈掇2・78〉　　母甲作 𣚚〈掇2・400〉

皆以專有名詞的合文為主；此種書寫方法或有紀念、崇敬之意。

甲骨文刻寫的地方，除了龜甲、牛骨外，復有鹿角、鹿頭、兕頭、象骨、虎骨、羊骨、豬骨、人頭等。關於甲骨文書寫的風格，董作賓先生在《甲骨文斷代研究例》111～115頁有詳細的論述。董先生摩挲原版，根據實物論列五期甲骨文字書寫的特點：第一期武丁之世，屬殷中興的明主，書體大字雄健宏偉，小字字畫雖細，卻甚為精勁。第二期祖庚、祖甲屬守成的賢君，書體謹飭守法度，字體大小適中，行款均齊。第三期廩辛、康丁之世，為殷文風凋敝之秋，書體頹靡，篇段錯落參差，極幼稚、柔弱、纖細、錯亂、訛誤

的文字數見不鮮。第四期文丁復古，書體勁峭聳立，有如銅筋鐵骨。第五期帝乙、帝辛之世，雖爲亡國之君，但極注意甲骨的書寫，記載比較繁縟，書體嚴整勻衡，以小字爲主。

　　以上除文武丁時期若干卜辭究屬第一期、抑或第四期仍有爭議，復古與否尚待審核外，餘所論殷代書體的各期演變皆精確不可易。於此亦可概見甲骨文字書寫的特色，已由實用的層次提昇至藝術的美感的追求。

註　釋

①本節參考拙稿《殷墟卜辭句法論稿》2～13頁。學生書局。1990年3月。

②本節詳見拙稿《殷墟卜辭句法論稿》13～25頁。

③詳參拙稿〈甲骨文一字異形研究〉。文見1991年5月15日中正大學第二次古文字研討會講稿。

④本節引例皆參考陳煒湛先生〈甲骨文異字同形例〉一文。文見《古文字研究》第六輯227～250頁。中華書局。

甲骨文一字異形研究

目　錄

1 𢼒、𢼒—𢼒、𢼒　　　2 𢼒—𢼒—𢼒

3 𢼒𢼒—𢼒、𢼒　　　4 𢼒—𢼒

5 𢼒—𢼒—𢼒　　　6 𢼒—𢼒—𢼒—𢼒

7 𢼒—𢼒　　　8 𢼒—𢼒

9 𢼒—𢼒　　　10 𢼒、𢼒—𢼒

11 𢼒—𢼒—𢼒—𢼒　　　12 𢼒—𢼒—𢼒

13 𢼒—𢼒　　　14 𢼒、𢼒—𢼒—𢼒

15 𢼒—𢼒　　　16 𢼒—𢼒

17 𢼒—𢼒　　　18 𢼒—𢼒—𢼒

19 𢼒—𢼒—𢼒　　　20 𢼒—𢼒

21 𢼒—𢼒—𢼒—𢼒　　　22 𢼒—𢼒

23 　□—□　　24 □—□

25 □—□　　26 □—□□—□

27 □—□　　28 □—□

29 □—□　　30 □—□

31 □—□　　32 □—□

33 □、□—□　　34 □、□、□—□

35 □—□　　36 □—□

37 □—□—□　　38 □、□、□、□—□

39 □—□　　40 □—□□

41 □、□—□、□—□　　42 □—□

43 □—□—□、□　　44 □—□

45 □—□　　46 □、□—□

47 □、□—□、□　　48 □—□

49 □—□—□　　50 □—□—□

51 □—□　　52 □—□

53 □—□　　54 □—□

55 □—□　　56 □—□、□、□

57 □—□　　58 □—□

59 □—□—□—□　　60 □、□、□—□、□

61 □—□　　62 □—□

63 □—□　　64 □—□

65 □—□　　66 □—□

67 𩵋、鱻—𩵋　　　68 𠂤—𩰬

69 亯—𩲫　　　　　70 少—少、少

71 𠃴—𣱭　　　　　72 卄—𢎗

73 𥬔—𥷚　　　　　74 曹、曹—喜

75 𠂤—𠂤、邑　　　76 不—𣓤、𣓤

77 占、𠱾—舌、𠮷—𠮷　78 𡬠—𡬠

79 𩰬—𥁕　　　　　80 𦏩、𦏗、羽、𦐊

81 𤰇—𥃩—胡𥄎　　82 食、𩙿—𩚛—𩜜—𩛩—𩠺—
　　　　　　　　　　　𩜵—𩛩𩛬—𩝷—𩜦

83 卌—𠦜—曹—𢧵—𠦜　84 卌—𠦜、𠦜

85 𢍜—𢿱　　　　　86 𩰬—𩰪

87 𢆶—𢆶　　　　　88 𠂤—𠩵𠂤

89 帚—𠦜　　　　　90 𦥑—𠂇

91 𢀜—𤛑　　　　　92 𥫣—𠔼

93 𨻲、𨻱—𩰬　　　　94 𡆻—𡇁

95 𠂤—𠂤、𠂤　　　　96 屮—屮

97 𠂤—𠂿　　　　　98 𣎵—𣎵

99 于—𢩵　　　　　100 多—多—多

101 𠂤—𠂤、𠂤—𠂤、𩰬　102 𡿺—川、𠂤、𠂤、𠂤、𠂤

103 𠔼、㕤—𣊟—㝬　104 𢀜—𢀛—𢀛

105 㖰—㗊　　　　　106 𦥑—𦥑

107 𤲃—𤲃—𤲃　　　108 㞷—𣎵

109 ⿱—⿱—⿱ 　　　110 ⿰—⿰

111 ⿱—⿱—⿱—⿱、⿴ 　112 ⿱—⿱

113 ⿰—⿰ 　　　114 ⿸—⿱—⿱、⿱

115 ⿱—⿱、⿱—⿱ 　116 ⿰—⿰

117 ⊘—⊗ 　　　118 ⟨⿰⟩—⿱

119 ⊡—⊞ 　　　120 ⿱—⿱—⿱

121 ⿰—⿰ 　　　122 ⿱—⿱

123 ⿱—⿰ 　　　124 ⿰—⿰—⿰—⿰

125 ⿰、⿰、⿰—⿰、⿱
　　　　—⿱ 　　　　126 ⿱—⿱—⿸—⿸、⿸、⿸—
　　　　　　　　　　　⿱、⿸

127 ⿰—⿰ 　　　128 ⿰—⿰

129 ⿰—⿰ 　　　130 ⿱—⿱

131 ⿱—⿱—⿰、⿰—⿰ 　132 ⿱—⿱—⿱、⿱

133 ⿱—⿱—⿱ 　　134 ⿱—⿱

135 ⿱、⿱—⿱—⿱—⿰
　　⿰、⿰—⿱、⿱ 　　136 ⿰—⿰—⿰

137 ⿱—⿱ 　　　138 ⿱—⿱—⿱、⿱

139 ⿱—⿸ 　　　140 ⿱—⿱

141 ⿱—⿱ 　　　142 ⿱—⿱

143 ⿱—⿱、⿱ 　　144 ⿱—⿱

145 ⿱—⿱ 　　　146 ⿱—⿱—⿱

147 ⿰—⿰—⿰、⿱、⿱ 　148 ⿱、⿰—⿰—⿰

149 〔字形〕　150 〔字形〕

151 〔字形〕　152 〔字形〕

153 〔字形〕　154 〔字形〕

155 〔字形〕　156 〔字形〕

157 〔字形〕　158 〔字形〕

159 〔字形〕　160 〔字形〕

161 〔字形〕　162 〔字形〕

163 〔字形〕　164 〔字形〕

165 〔字形〕　166 〔字形〕

167 〔字形〕　168 〔字形〕

169 〔字形〕　170 〔字形〕

171 〔字形〕　172 〔字形〕

173 〔字形〕　174 〔字形〕

175 〔字形〕　176 〔字形〕

177 〔字形〕　178 〔字形〕

179 〔字形〕　180 〔字形〕

181 〔字形〕　182 〔字形〕

183 〔字形〕　184 〔字形〕

185 𣎴—𣎴　　186 𣏚、𣏚—𣏚

187 𣲚、𣲚—𣲚、𣲚—𣲚　188 𠙺—𠙺—𠙺、𠙺

　　　、𣲚、𣲚—𣲚

189 𡧲—𡧲　　190 𦉡—𦉡、𦉡

191 𦏑—𦏑、𦏑、𦏑　192 𡨄—𡨄

　　　、𦏑

193 𤔲—𦏑　　194 𦑀—𦑀

195 𦏑—𦏑　　196 𣥏、𣥏、𣥏—𣥏

197 𦏑—𦏑、𦏑　198 𣏚—𣏚

199 𦏑—𣐥　　200 𣏚—𣏚

201 𣏚—𣏚　　202 𣐥—𣐥

203 𦏑、𦏑—𦏑　204 𦏑—𦏑—𦏑

205 𦏑—𦏑　　206 𣲚、𣲚、𣲚—𣲚

207 𣲚—𣲚　　208 𣲚—𣲚

209 𣲚—𣲚、𣲚—𣲚、𣲚　210 𣲚—𣲚、𣲚—𣲚

211 𣲚—𣲚　　212 𣲚—𣲚

213 𣲚—𣲚　　214 𣲚—𣲚

215 𣲚—𣲚　　216 𣲚—𣲚

217 𣲚—𣲚　　218 𣲚—𣲚

219 𣲚—𣲚　　220 𣲚—𣲚、𣲚

221 𣲚—𣲚

甲骨文一字異形研究

第一節　前言

　　甲骨文在漢字發展史上已經是一種非常成熟的字體，吾人對於甲骨文的理解，不能滿足於單純就本形本義的分析，而必須根據其假借、引申的用法，才足以通盤的釋讀卜辭。然而，如何判斷文字間的假借、引申或通用等關係，在在需要辭例的互較。是以，甲骨文辭例的歸納、整理，是吾人進一步確認和串連甲骨文字的重要課題。

　　早在一九六七年九月日人島邦男編撰的《殷墟卜辭綜類》一書中，已注意到甲骨文中同一個字有多種不同寫法的現象，故在書末附有〈通用、假借、同義用例〉一表，嘗試歸納同用的字，並附列一二辭例。唯該表收錄文字龐雜，不但混淆許多形似的字例，甚至串連一些只是詞性相似，根本連起碼的意義關連都沒有的字。譬如：

祊□—貞𩵋	重𡴋—其𠙻	重𡴋—呼屮
呼屮—其𠙻	呼屮—令𠇷	呼屮—茲𢆶
呼屮—曰𠙶	曰𠙶—其𠙻	茲𢆶—今𠓥
奴𡤵—雪�	奴𡤵—爽𠔌	囚𡆥—禍𦥑
禍𦥑—龍�龍	禍𦥑—昌𣆷	禍𦥑—叶𠱸
禍𦥑—辥�	屰𡧃—龍�龍	屰𡧃—叶𠱸
屰𡧃—聯�	屰𡧃—易𦜹	龍�龍—𤺄𤺄

龍－戠　　　　屮－義　　　　攸－昜

昜－雨　　　　戈－戔　　　　戈－叔

戈－犬　　　　韋－及　　　　伐－戔

朕－从　　　　朕－辥　　　　辥－从

辛－弋　　　　辥－喪　　　　戠－食

我－𠣬　　　　賓－往　　　　賓－各

賓－入　　　　衣－大　　　　征－往

征－徝　　　　征－出　　　　圍－至

圍－邦　　　　前－往　　　　徝－征

自－示　　　　自－寢　　　　師－虫

酒－其　　　　幸－獲　　　　曹－告

屮－輝　　　　罘－从　　　　罘－凡

罘－自　　　　耤－秜　　　　叶－用

叶－饗　　　　夕－生　　　　東－四月

田－方　　　　田－酉　　　　隹－其

隹－豕　　　　獲－啚　　　　牛－特

屯－茲　　　　召－口　　　　以－令

以上諸字例，無論由本形本義，抑或由卜辭中的實際用法來看，都有很大的差異，吾人如果單憑辭例或詞性的相近，實不能推論這些文字之間有任何進一步的關連。吉林大學的姚孝遂先生曾在《古文字研究》第三輯對島邦男的《殷墟卜辭綜類》作一簡評，謂該書"不全面掌握甲骨刻辭的辭例，既無法了解文字本身的運用規律，更無法追索甲骨刻辭所反映的社會歷史內容。"因此，對於甲骨文中有關通用的種種問題自當有重新整理和識別的必要。

第二節　由形構分析看甲骨文一字異形

　　吾人研究古文字的形體，首先需要把握縱橫互較的方法。所謂
縱橫互較，是利用文字發展的時空二線，交錯剖釋一特定形體。譬
如要分析某一古文字，先就六書的角度觀察其原形，並判斷該字結
體的主體部份和附屬偏旁，嘗試就其主體在甲骨、鐘鼎、竹簡、帛
書、璽印、古隸和《說文》所出現的字形，作縱線的排比，從而牽
引出一條字形演變的主線；復依據該字同一時期的字形及偏旁作橫
面的互較，因此可以對於該字的同化、分化和異體等變異用法有一
較詳細的了解。藉著此形體的縱橫分析，配合辭例、詞性等用法的
類比，對於每一個古文字的字形和用意都能掌握無訛。吾人整理甲
骨中一字異形的通用關係，亦宜運用此縱橫二線作為基本的方法。

　　文字是表達語言的工具，前人強調的只是能否表情達意，對於
文字的筆畫其實並無嚴格的要求，加上書寫上的人為疏忽和錯誤，
文字史中一字異形的異體字和異字同形的同體字都是常見的。前者
是指同一文字的不同寫法，乃文字的分化和增省；後者是指不同的
文字而寫法相同，乃文字的同化和訛誤。關於甲骨中異字同形的討
論，中山大學的陳煒湛先生已有〈甲骨文異字同形例〉一專文敘述，
詳見《古文字研究》第六輯。本文討論範圍則只限於一字異形的通
用字例。一字異形的界定需要兼具兩個基本條件：一為字形的關係，
需屬於同字根的增省；一是字用的關係，具備相同的辭例和詞性。
二者相輔相成，合為一字異形的確證。

　　吾人分別由字形的增省、偏旁、位置、類同等橫面的通用關係，
配合字形的縱線演變，作綜合的分析、歸納甲骨文一字異形的特性。

甲、形體增省的通用

　　研究諸字形是否屬於同字的通用，首先需要了解構成字體的基因是否相同。所謂基因，即一字的基本構造成分。例如：林是舞字森、森、森、森、森、森諸形的基本寫法，表示人持牛尾以舞祭的最簡單筆畫，其他字形或流於過繁，或失諸過簡，但皆可以由基因推衍；虎是虎字諸形的最簡單結體，足以反映虎的全形；岳是岳字諸形的最簡略意象，呈現群山萬壑之形。由此可見一字多形的通用，都是透過基因作爲主體，或增或省，然而其結果並不影響該字形的主要意義。以下排比甲骨文先後的用法，由習用與罕見的互較，歸納出一字異形的增省特色如次：

㈠增意符例。

　　甲骨文中若干字例或爲了強調其結構的意義，或由於主觀的審美因素，乃增添相關的意符偏旁，衍生成爲另一繁體字。二字的辭例用法相同。如：

　　家字由宀的從一豕增從二豕作宀。

　　族字由㫃的從一矢增從二矢作㫃。

　　樅字由林的從一木增從二木作林。

　　導字由㝵增從彳作㣆；造字由告增從彳作造。

　　疾字由疒增從手作疒；斁字由獸增從手作斁；祥字由从增從手作从；專字由專增從手作專。

　　孱字由孱增從爪作孱。

　　即字由即增從人作即。

　　往字由往增從犬作往；咼字由咼增從犬作咼。

　　犁字由犁增從土作犁。

　　彔字由🔲增從艸作🔲，又增從林作🔲。

　　登字由🔲增從示作🔲，又增從米作🔲；祀字由🔲增從示作🔲；
　　　祝字由🔲增從示作🔲；禦字由🔲增從示作🔲。

(二)增聲符例。

　　甲骨文中若干字例爲了强調其讀音，乃增添聲符，衍生爲另一
繁體字。二字辭例通用。如：

　　鳳字由🔲增從凡聲作🔲。

　　戉字由🔲增從月聲作🔲。

　　翌字由🔲增從立聲作🔲。

　　疑字由🔲增從牛聲作🔲。

(三)省意符例。

　　甲骨文中若干字例省略其次要的意符或部份結體，衍生爲另一
省體字。二字辭例通用。如：

　　奠字由🔲省手作🔲；射字由🔲省手作🔲；具字由🔲省手作🔲；
　　　兵字由🔲省作🔲。

　　眾字由🔲省人作🔲；飲字由🔲省人作🔲；育字由🔲省母作🔲。

　　伐字由🔲省戈作🔲。

　　疾字由🔲省爿作🔲。

　　並字由🔲省一作🔲。

　　召字由🔲省力作🔲。

　　難字由🔲省隹作🔲。

　　審視上述字例所增省的意符或聲符，都是屬於字體中的次要部
份，在增省之後並沒有影響該字的核心意義。是以，吾人由形構來

分析文字的通用關係時，必須先觀察該字的基因是否相同。如：金文中的「⿰」字，僅一見於近年出土的戰國中山國方壺。該字分為「厂」、「田」、「步」三個結體，分析其中的「厂」、「田」兩部份，皆普遍用為其他文字的偏旁，而「步」則以單獨出現為主。此字形自宜以「步」為其基本構成主體，表示由甲處跨越至乙處；與涉字作⿰的取象相同，字義偏重在二止跨越的意思，至於所經過的地方或為田、或為水，實無差異。由此可見，「厂」、「田」二意符在此一字形中只是屬於次要的偏旁。⿰字可視作步的繁體，中山國銘文中的用法借讀如布。

吾人透過基因去了解字形，當可作為一字異形通用的重要證據。

乙、偏旁混同的通用。

甲骨文一字異形的偏旁通用，大致可分為四類：一是同類偏旁的通用，二是全體與局部的通用，三是正體與側體的通用，四是單筆與複筆的通用。今分別舉例說明如次：

(一)同類偏旁通用例。

1 人—卩

人、卩皆象人側身之形，一站一跪，二字在偏旁中通用無別。如：光字作⿰、作⿰；見字作⿰、作⿰；鬼字作⿰、作⿰；敏字作⿰、作⿰。

2 人—子

人、子皆屬人形，一成人一小孩，二字在偏旁中通用無別。如：隊字作⿰、作⿰。

3 人—身

人、身皆象人側形，身具人腹，二字在偏旁中通用無別。如：
腹字作【字形】、作【字形】。

4　人─長

人、長皆象人形，長具人髮，二字在偏旁中通用無別。如：休
字作【字形】、作【字形】；鬥字作【字形】、作【字形】。

5　人─女

人、女皆象人形，女強調女性斂衮之形，二字在偏旁中通用無
別。如：育字作【字形】、作【字形】；佞字作【字形】、作【字形】；眉字作【字形】、作【字形】；
身字作【字形】、作【字形】。

6　卩─女

卩、女皆象人形，卩示膝跪，與女示斂衮跪坐相類，二字在偏
旁中通用。如：鼓字作【字形】、作【字形】。

7　屮─木

屮、木皆象植物形，二字在偏旁中通用。如：禁字作【字形】、作【字形】；
焚字作【字形】、作【字形】；莫字作【字形】、作【字形】；朝字作【字形】、作【字形】；楚字作
【字形】、作【字形】；春字作【字形】、作【字形】；薅字作【字形】、作【字形】；槇字作【字形】、作
【字形】；艾字作【字形】、作【字形】；埶字作【字形】、作【字形】。

8　木─禾

木、禾皆象植物形，二字在偏旁中通用。如：歷字作【字形】、作【字形】；
朱字作【字形】、作【字形】。

9　禾─來

禾、來皆象植物形，二字在偏旁中通用。如：杳字作【字形】、作【字形】；
舀字作【字形】、作【字形】。

10　又─爪

又、爪皆象手形，二字在偏旁中通用。如：妥字作【字形】、作【字形】；
得字作【字形】、作【字形】；留字作【字形】、作【字形】；馭字作【字形】、作【字形】；尹字作

⋯⋯、作〔字形〕；㠱字作〔字形〕、作〔字形〕；設字作〔字形〕、作〔字形〕；壆字作〔字形〕、作〔字形〕；盥字作〔字形〕、作〔字形〕。

11　又—止

又、止皆象人的肢體，二字在偏旁中通用。如：登字作〔字形〕、作〔字形〕。

12　殳—攴—支

殳、攴、支皆象人手持杖之形，三字在偏旁中通用。如：役字作〔字形〕、〔字形〕、〔字形〕；豰字作〔字形〕、作〔字形〕。

13　皿—般

皿、般皆屬容器之形，二字在偏旁中通用。如：監字作〔字形〕、作〔字形〕。

14　弋—戈

弋、戈皆屬兵器之形，二字在偏旁中通用。如：武字作〔字形〕、作〔字形〕；�字作〔字形〕、作〔字形〕。

15　弋—弓

弋、弓皆屬兵器之形，二字在偏旁中通用。如：妯字作〔字形〕、作〔字形〕。

16　戉—刀

戉、刀皆屬兵器之形，二字在偏旁中通用。如：馘字作〔字形〕、作〔字形〕。

17　凵—口—內

凵、口、內皆屬穴形，三字在偏旁中通用。如：各字作〔字形〕、作〔字形〕、作〔字形〕。

18　水—川

水、川同象水形，二字在偏旁中通用。如：沈字作〔字形〕、作〔字形〕；汝字作〔字形〕、作〔字形〕；涉字作〔字形〕、作〔字形〕、作〔字形〕。

19　隹—鳥

隹、鳥皆屬禽類，長、短尾在偏旁中無異。如：唯字作 𣅀、作 𣅀。

(二)全體與局部通用例。

1.　人—又

又，象人手之形，與人在偏旁中通用。如：褱字作 𠂇、作 𠂇、又作 𠂇。

2.　人—止

止，象人腳趾之形，與人在偏旁中通用。如降字作 𨸏、作 𨸏。

(三)正體與側體通用例。

1.　大—人

大象人正立之形，人則象側立之形，二字在偏旁中通用。如：囚字作 𡆥、作 𡆥；艾字作 𣏌、作 𣏌；育字作 𠫓、作 𡗜；保字作 𠈃、作 𠈃；役字作 𠈃、作 𠈃。卜辭中的人方，又作大方可證。

(四)單筆與複筆通用例。

丨 、○ 皆豎畫之形，在偏旁中通用。如：叶字作 屮、作 吕；克字作 克、作 克。

總上四類，為一字異形的偏旁通用例。

丙、形構位置更易的通用

古人為了文字的美觀和應用上的區別意義，對於若干特殊字體的經營、位置的安排是別具匠心的。然而，一般文字偏旁的移位卻

並無區別的作用，此反而與漢字書寫的不固定性有關。以下就字形
移位的特色分五類說明。

(一)正反更易例。

　　甲骨文的結體正反書無別。如：令字作 🔣、作 🔣；並字作 🔣、
作 🔣；史字作 🔣、作 🔣；季字作 🔣、作 🔣。

(二)上下更易例。

　　甲骨文的結體上下顛倒無別，這現象有出現於形體的局部，亦
有見於全形。如：代字作 🔣、作 🔣；泮字作 🔣、作 🔣；血字作
🔣、作 🔣；寶字作 🔣、作 🔣；賓字作 🔣，作 🔣；馻字作 🔣、作
🔣；卡字作 🔣、作 🔣；往字作 🔣、作 🔣；昔字作 🔣、作 🔣；品
字作 🔣、作品；侯字作 🔣、作 🔣。

(三)正側更易例。

　　甲骨文的結體正寫和側寫無別。如：龜字作 🔣、作 🔣；莫字作
🔣、作 🔣；鬍字作 🔣、作 🔣；役字作 🔣、作 🔣。

(四)左右更易例。

　　甲骨文的結體左右更換無別。如：休字作 🔣、作 🔣；伈字作 🔣、
作 🔣。

(五)內外更易例。

　　甲骨文的結體置於內外無別，如弘字作 🔣、作 🔣；貯字作 🔣、
作 🔣。

以上五類皆屬於一字異形的位置更易。

丁、斷代字例的通用

　　吾人就甲骨文字形的增省、偏旁的混用、位置的更易，對字形的通用作橫面的了解，今復由甲骨斷代分期提供字形的前後關係。現今出土的殷墟卜辭，主要是記載殷王武丁以迄帝辛二百多年的歷史，文字在這段時期的演變，經歷了無數的增省、更易和分合。吾人需要把握文字縱線的孳乳過程，才能充份理解異體字的通用關係。今略舉若干前後期的通用字例如下。其中斷代的標準大致是根據董作賓先生在《甲骨文斷代研究例》的五個分期：第一期爲武丁卜辭，第二期爲祖庚、祖甲卜辭，第三期爲廩辛、康丁卜辭，第四期爲武乙、文丁卜辭，第五期爲帝乙、帝辛卜辭。其中的第一、二期屬早期卜辭，第四、五期屬晚期卜辭。

1. 羌—羌、羌—羌、羌

　　羌爲殷西邊族名，始見於武丁卜辭。羌字在第一、二期卜辭都作羌，第二、三期增繁作羌、羌，第四期後則又改作羌、羌諸形。

2. 災—川—災—災

　　災字在第一、二期均作災，復豎其形作川，其後增意符作災。第三期以後的災害字多寫作災。

3. 師—師—師

　　師字用爲殷商軍隊的編制名。第一期作師，及至第四、五期增作師、師諸形。

4. 貯—貯

　　貯用作殷附庸族名，字在第一期作貯，第四、五期則由內外式改作上下式的貯。

　　總括上文，研究甲骨文一字異形的方法，可以歸納如下表：
橫面通用：

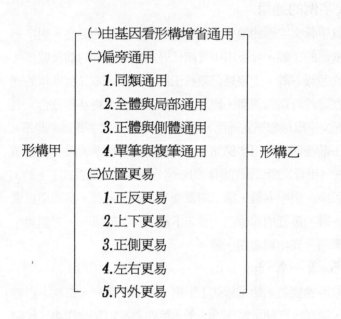

形構甲
- (一)由基因看形構增省通用
- (二)偏旁通用
  - **1.**同類通用
  - **2.**全體與局部通用
  - **3.**正體與側體通用
  - **4.**單筆與複筆通用
- (三)位置更易
  - **1.**正反更易
  - **2.**上下更易
  - **3.**正側更易
  - **4.**左右更易
  - **5.**內外更易

形構乙

縱線通用：

　　形構甲—————斷代分期—————形構乙

第三節　甲骨文一字異形例

　　一九八八年我曾發表《殷墟甲骨文字通釋稿》一書，這是一部普羅性的甲骨字典，主要綜合甲骨文字的辭例，論証引申、假借的

用法。其中對於同字異形的系聯亦作了些工作，但皆散見於諸字之間，未及通盤整理，詳考其特色和異同。今特撮錄其中221組相同辭例，博引旁徵，匯爲一篇，由字形、字義、字用的互較，藉以識別一字異形間的關係，從而歸納研究上古文字通用的準則。

1　介、涼—疾、滑、滑

介，从人，隸作介。《說文》：「畫也。从人从八。」卜辭習稱『多介』。審諸辭例，介字實疾字（滑）之省偏旁爿，諸點表示人病所冒汗水。由下列四組辭例：「介雨」、「介，邘於某先王」、「介，有虫」、「某人有介否」互較，可證介的用法與疾字全同。

(a)〈乙2877〉　☒不其介雨？

　　〈前4.9.7〉　　☒疾雨，亡勹？

　　「疾雨」，又作「雨疾」；〈南明202〉：「☒貞：今夕其雨疾？」
　　　即今言「驟雨」。

(b)〈前1.43.4〉　☒貞：于甲介，邘婦好？

　　〈前1.25.1〉　☒貞：疾齒，邘于父乙？

　　　邘，即禦，祀也。第一辭謂在甲日有疾，卜求無恙於殷后婦
　　　好；用法與第二辭同。

(c)〈續5.24.7〉　☒貞：不隹多介，虫？

　　〈乙3864〉　　☒貞：虫疾，禍，隹虫？

　　　虫，有禍害意。二辭皆卜問有疾，是否會帶來禍害。

(d)〈乙8965〉　乙卯卜貞：子效亡介？

　　〈乙8728〉　乙卯卜貞：子效亡疾？

　　　二辭全同，更爲介、疾同字之鐵證。

2　滑—滑、滑

滑，从人躺於爿上，諸點示汗水，隸作疾。《說文》：「病也。」卜辭屢問及殷王身體安否，有求齒、腹、趾、目、首、肱、鼻、耳、

口、舌、足等疾病是否無恙。字有增从手，比較下列：「疾，龍」、「疾腹」、「疾，禍」、「雨疾」諸辭例可證二形同字。

(a)〈乙6412〉　　貞：虫疾，龍？

　　〈甲2040〉　　丙辰卜，㱿貞：婦好㣇，征龍？

　　　龍，讀如雍，安和也。二辭皆卜問有疾安否。

(b)〈乙4071〉　　乙巳卜，㱿貞：虫疾腹，不其龍？

　　〈乙2340〉　　貞：㣇腹，龍？

　　　疾腹，即腹疾。由二辭互較，見一疾字增从手。

(c)〈乙8355〉　　貞：王唯其疾，禍？

　　〈庫1803〉　　貞：㣇，其唯禍？

(d)〈南明202〉　　貞：今夕其雨疾？

　　〈京1631〉　　囗卜，㣇，囗翌辛囗不雨？

3　㣇、㣇—㣇、㣇

　　㣇，从爿从人張口，隸作㾐。《說文》無字。卜辭通用爲疾字，病也。由下列諸組辭例互較可考見。

(a)〈甲105〉　　甲戌卜貞：虫㣇，秋𣌾？

　　〈續6.23.10〉　　囗卜，賓貞：囗疾，王秋𣌾？

(b)〈存1.817〉　　囗㣇，不唯辥？

　　〈掇2.473〉　　貞：王疾，唯止辥？

　　　止，即趾●辥。《說文》：「辠也。从辛屮聲。」卜辭有災禍意，常與禍、匄對文。

(c)〈天84〉　　己亥卜，爭貞：曵虫㣇，勿帚，虫匄？亡匄？十月。

　　〈庫1542〉　　丁酉卜貞：子弗疾？虫疾？十月。

4　龐—龐

　　龐，从广龍聲，隸作龐。《說文》：「高屋也。」卜辭用爲地名。字有增从艹作龐。比較下列辭例，二字皆作爲第一期卜辭中的農地地名。

〈佚578〉　囚龐不其受年？

〈續5.34.5〉　庚辰卜，爭貞：黍于龐？

5　爻—爻—爻

爻，從二乂，即爻字。《說文》：「交也。」卜辭中殷先祖名有「爻戊」，字作爻，作爻、又增雙作爻。比較下列辭例可證諸字通用。

〈後下4.11〉　貞：㞢于爻戊？

〈合194〉　貞：㞢于爻戊？

〈遺522〉　貞：爻戊不占？

6　福—福—福—酉

福，象獻尊於示前，奠酒以祭也。隸作福。《說文》示部：「祐也。」《禮記‧少儀》：「爲人祭曰致福。」卜辭用爲祭儀。

〈前4.2.8〉　庚申卜，殼貞：王福于妣庚，重酉河？

字有增雙手作福，或省示作酉。互較下列「彡福亡禍」辭例可證。

〈京3270〉　乙亥卜，囚貞：王賓小乙，彡福亡禍？

〈南明339〉　甲戌卜，尤貞：王賓大乙，彡福夕亡禍？

〈戩18.13〉　癸未卜，行貞：王賓，夕福亡禍？

福字復有增從广或宀，作福、作福、作福，以示區別意，作爲名詞，乃殷祭祀地名；其用法與福字異。

7　系—系

系，從爪繫絲，隸作系。《說文》：「縣也。」《廣雅‧釋詁》：「連也。」籀文作系，今多作繫。卜辭有用爲接續意。

〈存1.1475〉　甲午卜，王貞：亡禍？在八月。大甲系。

　　　　　甲午卜，王貞：其又禍？不系。在八月。

比較比同版二辭，第一辭謂系祭太甲則無降禍，第二辭則謂如果不接續祭祀先祖，則會招致災難。「不系」，在此有不繼續

進行祭祀的意思。

字有省爪作🔣。由下一辭例互較〈存1.1475〉的文意可證。

〈乙8370〉丁亥卜，丙貞：子啇亡🔣，在禍？

此言「亡🔣」，即〈存1.1475〉的「不系」；同謂不接續祭祀，是以有禍。

8　🔣—🔣

🔣，从手持聿以畫，隸作畫。《說文》：「介也。」卜辭用爲武丁時子名。字有省又聿作🔣，由下二辭例互較，見同屬於第一期卜辭中子名的用法可證。

〈掇2.185〉　貞：重子畫呼伐？

〈庫1745〉　重子🔣以眾▨？

9　🔣—🔣

🔣，从手持叀，隸作專。《說文》：「專，一曰紡專。」卜辭用爲人名。字復增手作🔣，互較辭例「侯專」的用法得證。

〈前5.9.2〉　癸亥卜，王貞：余从侯專？八月。

〈粹149〉　▨酉▨九示，自大乙至丁祖。其从侯🔣。

10　🔣、🔣—🔣

🔣，从雙手持土，有用力於土，開墾荒田之意。隸作墾，即墾字。卜辭用作動詞，習言「墾田」，即墾田。字復增从用作🔣；用，此象犁耕器。卜辭常見「墾田于某地」，辭例與墾字的用法全同。

〈人2363〉　癸亥貞：王令多尹墾田于西，受禾？

乙丑貞：王令墾田于京？

〈前7.3.2〉　甲子卜，🔣貞：令🔣墾田于▨方？

11　🔣—🔣—🔣、🔣

🔣，从虎省，且聲。隸作虘。字多見於第四期以後的卜辭，屬方國名，與🔣方見於同條卜辭。《春秋》襄公十年有鄙地，《說文

》：「郻，沛國縣。从邑盧聲。今酇縣。」段注：「今河南歸德府
永城縣縣西南有故酇縣城。」其地接淮河，為古代淮夷出沒地。金
文有馭淮夷〈彔卣〉、馭東夷〈小臣謎簋〉。字復增又作𧆝，增艸作
𧆞，增鵜作𧆟。由以下諸「盧方」辭例互較可證。

〈鄴3.43.4〉　𤓷方，重盧方作囗？

〈甲807〉　戌，及𧆝方，戋？

〈金493〉　乙卯王卜在森師貞：余其𡩺𧆞，重十月戊申戋？
　　　　　　王占曰：吉。在八月。

〈後上18.9〉　囗卜，在森貞：囗𧆟方，余从囗？王占曰：大
　　　　　　吉。

12　𢏘 — 𥄟 — 𥅴

𢏘，从人，首具編髮之形，示奚隸之意。隸作矣。首附四點示
用法與專作為人名的𢀷字相異。𢏘字見於晚期卜辭，乃殷王田狩地
名，與殷西的敦地同辭〈前2.43.1〉。矣字有增爪作奚，復增鳥旁
作雞。由以下諸辭例見三字同為晚期卜辭中殷王田狩地，俱見狼群出
沒。其中的前二辭見於同版。由同作「田矣，往來亡災」的辭例可
證。

〈前2.43.3〉　戊辰王卜貞：田矣，往來亡災？獲狼七。

〈前2.43.3〉　壬申卜貞：王田奚，往來亡災？王占曰：吉。
　　　　　　獲狼三十。

〈續3.10.3〉　戊寅王卜貞：田雞，往來亡災？王占曰：吉。
　　　　　　茲邻。獲狼二十。

13　𢎨 — 𢎫

𢎨，从弓矢，隸作弽，即躲字；今作射。《說文》：「弓弩發
於身而中於遠也。」卜辭有用作動詞：射獸，屬於田狩類卜辭。字
復增手作𢎫。由辭例「王射」可證。

〈粹935〉　戊辰卜，在澧，犬中告：麋。王其𢿌，亡𢦏？擒。

〈前5.42.7〉　☒王𢿌☒？

14　𤰔、單—𤰔—𤰔

𤰔，象捕獸畢器，隸作單。卜辭用爲地名，有「東單」、「西單」、「南單」之別。

〈存2.917〉　庚辰王卜在𤰔貞：今日其逆旅以執于東單，亡災？

〈存2.166〉　庚辰☒貞：翌癸未尿西單田，受业年？十三月。

〈粹73〉　☒岳于南單？

第一辭「逆旅以執于東單」，即迎接勝利的師旅，驅獲俘虜，來歸於東單地。第二辭「尿西單田」，即言施肥於西單之田，可見西單乃屬殷耕地。而南單則爲祭地，第三辭所謂「岳于南單」，即「祭祀自然神岳於南單」之闕文。

字省作𤰔，如獸字之作𤟭、作𤟭是；由辭例「南單」的單又作𤰔亦可互證。

〈庫491〉　☒南𤰔？

字復有增手作𤰔，隸作𤰔。卜辭用爲地名，疑即單字的繁體，由辭例見或即相當於東單地。

〈甲2772〉　戊辰卜，𠬝貞：又來𤰔自𤰔，今日其征于祖丁？

𤰔，即「執虎」合文，意爲用桎梏拘執虎族族眾來歸，作爲俘虜犧牲；與〈存2.917〉的「逆旅以執于東單」意同。

15　𨈭—𨈭

𨈭，从双分角，或即解字省。卜辭用爲武丁時西邊的附庸族名。由辭例見此字从手从廾無別。

〈丙65〉　辛酉卜，賓貞：雀、正、化𢦏𨈭？

〈乙2327〉　辛酉卜，㱿貞：☒正、化𢦏𨈭？

16　𦥑 — 𦥑

　　𦥑，从畢捕隹，隸作雈。《說文》無字。卜辭用爲動詞，有擒獲意。字並見於征伐和田狩卜辭。或增从手作𦥑。互較下二辭例得證。

　　〈寧3.70〉　貞：弗其受𡥄 𦥑？

　　〈粹1107〉　囗受𡥄 𦥑？

17　牲 — 牲

　　牲，从牛夋聲，隸作犉。讀如侵，犯也。《廣雅、釋言》：「淩也。」《左傳》莊公廿九年：「凡師有鐘鼓曰伐，無曰侵。」卜辭屢見「某方侵我田，俘人若干」，字多見於第一期卜辭；復省手作牲。互較以下同版二辭例得證。

　　〈菁2〉　　土方圍于我東鄙，戈二邑；吕方亦牲我西鄙田囗。

　　　　　　吕方出，牲我示褱田七十五人。

18　𡧍 — 𡧍 — 𡧍

　　𡧍，从止，它亦聲，隸作歨；害也。第四、五期卜辭字增偏旁彳。由害蟲的出現，引申有降災意。卜辭多貞問「𡥄歨」、「亡歨」，即言是否有禍。

　　〈林2.28.16〉　庚子卜，王貞：余亡歨？

　　〈通別2.1〉　丁未卜，在𤕦貞：王其入大邑商，亡 德？

字復省止作它。由以下辭例互較得證。

　　〈庫407〉　河弗歨我年？

　　〈粹11〉　庚寅卜，隹河𡧍禾？

19　品 — 𠌶 — 𠆤

　　品，从囗从二止，隸作品，讀爲圍。有環繞、包圍意。《說文》：「守也。」卜辭習言「圍某獸」、「圍某方」，是知圍字用於田狩、征伐類卜辭。字增止作𠌶、增自作𠆤，由辭例互較得證。

(a)〈鐵80.1〉　丙子卜，🔲，擒？

　　〈甲638〉　🔲重今日辛🔲，擒？

(b)〈弢26〉　🔲允㞢來艱自西，🔲弋🔲告曰：呂方🔲于我奠🔲。

　　〈前7.17.1〉　🔲來自西🔲呂方🔲于我🔲🔲亦戋雀🔲。

20 𢓊—𨖘

　　，从彳用聲，隸作𢓊。《說文》無字。卜辭用為外族名。字復增止作𨖘。互較下二辭例得證。

　　〈合332〉　辛未卜，王一月𣪍𢓊，受又？

　　〈京3136〉　已亥🔲𣪍𨖘，受又？

　　𣪍，即敦，有攻伐意。又，讀如佑。

21 𢆶—𢖭—𢔀—遘

　　𢆶，从二冉，隸作𢆶。卜辭用作遇見之意，如「𢆶某方」、「𢆶風」、「𢆶雨」等。字分別有增止、彳、辵，作遘。《說文》：「遇也。」由辭例互較得證二字同。

　　〈粹991〉　其𢆶雨？

　　〈甲1718〉　貞：其𢖭雨？

　　〈甲2676〉　貞：其𢔀雨？

　　〈人1991〉　其遘雨？

22 沓—𣥑

　　沓，从水口，隸作沓。《說文》無字。晚期卜辭用為田狩地名，與🔲地相近。由以下同版二辭例見沓有增彳作𣥑。

　　〈綴176〉　重𣥑田，亡戋？

　　　　　　　其逐沓麋自西東北，亡戋？

23 𢓊—𢔀

　　𢓊，从彳尼，隸作𢓊。《說文》有迡字，即遲字或體：「徐行也。」𢓊、迡字通，後復由迡形近而訛為遟。武丁卜辭用為殷西附

庸族稱，與蚨族同辭並列，見於〈存1.66〉、〈掇1.97〉諸辭。字增繁作![字形]，由下二辭例互證从彳、从行通用。

〈卜190〉　![字形]致。

〈乙2992〉　![字形]致。

24　![字形]—![字形]

![字形]，从辵，辰聲，隸作遱。字又省从止，隸作唇，即《說文》唇字：「動也。」引申有警意。《說文》：「辰，震也。」王襄、郭沫若等釋作辱，文意亦可通，唯形構稍失。卜辭習言「自不唇」，又作「自不遱」，即「師不動」，意謂王師不受震驚也。由辭例見遱、唇同字。

〈庫1764〉　壬辰卜貞：今夕自不![字形]？

〈前2.12.5〉　☒巳卜在![字形]東貞：今夕自不![字形]？

25　![字形]—![字形]

![字形]，从目上从ʃʃ，象眉毛形，即眉字。《說文》：「目上毛也。」第一期卜辭中用為子名和地名。由辭例見與增从人的![字形]字相同。

(a)　〈京2082〉　☒子卜，設☒子眉☒？

　　〈存1.1069〉　☒貞：子![字形]☒？

(b)　〈續4.29.1〉　☒設貞：婦好使人于眉？

　　〈存2.297〉　☒唐告曰：呂方☒于![字形]，亦戈☒。

26　![字形]—![字形]、![字形]—![字形]

![字形]，从水眉聲，隸作湄。《說文》：「水草交為湄。」楊樹達《卜辭求義》44頁謂湄「或假為彌，終也。」卜辭習言「湄日」，即彌日；意謂一整天的意思。字多用於第三期以後的田狩卜辭。有增口作![字形]，復有省水作![字形]。由辭例互較可證均屬同字。

(a)　〈鄴3.41.2〉　王其田，湄日不冓雨？

　　〈林2.26.12〉　戊辰卜貞：今日王田![字形]，![字形]日不遘雨？

(b) 〈存1.1737〉 今日王其田，※日不雨？

　　〈戠17.7〉 今日※囗不雨？

27 ※—※

※，从三口相連，隸作品。《說文》：「多言也。从品相連，讀與聶同。」卜辭用爲族稱，屢納貢甲骨於殷。字復增人作※。由辭例互較可證同字。

　　〈前7.7.2〉 囗乞自※廾屯。小臣中示。※。

　　〈續5.25.6〉 己酉※示十屯。※。

28 ※—※

※，象帽形，冠首捲舒，隸作冑，俗稱軍帽。《說文》：「兜鍪也。」段玉裁注：「首鎧也。今謂之盔。」晚期卜辭用爲殷西方國名，與羌同辭。武丁卜辭有增人作※，隸作貴。貴亦殷西方國，爲殷王親征的對象。貴、冑二字屬同字異形，由征伐辭例可證。

　　〈存1.627〉 囗卜，殼貞：王伐※，帝受我又？一月

　　〈人363〉 己卯卜，王于來春伐※？

29 ※—※

※，从人立豎目遠眺，有監視、注目之意。字有增从土作※，即望字。《說文》古文省月作※，與卜辭形同。由辭例「望呂」、「望乘」見※、※同字。

(a) 〈戠12.7〉 囗貞：呼※呂方？

　　〈南南1.63〉 庚寅卜，殼貞：勿※人三千，呼※呂？

(b) 〈丙11〉 辛酉卜，殼貞：今春王从※乘伐下※，受业又？

　　〈叕19〉 囗貞：令※乘累下※途虎方？十一月。

望乘，爲殷西附庸名。

30 ※—※

※，象手持刀割禾，示犁田耕種，隸作犁，即篆文犛字。《說

文》：「耕也。」殷人以馬助耕，習言「犁馬」。字復增土作，由辭例互較得證。

〈後下5.15〉　庚戌卜，王曰貞：其左馬？

〈綴237〉　乙未卜，貞：辰入馬其？

「入馬其犁」，即納馬以助犁耕之意。

31　－

，从木茲聲，隸作榕。《說文》無字。晚期卜辭用爲地名，與商、喪諸地見於同辭。字復增木作，與榕屬同地異文。由辭例互較得證。

〈續3.28.5〉　己酉卜，在貞：今日王步于喪，亡災？

〈前2.8.1〉　乙未卜，在貞：王步，亡災？

32　－

，象龜而有角，或示背毛。隸作鼃。《枹朴子·對俗篇》：「玉策記曰：千歲之龜，五色具焉。其額上兩骨起似角。解人之言，浮於蓮葉之上。」《述異記》卷上：「龜千年生毛。」唐蘭《殷墟文字記》6頁引《萬象名義》廿五龜部有鼃字：「奇反，虯也，龍無角也。」字讀爲，即《說文》字；今作秋：「禾穀熟也。」字復增从火作，互較下二「今秋」辭例，得證同字。

〈人1988〉　乙亥卜，今多雨？

〈乙8818〉　庚申卜，今亡弄止？七月。

33　、－

，示群山相連。其中的、或指山岳中的樹叢連綿；或示諸山隱約，山外有山之貌。隸作岳。即《說文》嶽字，古文象高山相連作。卜辭中岳爲自然神之一，與土、河、沈水和殷先祖夒並受殷祭。字復省山作，互較下引同版二辭可證。

〈前4.53.4〉　丁亥卜囗ㄐ业从雨？

　　　　　　　貞：囗ㄐ业从雨？

34 果、異、異 — 異

異，隸作莫，讀如艱；有災難意。字有增火作異。卜辭多言上帝「降艱」，字見於第一、二期卜辭。第二期以後的卜辭則增豈作異，習言「來艱」。由辭例互較得證。

(a) 〈前3.24.4〉 庚戌卜貞：帝其降異？

　　〈丙63〉 戊申卜，爭貞：帝其降我異？一月。

　　〈存2.155〉 甲辰卜，永貞：西土其止降異？

(b) 〈人2519〉 亡來異？

　　〈文573〉 貞：其又來異自方？

字作異、作異，與黃字（異）形構偶有訛同。比較下列辭例得知。

　　〈南明714〉 重異牛？

　　〈粹551〉 其用異牛？

　　〈續1.53.1〉 甲申卜，賓貞：袞于東：三豕、三羊、異犬、

　　　　　　　　　卯異牛？

　　〈乙7120〉 重幽牛又異牛？

幽牛，即黝牛；黝，黑也。寅牛，即黃牛。皆用牲之色。

35 異 — 異

異，从雙手持田，隸作異。卜辭用爲殷西北方國，與異、長、異諸地同辭。其族勢弱小，屢受殷人侵擾，殷王曾派遣雀、緯、棄、犬等大將討伐異方。字或增宀作寞。互較辭例得證。

　　〈續2.24.1〉 囗貞：犬及異、長？

　　〈前7.32.1〉 囗貞：棄及寞、長？

及，有追獲意。

36 先 — 宪

先，从止从儿，隸作先。毛公鼎先字亦作先。《說文》：「前進也。」卜辭先有往意，與出、至連用。字復增宀作宪。由辭例「

呼先取某」可證。

〈甲2123〉　乙未卜貞：呼 𣏗 取寇于囗？

〈陳132〉　　囗貞：呼 𣏗 取羊，不囗龜？

37 𢆉—𢆉—𢆇

𢆉，即辛字，《說文》：「罪也。从干二。讀若愆。」引申有
禍害意。晚期卜辭中作爲貢骨的地名。由辭例見其用法與異體的 𢆉、
增宀的 𢆇 相同。

〈鄴3.45.10〉　囗二骨乞自 𢆉。

〈粹1530〉　　囗骨乞自 𢆉。

〈庫474〉　　囗自 𢆇。

38 𣪊、𣪊、𣪊、𣪊—𣪊

𣪊，从又从戶，隸作啓。或增日作啓。《說文》：「啓，雨而
晝晴也。从日啓省聲。」段注：「啓之言闢也。晴者，雨而夜除星
見也，雨而晝除見日則謂之啓。」卜辭有放晴意，與雨、風、霧、
雪等惡劣天氣對應貞問。晚期卜辭中字有增宀作 𣪊。互較辭例得證。

〈戩36.6〉　不 𣪊，其雨？

〈粹642〉　　今日壬不 𣪊？

〈京3808〉　今日辛不 𣪊？

〈京3805〉　不 𣪊？

〈甲1803〉　囗雨，𣪊 囗？

39 呂—宮

呂，从二口，隸作呂。《說文》呂字段注：「潛夫論曰：宛西
三十里。今南陽府南陽縣是也。」卜辭用爲殷西田狩地名，曾受呂
方侵擾。字復增宀作宮，亦作爲殷王西狩地名，與喪、盂、𣪊、大
邑商、公、衣諸地相連。互較「王田」辭例得證呂、宮二字通用。

〈粹984〉　　于 呂，王酒田，亡戋？

〈金452〉 辛亥卜貞：王田宮，往來亡災？弘吉。

40 🔥—祝、禄

🔥，象挹注水酒之勺器，即升字。加丶以別「斗」字。《說文》：「升，十合也。从斗，象形。」卜辭用爲祭酒鬯的容量單位，屢見用於歲祭，即言升酒。晚期卜辭復增示作祇，增双作禄。互較下列辭例可證。

(a) 〈人1848〉 ☒二🔥歲，重藝，王受☒？

　　〈粹153〉 　即大乙，祇歲，王☒？

(b) 〈前1.18.1〉 丙午卜貞：文武丁🔥，祓其牢？

　　〈甲3940〉 戊戌王薎☒文武丁🔥☒王來征☒？

(c) 〈前4.20.6〉 癸卯卜貞：王賓二🔥，登禾亡尤？

　　〈前1.16.4〉 貞：王賓禄，亡尤？

41 🙇、🙇—祝、祝—祝

🙇，从人跪地，張口朝天，即祝字；有禱告意。《說文》：「祭主贊詞者。从示从儿口。一曰从兌省。」段注：「以人口交於神也。」卜辭習言「祝于某先祖」，有求佑意。字有增意符「示」，互較辭例可見。

(a) 〈人3014〉 庚辰卜，王🙇父辛：羊、豕？

　　〈簠貞6〉 庚子卜，喜貞：歲，重王祝？

(b) 〈甲2695〉 貞：于來日☒🙇用人☒？

　　〈粹261〉 重祖丁祝用？

字復增口作祝。由辭例亦可互證。

　　〈鐵127.1〉 辛丑卜，殸貞：🙇于母庚？

　　〈佚573〉 甲辰卜，祝母庚？

42 🔥—祝

🔥，从午从卩，又省作🔥，隸作邘，即禦字，祀也。有祭祀求

攘除不祥之意。字有增示作祝，由辭例互較得知。

〈後下8.15〉　于多子𠂤？

〈鄴3.37.8〉　于多母祝？

43 𠂤—𠃌—𠃌—𠃌

𠂤，象人膝跪，以求佑，即巳字；用爲動詞，當爲祀字省。《說文》：「祭無巳也。」字與張口的𠃌字見於同條卜辭，由辭例「祀賓」可證二字當屬於一字異體。

〈佚119〉　☑𠂤賓☑？

辛卯卜，㱿貞：我勿𠂤賓，不若？

字復增意符示作𠃌、𠃌。由辭例互較得證。

(a)　〈南坊3.34〉　貞：𠂤河？

〈乙2587〉　庚寅卜，爭貞：我其𠂤于河？

(b)　〈人3169〉　己巳卜，王屮𠂤若？

〈乙6419〉　貞：𠂤屮若？

44 壴—喜

壴，象鼓支架之形，乃鼓字初文，隸作壴。《說文》：「陳樂立而上見也。从屮从豆。」字復增口作喜。二字均用爲貞人名、族稱、婦名和地名，由辭例可互證同字。

(a)　〈乙7378〉　壴入五。

〈乙4597〉　喜入五。

(b)　〈乙4504〉　戊子貞：婦壴又子？

〈南坊2.1〉　辛丑婦喜示四屯。

(c)　〈文682〉　在自壴卜。

〈粹1121〉　戊子卜，王在自喜卜。

45 永—𠂤

永，从彳人，隸作永，或反書作𠂤；字同。諸點或示人的汗水，

後訛爲水紋，篆文作〔篆〕，《說文》：「水長也。」卜辭用爲第一期人名及晚期地名。字又借爲歌誦的詠字，田獵卜辭習見於田狩後「永王」以誌功，「永王」即「詠王」，多見於驗辭中。字復增口作〔字〕。由辭例互較亦見。

〈掇1.401〉　叀〔字〕田，湄日亡戈？擒。〔字〕王。

〈人2049〉　叀〔字〕田，弗牧亡戈？〔字〕王擒。

46 〔字〕、〔字〕—〔字〕

〔字〕，从双持自，有用師意。隸作曳，即《說文》遣字：「縱也。」第一期卜辭習稱王「有遣」，「有遣出」，而卜求先祖降祐。當屬遣兵調將的備戰卜辭。字有增口作〔字〕，由下列「王遣」辭例可證同文異構。

〈合213〉　貞：王屮〔字〕，祖乙弗佑？

〈續1.43.1〉　囗兄貞：二示希王〔字〕並？十月。

二示，即大小宗，此謂殷先祖一併降災於殷王所派遣的師旅。

〈續4.35.8〉　囗且貞：王〔字〕，若？

47 〔字〕、〔字〕—〔字〕、〔字〕

〔字〕、〔字〕，象枝葉上生茂盛貌。字有增口。比照戈字的〔字〕，从才聲，是知〔字〕當隸作峇，讀爲載。《爾雅‧釋天》：「夏曰歲，商曰祀，周曰年，唐虞曰載。」卜辭習言「今峇」，即「今載」，相當於現今所謂的「今年」。前人有釋此爲春或秋字，皆不確。卜辭中卜問「今峇」事情的月份包括三、四、五、十一、十二、十三諸月，如：

〈後上31.6〉　丁酉卜，㱿貞：今〔字〕王登人五千征土方，受屮又？三月。

〈鐵151.2〉　丙戌卜，今〔字〕方其大出？五月。

〈存1.627〉　壬寅卜，爭貞：今〔字〕王伐〔字〕方，受屮又？十三月。

由三月算到十三月，或由十一月算到五月，都長達八、九個月。前人有釋此為春或秋字，唯若謂殷代的春或秋的時限可以涵蓋如斯廣闊，實難以置信；且甲骨文春字作 𣓀，秋字作 𧒱，與此字不混。是以「今 𡴜」宜釋作「今載」為合。由辭例知 𡷨、𡿦、𡴜、𡴜 同字。

(a) 〈鐵151.2〉　丙戌卜，今 𡿦 方其大出？五月。

　　〈掇2.488〉　今 𡿦 方其大出？

　　〈粹1053〉　☒ 殼貞：今 𡴜 王出？

(b) 〈餘13.2〉　丁亥卜，出貞：來 𡴜 王其䧟祊。

　　〈掇1.91〉　☒來 𡴜 ☒ 从塦 ☒ ？

48 𠄡—𠮧

𠄡，隸作五，或增口作吾。由以下辭例得證。《說文》：「五，五行也。」「吾，我自偁也。从口五聲。」晚期卜辭用為祭地名，有稱「北五」、「新五」。

　　〈粹221〉　壬寅卜，枼其伐歸？重北 𠄡 用卅示：一牛；二示：羊，致四弋羲。

歸，乃殷征伐的東南方國。用，即用牲祭。

　　〈卜796〉　☒重北 𠮧 ☒ 用。

49 𠖶—𠖷—𠖶

𠖶，象容器，隸作商。《說文》：「從外知內也。从冏章省聲。」卜辭用為地名，產農作，地與人方〈通592〉、盂方〈甲2416〉、𥼶〈通別2.1〉、亳〈後上9.12〉、𡆼、公、宮、衣〈綴182〉、𢆉〈續3.28.5〉、𢆉〈前2.11.7〉、𢆉〈前2.5.3〉同辭。羅振玉《殷虛書契考釋》序、王國維《觀堂集林》卷十二〈說商〉都認為商是殷首都，即今河南安陽小屯村甲骨出土處。林泰輔〈甲骨地名考〉、胡厚宣《商史論叢》〈殷代之農業〉均承此說。及董作賓先生研究帝辛征人方卜辭，始論定商地乃現今河南省商邱縣，為當日東

征人方的起點；說見《大陸雜誌》六卷一期。晚期又稱「大邑商」。字有增口作□。由辭例互較得證。

〈粹1298〉 壬戌卜，我弗入□，我又㞢？

〈後下42.3〉 戊午卜，我貞：今秋我入□？

字復增繁作□，由武丁卜辭習稱的「子商」分書二形可證。

〈粹1239〉 丁亥卜，亘貞：子□妾□冥，不其妫？

〈金548〉 ☒寅卜，賓☒子□妾□冥，☒月。

此二辭均卜問子商之妾□生子吉否。

50 □—□—□

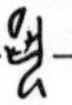

□，象人伸手跪形，隸作丮。《說文》：「持也。象手有所丮據也。讀若戟。」卜辭用為附庸族名，其酋曾封伯。字與从夕的「夙」通用，示嚮明之時。見辭例如下：

(a) 〈粹882〉 ☒□受年？

〈前6.16.3〉 ☒□受年？

(b) 〈後下20.13〉 辛酉貞：□弜□受禾？

〈摭續124〉 弜□？

(c) 〈乙6470〉 王固曰：其夕雨，□明。

此辭言夕雨而丮明。夕、丮對文，是知丮所指當為早上近明之時的夙。夙明，意謂早上天氣由雨而放晴。

字又與从口的□通。由辭例互證同字。

(a) 〈乙7095〉 □入五。

〈前6.29.3〉 □入☒。

(b) 〈前6.16.3〉 ☒□受年。

〈存1.179〉 乙酉卜，□受☒？

(c) 〈乙3405〉 貞：□其囚？

〈陳107〉 ☒亥卜，☒□祉囚？

51 ⬚—⬚

⬚，象目之形，隸作目。《說文》：「人眼也。象形。」段注：「引申爲指目，條目之目。」卜辭用本義，復借爲人名、地名。字有增口作⬚，由辭例子名等互證得知。

(a) 〈存1.724〉 ☒子目妭？

　　〈乙6909〉 ☒卜，骰貞：子⬚冥，不其妭？

　　冥，即娩。妭，即嘉；古人生子曰嘉，生女曰不嘉。由卜問子目孕否，可見卜辭中的「子某」並不專指男性。

(b) 〈京4468〉 ☒王其田毀，至于⬚北，亡戈？

　　〈續1.50.4〉 ☒求年于⬚？

52 ⬚—⬚

⬚，从宀从耳，隸作宐。《說文》無字。卜辭用爲祭地名。字復增口作宧，由辭例「宐阜」、「酌于宐」兼用宐、宧二形可證。

(a) 〈叕28〉 ☒固曰：途若，茲鬼降在⬚阜。

　　〈菁1〉 王固曰：朕业⬚。业夢。五日丁丑王賓仲丁，祀
　　　　　　　降在⬚阜。十月。

(b) 〈丙44〉 貞：翌乙卯酌我宫，伐于⬚？

　　〈甲3588〉 癸丑卜，彝在⬚、在敱門祝？乙卯酌品，�自
　　　　　　　祖乙至后。

53 ⬚—⬚

⬚，即魚字，象形。《說文》：「水蟲也。魚尾與燕尾相似。」卜辭多用本義；或作動詞，讀如漁。字復增口作⬚；口，象容器，用以網魚。隸作魯，與魚字同，意謂捕魚也。由以下辭例可證同字：

　　〈前4.55.7〉 貞：今☒其雨，在苗⬚？

　　〈後上31.2〉 貞：其雨，在苗⬚？

54 ⬚—⬚

    𝖕，从手持｜。｜，或爲法杖，或示書寫的筆，卜辭中的伊尹字作𝖕、又分叉作𝖕可證。後｜衍而爲丿，是尹的本字。《說文》：「治也。从又丿，握事者也。」尹即治人的官吏，卜辭習言「多尹」，即「眾吏」。又增口作𝖕。由辭例可證同字。

    〈戩25.13〉　甲午貞：其令多尹作王寢？

    〈存1.1507〉　辛巳卜，㱿貞：多𝖕弗言，余其㞢于庚，亡祝？

                 九月。

55 𝖕—𝖕

    𝖕，从雙手持｜，亦爲尹字，治也。卜辭作治理解，又用爲地名，字復增口作𝖕，由辭例得證。

(a)　〈寧1.442〉　乙戌卜，王其𝖕二方伯？

    〈甲1967〉　☑翌日乙，王其𝖕盂？

(b)　〈人1940〉　其𝖕枀年？

    〈南明425〉　于方雨，兮，𝖕枀年？

(c)　〈京3476〉　癸未卜貞：王其步自𝖕，亡災？

    〈佚137〉　☑巳卜，在𝖕圍☑。

56 𝖕—𝖕、𝖕、𝖕

    𝖕，象鹿首形，隸作产。《說文》無字。爲第一期卜辭地名，靠近滴地。第四、五期卜辭字復增口作𝖕、作𝖕。由辭例互較得證。

(a)　〈乙718〉　☑㱿貞：王往于𝖕自？

    〈摭續162〉　☑子貞：令☑自在𝖕？

(b)　〈京1553〉　貞：王于𝖕？

    〈前1.52.5〉　貞：于𝖕？

57 𝖕—𝖕

    𝖕，象蟲形，隸作蜀。《說文》：「葵中蠶也。」卜辭用爲殷武丁時的西南部族，與畫、缶等地相連接，其地盛產農作。武丁後，

蜀歸併爲殷邊地。晚期卜辭字增口作 ⚇，由辭例互較得知。

〈前8.14.3〉　癸酉卜，巛貞：至 ⚇，亡禍？

〈寧1.473〉　囚貞：唯亡禍在 ⚇？二月。

58 ⊎—⊎

⊎，象心形，即心字。《說文》：「在身之中，象形。」卜辭借爲探尋之探字，遠取也，引申有查察、巡視意，字與來、征、从、涉、狩等表示行動的動詞連用。字復增口作 ⊎，由辭例亦得證二形同字。

〈乙5323〉　丙戌卜，爭貞：王业 ⊎征？

〈乙4584〉　貞：王业 ⊎？允之。

59 屮—𢓊—𢓊—𢓊

屮，从止出於彳間。彳，示衢道，字有冒出、趨往意。隸作彴，《說文》引爲徙字或體：「迻也。」又，《說文》另有延字，形義與彴亦同：「安步延延也。」當屬一字。《爾雅·釋詁》：「延，進也。」卜辭用爲縣延漸出之意，習言「彴雨」。由辭例見字增口、增彳、增止無別。

〈掇2.149〉　癸卯卜，屮雨？允雨。

〈甲476〉　丙子卜，雨亡 𢓊？丁丑臾？允臾。

〈甲2211〉　囚卜，狄囚 𢓊雨？

〈文120〉　已巳卜，叶，其 𢓊雨？

60 ⚘、⚘、⚘—⚘、⚘

⚘，象囊形，即束字。《說文》：「縛也。」《漢書·食貨志》注：「聚也。」卜辭用爲地名。字有增口作 ⚘，由辭例得證。

(a)　〈卜403〉　囚乞自 ⚘囚。

〈甲3521〉　囚先見囚乞自 ⚘囚。

〈甲2103〉　囚乞自 ⚘十囚。

(b) 〈鄴3.41.7〉　囗彎，重囗用。

〈合359〉　　囗女，其用囗囗。

「柬用」、「用柬」，謂於柬地用牲祭祀之意。

61 登—囗

登，从雙手奉囗進食，隸作登，進也，徵也。卜辭習言「登人」，有徵召軍隊作戰和從事徭役之意。字又省爲囗，由辭例互較得證二形同字。

(a) 〈續11.10.3〉　囗貞：登人三千，呼伐吕方，受屮又？

〈存1.564〉　　癸巳卜，殼貞：囗人，呼伐吕囗受囗？

(b) 〈京1243〉　　囗登人囗囗吕囗？

〈掇2.117〉　　壬申卜，殼貞：囗人，呼囗戈吕囗？

62 登—囗

登，即登，進也。字復作囗，从囗从豆偏旁通用。二字見於同條卜辭，並由辭例互較得證同字。

(a) 〈庫310〉　　辛巳卜貞：登婦好三千，囗旅萬，呼伐囗？

(b) 〈後下8.3〉　囗卜囗貞：翌庚囗囗囗豕囗？

〈前5.2.2〉　囗子卜貞：囗囗豚囗？

63 勿—物

勿，象耒形，今言犁耙，諸點或示所翻泥土；參耤字的偏旁。隸作勿，乃犁字初文，即《說文》犂字：「耕也。从牛黎聲。」卜辭借用爲狀詞，乃黎黑字。《字林》：「黎，黃黑也。」卜辭習言「勿牛」、「勿馬」、「勿牡」、「勿牝」、「勿牢」，皆指黃黑色雜混之牲口。字有增牛旁作物，示黎牛意。由對貞卜辭可證。

(a) 〈陳68〉　　貞：物？

貞：弜勿？

(b) 〈戩6.7〉　　貞：父丁歲物？在五月。

　　　　貞：弜 ⚹？

卜辭卜問是否用黧牛歲祭殷王父丁。

64 ⚹ — ⚹

⚹，或即癸字的繁體。卜辭用爲鳥名，乃 ⚹ 字之省。互較下二
辭例可見。⚹，隸作雞，《說文》無字。武丁時已見雞鳥產於沚地。

　　〈佚389〉　　癸未卜貞：翌戊子王往逐 ⚹？

　　〈存2.166〉　　戊子卜，賓貞：王逐 ⚹ 于沚，亡災？此日王往
　　　　　　　　　　逐 ⚹ 于沚，允亡災，獲 ⚹ 八。

卜辭復有 ⚹ 字，从止从雞，隸作 遳，示追捕雞鳥；加「止」偏
旁，示名詞當動詞用。

　　〈存1.1916〉　辛未貞：王其 ⚹ 于幷？

65 ⚹ — ⚹

⚹，从倒矢，从一。象箭矢由此地射往彼地之形，隸作至。《
說文》：「鳥飛從高下至地也。象形。」引申有到、來意。字復有
从隹作雉，當爲至的本字。《說文》篆文省隹形而說解仍保存本義。
《論語》：「鳳鳥不至。」乃用至字的本意。卜辭已用引申義，稱
召集眾人爲「雉眾」、「至眾」。

　　〈鐵233.1〉　貞：多射不至眾？

　　〈前5.6.1〉　　中不雉眾？王占曰：弘吉。

66 ⚹ — ⚹

⚹，隸作靣，即廩本字，示藏穀米之所。《說文》：「穀所振
入也。宗廟粢盛，蒼黃靣而取之，故謂之靣。从入从回，象屋形，
中有戶牖。」字用爲殷西南耕地名，又稱「南靣」，與蜀同辭。字
復增繁作 ⚹，由以下辭例互較得證。

　　〈京2120〉　　貞：勿省？在南 ⚹。

　　〈前5.6.2〉　　己巳卜貞：令吳省？在南 ⚹。十月。

67 🔣、🔣—🔣

🔣，从女𡵂聲，隸作姏。篆文作🔣。卜辭用爲殷武丁時北方附庸族稱，又見其族婦來貢，稱「婦姏」。字又作🔣，由辭例見通用。

〈存1.65〉　　乙丑婦🔣示一屯。小叔。中。

〈後下27.10〉　甲子婦🔣示二屯。小叔。中。

字或省作🔣，同用爲武丁時婦姓。

〈明2339〉　　丙戌婦🔣示☒且自匡乞。

68 𠂤—𠂤林

𠂤，隸作自，即師字初文。《爾雅·釋詁》：「師，眾也。」《說文》：「二千五百人爲師。」《周禮·小司徒》：「五旅爲師。」殷人軍制，師分左中右三支，一師約百人。

〈前3.31.2〉　丙申卜貞：🔣馬左右中人三百？六月。

第四、五期卜辭字增繁作🔣。由辭例互較得證同字。

〈前4.36.3〉　☒王田𠂤東，往來亡災？茲邿。獲麋六、狼七。

〈金577〉　　壬戌卜貞：王田于🔣☒來亡災？茲邿。獲☒。

69 韋—𩖊

韋，从口从二止，隸作韋。《說文》：「相背也。从舛口聲。」卜辭用爲武丁時子名，亦用爲族稱，地靠近瀧，屢朝貢於殷。字復增偏旁作𩖊，由同伐「異」族的卜辭可證。

〈人2141〉　戊寅卜，在韋師，自人☒戋異，其𥄕☒？

〈甲2258〉　☒貞：重𩖊令☒異、長？

70 ⵘ—🔣 🔣

ⵘ，象衣領襟之形，隸作乍。字由製衣的本意引申有製作、完成之意。字有增𢀖，示縫線部位。由辭例「乍邑」、「乍寢」等可證ⵘ、🔣屬異體同字。

(a)　〈丙86〉　　貞：王ⵘ邑，帝若？八月。

〈鐵220.3〉　貞：王❍邑，帝若？

(b)　〈戩25.13〉　甲午貞：其令多尹❍王寢？

　　　〈前4.15.5〉　☐尹貞：❍王寢于☐？

(c)　〈林2.17.9〉　貞：其屮❍告？

　　　〈後上22.1〉　乙亥貞：唯大庚❍告？

71　❍─❍

　　❍，象置肉於薦几上之形，且亦聲。字由❍而❍而俎，隸作俎。《說文》：「禮俎也。从半肉在且上。」《國語・楚語》韋注：「俎，即胙。」胙，祭福肉也。《儀禮・公食大夫禮》：「士設俎于豆南，西上牛羊豕魚。」《禮記・玉藻》：「特牲三俎。」注：「三俎：豕、魚、腊。」「五俎四簋」注：「加羊與其腸胃也。」卜辭用本義，作爲牲肴陳几以薦之祭，習稱「俎牛」、「俎豕」、「俎羊」、「俎牢」、「俎羌人」。字有增作❍，象用刀切割俎上牲肴之形；或言从匕匕取肉之形，隸作刞。由下列諸組辭例互較可證同字。

(a)　〈京1045〉　❍牛十。

　　　〈存1.347〉　貞：❍羌百☐？

(b)　〈乙9028〉　☐❍妣母牛？

　　　〈寧1.178〉　甲辰貞：重壬子❍祖乙☐？

(c)　〈鄴1.33.12〉　重舊☐二牛用，❍大牢，又征？

　　　〈前6.37.6〉　☐❍，用百☐？

(d)　〈續1.52.2〉　癸酉❍于義京：羌三人、卯十牛？

　　　〈人2142〉　其呼戍御羌方于義，❍，戋羌方：不喪眾？

72　❍─❍

　　❍，即兮字。《說文》：「象气越☐也。」《廣雅・釋詁》：「詞也。」晚期卜辭用爲祭地名，又稱「南兮」。字或增旬作❍，

由辭例可證同字。

〈甲690〉　乙亥貞：來甲申酌禾秝于兮，褒？

〈庫1644〉　囗酌，秝禾于徇？

73 笌—嶲

笌，从竹氒聲，隸作箪。《說文》無字。晚期卜辭用爲田狩地名。字復增偏旁登作嶲，由辭例可證。

〈金401〉　重王射笌鹿，亡戈？擒。

〈綴174〉　乙巳卜貞：王其田嶲，亡戈？

74 壴、罿—壴

壴，从壴从口，隸作咠。《說文》無字。晚期卜辭用爲地名，乃殷王田狩、屯兵地，與麥地相近，約在殷的東南。字繁飾作壴，只見用於第五期卜辭地名；字復增酉作壴、作壴，隸作罿。由辭例「田罿」、「遾 罿」、「罿師」的用法，罿與咠二字全同，當屬同字異構。

(a) 〈前2.35.1〉　乙未王卜貞：田壴，往來亡災？王占曰：吉。
茲邘。獲鹿四。

　　〈前2.44.5〉　戊寅王卜貞：田壴，往來亡災？王占曰：吉。
茲邘。獲鹿二。

(b) 〈金532〉　丁酉卜貞：王遾于壴，往來亡災？

　　〈佚56〉　乙酉卜貞：王遾于壴，往來亡災？

(c) 〈續3.18.4〉　癸亥卜貞：王旬亡畎？在五月，在壴師。

　　〈續3.18.4〉　癸卯卜貞：王旬亡畎？在五月，在壴師，唯王
來征人方。

75 δ—ᄰ、壴

δ，象容酒器，盛酒以祭神，隸作卣。讀若調。《爾雅》：「中尊也。」《說文》作卣。段玉裁引鄭注《周禮》：「凡彝爲上尊，

卣爲中尊，罍爲下尊。中尊謂獻象之屬。」卜辭用本義，以卣盛鬯酒獻神。卣前有數詞，用法與古文獻同。《周書‧雒誥》：「秬鬯二卣。」《詩經‧江漢》：「秬鬯一卣。」毛傳：「卣，器也。」字復增凵、皿，作 🔹、🔹，象置卣於盤中，用以溫酒，隸作卣、盉；與卣字同。由辭例得證。

〈六清103〉　囗百日屮囗一🔹。四日囗？

〈前1.18.4〉　丁酉卜貞：王賓文武丁，伐十人，卯六牢，鬯六🔹，亡尤？

〈戩25.9〉　囗旅囗鬯五🔹囗？

76　不—𣎵、𣎵

𣎵，即不字，象花蕚形。《說文》：「鳥飛上翔不下來也。从一。一，猶天也。」卜辭借用爲否定詞。古籍不輕弗重，段玉裁於不字注引《公羊傳》：「弗者，不之深也。」卜辭有用於句末，作「否」解，復有用爲子名、地名。字有增手作𣎵、𣎵，由辭例互較得證。

(a)　〈前4.32.2〉　貞：子𣎵其屮疾？

〈乙9091〉　囗子𣎵出？

(b)　〈丙1〉　庚申卜，王貞：余伐不？

〈存2.339〉　其執𣎵？

(c)　〈存1.1483〉　庚戌卜，洋貞：翌辛亥乞酌肜𣎵自上甲，衣至于囗后囗？

〈林1.21.7〉　庚戌卜，即貞：翌辛亥乞酌肜𣎵自上甲，衣至于多后，亡𡆥？十月。

77　舌、舌—舌、舌—臽

舌，从口，丫、丫象舌的擺動，因欲與𠮛、古字形區別，故成歧舌狀，隸作舌。《說文》：「在口，所以言別味者也。」卜辭用

本義，習言「疾舌」，即「舌有病」。字有增一作 ⚆，隸作言；增
厂作 ⚆，隸作砧。二字用法與舌皆通，由辭例可證屬同字。

　　〈佚98〉　辛亥卜，㱿貞：王疾㞢 ⚆，唯此？

　　〈掇1.335〉　▨貞：⚆其㞢疾？

　　〈甲3080〉　貞：王 ⚆疾，唯㞢吉？

78　⚆—⚆

　　⚆，从皿，隸作罒，即寧字，安也。卜辭習言「寧風」、「寧
雨」，即卜求止息風雨之意。字有省丁作 ⚆，由以下辭例得證罒、
皿通用。

(a)　〈後上19.7〉　己未卜，⚆雨于土？

　　〈明166〉　乙巳卜，中貞：于方，犾人 ⚆雨？

(b)　〈菁10.5〉　乙未卜，⚆貞：在 ⚆田▨馬其犁？

　　〈乙7288〉　貞：令旃田于 ⚆？

　　此二辭的罒、皿皆用爲地名。

79　⚆—⚆

　　⚆，从宀从女从罒，隸作嫭，讀如寧。卜辭用爲婦名。字或省
从皿从卩作 ⚆。由辭例互較可見。

　　〈粹1238〉　▨婦 ⚆▨妫？

　　〈合287〉　壬辰子卜貞：婦 ⚆子曰𣪊？

80　⚆、⚆—⚆、⚆

　　⚆，即彗字，象埽竹。字復增意符雨作霅，示下雪貌，今即雪
字。《說文》：「凝雨說物者。从雨彗聲。」段玉裁注改「凝雨」
爲「冰雨」。此字宜爲「从雨彗，會意。」雨而可彗埽者，雪也。
凡水下於雲，爲寒氣結諸雨中者爲霰，俗稱大雪粒；水未出於雲而
濕氣結諸雲中者爲雪。卜辭言有雪多在二、三月間，亦間有早在十
二月，晚至五月者，均屬特例。字有增偏旁雨作 ⚆，又訛从雙手作

〇，又省作〇。由辭例證〇、〇同字。

(a)　〈丙62〉　王固曰：帝唯二月令〇，其唯丙不吉，〇，唯庚其
　　　　　　　　〇。

　　　〈前3.19.5〉　辛卯卜貞：今日征〇？

　　　　　　　　　妹征〇？

　　雪與〇見於同辭。「妹雪」，即「昧雪」，意謂入暮降雪也。

(b)　〈前7.43.1〉　乙巳卜，亙貞：〇不其受年？

　　　〈續4.17.7〉　〇亥卜〇〇今夕〇禍？在〇。

　　　〈金189〉　　其袞于〇，又大雨？

　　〇、〇、〇皆用爲地名。

81　〇—〇—〇、〇

　　〇，即羽字，象羽翼形，後增立聲，隸作翌。《說文》：「飛
貌。从羽立聲。」讀如翼，多假爲昱，明日也。《爾雅·釋言》：
「翌，明也。」《尚書》中言「翌日」皆訓「明日」。卜辭中的翌
除表示來日、下一日外，亦有泛指二、三日之後。如：

　　　〈粹605〉　乙酉卜，賓貞：〇丁亥不其昜日？

　　　〈存1.614〉　癸巳卜，賓貞：〇丙申用寇？

有指五、六日之後。如：

　　　〈合307〉　乙未卜，爭貞：〇庚子王步？

　　　〈掇2.136〉　戊戌卜貞：〇甲辰酚河？

復有特例，翌有指遠達五十二日、六十日後者。如：

　　　〈人341〉　丁卯卜，賓貞：〇己未令多射〇〇？

　　　〈前7.4.1〉　乙亥卜，賓貞：〇乙亥酚〇昜日？

字在晚期卜辭中增意符日作〇，增聲符立作〇、作〇。由以下諸辭
例得證。

　　　〈掇1.415〉　癸酉貞：〇乙亥酚〇于大乙？

〈前1.20.7〉 癸酉卜貞：⟨字⟩乙亥王其又⟨字⟩于武乙？

卜辭另有⟨字⟩字，从羽从夫，隸作狱。字的偏旁从人立而缺下橫，乃欲與翌字區別，用為武丁將領名。

82 ⟨字⟩、⟨字⟩—⟨字⟩—⟨字⟩—⟨字⟩—⟨字⟩—⟨字⟩—⟨字⟩—⟨字⟩—⟨字⟩

⟨字⟩，象枷鎖手扣之形，為執字省。執，《說文》：「捕罪人也。」卜辭多用為動詞，作拘捕、活捉解，字後多接方國、賊寇。字有增口增廾增手或增口作⟨字⟩、作⟨字⟩、作⟨字⟩、作⟨字⟩，示囚禁罪犯的囹圄。由辭例互較得證。

(a) 〈遺171〉 貞：我弗其⟨字⟩呂方？

〈卜124〉 ☐旬亡禍☐⟨字⟩六人。八月。

〈合36〉 ☐⟨字⟩羌、戈？

〈甲2433〉 辛亥卜貞：⟨字⟩娥☐？

〈粹1074〉 辛酉卜，爭貞：勿⟨字⟩多寇，呼望呂方其⟨字⟩？

〈南明90〉 癸丑卜，賓貞：重吳令⟨字⟩寇？

〈前6.29.5〉 丁酉卜，古貞：兄⟨字⟩寇，僕？

〈前7.19.2〉 ☐五日丁未在⟨字⟩，⟨字⟩羌？

(b) 〈續1.36.3〉 丙戌卜，即貞：其告⟨字⟩于河？

〈明239〉 貞：告⟨字⟩于南室：三宰？

「告執」，謂稟告鬼神，以囚犯為人牲祭祀，執用為名詞。卜辭有⟨字⟩字，从廾⟨字⟩，仍隸作執。人首增繫繩索，與雙手受縛意同。字用為名詞，意相當於人牲。卜辭復有⟨字⟩字，从⟨字⟩虎合文，示虎族族人為殷所執囚，隸作馘。字用為執字的專有名詞。卜辭習言「來馘」、「用馘」。

83 ⟨字⟩—⟨字⟩—⟨字⟩—⟨字⟩—⟨字⟩

⟨字⟩，象簡牘之形，隸作冊。《說文》：「符命也。諸侯受命於王者也，象其札一長一短，中有二編之形。」卜辭習稱「冓冊」、

「作冊」、「冊某祖妣」，乃指祭祀時將祭事書寫於竹簡上，祈求上天鬼神降蔭之意。字有增意符「示」，強調書冊告於宗廟之意。由辭例見冊、𥙫同字。

(a)　〈粹1〉　　　叀冊用？

　　　〈後下43.4〉　𥙫用人十又五，王受佑？

(b)　〈甲1665〉　　冊至，又征？

　　　〈人1875〉　　叀茲𥙫用，又征？

(c)　〈佚871〉　　辛丑卜，𤔲三羊，冊五十五牢？

　　　〈南明605〉　其𤔲祖甲，叀囗𥙫牢又一牛？

(d)　〈南明673〉　辛卯卜，其冊妣辛？

　　　〈甲726〉　　叀妣辛𥙫用？

字復增口作𠕋、增双作𠕋，及繁體作𠕋。由辭例互較亦得證。

(a)　〈南明673〉　辛卯卜，其冊妣辛？

　　　〈乙6960〉　　貞：𠕋妣甲？

(b)　〈前7.27.1〉　囗卜，㱿貞：㳄𠧪再冊，王从囗？

　　　〈前7.6.1〉　壬申卜，㱿貞：囗禍，再𠕋，呼从囗？

(c)　〈粹230〉　　乙酉卜貞：王又𠕋于祖乙？

　　　〈南坊5.58〉　囗未卜，又𠕋于妣庚，其奠秦宗？

84　冊──𢍑、𢍑

　　冊，即冊字，象簡冊正面之形。有側形作𢍑，隸仍作冊。由下列辭例「再冊」、「用冊」、「奠…冊」、「袞…冊」可互證冊、𢍑同字。

(a)　〈卜85〉　　戊子卜，㱿貞：㳄𠧪再冊，王从？六月。

　　　〈南明614〉　丁卯貞：王其再𢍑，袞三宰，卯三大牢？

(b)　〈庫1051〉　甲辰用𠕋，遘上甲：十五牛囗？

　　　〈前6.26.7〉　囗妦用𢍑囗？

(c)　〈續1.38.6〉　　貞：禬于妣己，酉奴，卯宰？

　　　〈前5.4.7〉　　乙巳卜，賓貞：翌丁未酚，彑歲☑于祊☑奠业
　　　　　　　　　　　Ⅱ？

(d)　〈金670〉　　　☑卜，爭貞：奏冊百羊、百牛、百豕、南五十？

　　　〈乙6738〉　　甲申卜，爭貞：奏于王亥其Ⅱ？

85　䊯—澊

䊯，从女从又持屮，隸作㚭。《說文》無字。字用爲第四、五期卜辭地名。或增水旁作澊，由辭例互較可見。

　　　〈前2.3.5〉　　癸未卜，☑䊯貞：王☑亡畎？

　　　〈續3.29.2〉癸未王卜在䊯貞：旬亡畎？王占曰：吉。在十
　　　　　　　　　月唯王迷西喪。

86　䖒—䕫

䖒，从女虎聲，隸作娗。《說文》無字。字屬於殷祭祀的地名。由辭例見字與增木旁作䕫相同。

　　　〈粹850〉　　☑其求年于䖒，重今日酚，又雨？

　　　〈南明461〉　　其求年于䕫？

87　殸—磬

殸，即殸字，與《說文》磬字的籀文同：「石樂也。从石殸聲。象縣虛之形，殳所以擊之也。古者毋句氏作磬。」卜辭用爲田狩地名，又嘗於此地設壇以祭，習曰：「磬京」。字始見於武丁卜辭，晚期甲骨有增从方聲作磬。方，上古音屬陽部（aŋ）；殸，上古音屬耕部(eŋ)，二字旁轉相通。由辭例亦見殸、磬同字。

　　　〈前2.44.1〉　　戊申卜貞：王田殸，不遘雨？茲邟。

　　　〈前2.44.3〉　　☑卜貞：王田于磬☑亡災？茲邟，獲狼☑。

88　㽱—旆　偗

㽱，从人持㫃；有增冉聲，隸作旆。或即《說文》旆字：「旗

曲柄也。所以㫃表士眾。」第一期卜辭用為殷人名。由下二辭例見㫃、旅同字。

〈前4.32.1〉　癸未卜，囗令㫃囗族寇周，叶王事？

〈前7.31.4〉　貞：令旅从冒侯寇周？

89 亭—京

亭，象高台，釋作京；或釋作亭。《說文》：「京，人所為，絕高丘也。从高省。｜象高形。」卜辭言「阰京」、「殷京」、「奧京」，乃指諸地的高台，屬於祭神求豐年之地。字有省作京，由字例偏旁如：喬省作亰；亭省作亰，藁省作藁可證。由辭例亦可證亭、京同字。

(a) 〈卜53〉　囗戌卜貞：令犬征田于京？

〈存1.1857〉　囗寅卜囗令犬征田亭？

(b) 〈外437〉　囗京囗衷？

〈前6.1.5〉　貞：于亭衷？

90 毓—毓

毓，从女从倒子，象產子之形。ㄟ示羊水也。隸作毓，即育字。《說文》：「養子使作善也。」王國維《戩考》八頁：「引申為先後之後，又引申為繼體君之后。」字復省女作毓。由殷王「后祖丁」作毓、作毓可證同字。

〈金363〉　囗自毓祖丁，王受又？

〈合41〉　丙午卜，尤貞：翌丁未其又歲饗毓祖丁？

91 伐—伐

伐，从戈砍斷人首，隸作伐。《說文》：「擊也。一曰敗也。」卜辭用本義，擊殺、攻襲也。字有省戈作伐。由辭例證伐、伐同字。

(a) 〈丙1〉　庚申卜，王貞：余伐不？

庚申卜，王貞：余伐不？

伐、𣏟 二形見於同版對貞卜辭。

(b)　〈粹1093〉貞：重昌呼伐呂？

　　〈人2945〉丁酉卜，亘貞：呼𣏟，其佑？

(c)　〈續3.11.4〉　丙申卜，殼貞：今春王勿伐下𠂤，弗其受屮又？

　　〈續3.11.3〉　庚申卜，爭貞：今春王从望乘𣏟下𠂤，受屮又？

92 𣡌 — 𣡌

　　𣡌，从米𤰇聲，隸作糧。《說文》：「糜和也。」唐蘭《殷虛文字記》25頁論爲稻字，可從。古文獻謂遠在夏代已有水稻，《史記・夏本紀》：「令益予眾庶稻，可種卑濕。」《詩經・白華》：「滮池北流，浸彼稻田。」卜辭中「受糧年」與「受黍年」屢見於同卜之例，亦可作爲糧即稻本字的佐證。金文稻有从米作𥡥。卜辭中卜問稻米收成的月份爲二、三月。字復省米作𤰇。由辭例可證。

　　〈後上31.11〉貞：弗其受𣡌年？二月。

　　〈遺456〉癸巳卜，殼貞：我受𣡌年？三月。

93 𣎴、𣎴 — 𣎴

　　𣎴，象人俯首伸舌飲酒之形，隸作歙，即飲字。《說文》：「歠也。从欠酓聲。」郭忠恕《汗簡》引作𣎴。字有更易偏旁酉爲皿作𣎴，有省人作𣎴。由辭例「王飲」見飲、酓用法互通。

　　〈合229〉貞：王𣎴，屮𡆥？

　　〈寧1.54〉重祝王𣎴？

94 𩫏 — 𩫏

　　𩫏，从口上有城垣，即《說文》𩫏字：「度也。民所度居也。从回，象城𩫏之重，兩亭相對也。或但从口。」段王裁注：「今作郭。」字重見於《說文》墉字的古文。卜辭用爲城郭義外，有用爲人名或族稱，亦有作爲節令時限之名，稱「郭兮」，爲晨曦之時。

字有繁作🔵，从口，四周築有小墻。由辭例「出郭」、「征郭」兼
用🔵、🔵二形可證。

〈南上4.7〉　乙亥子卜，祊𨑮于我🔵？

〈前8.10.1〉　己丑子卜貞：子商呼出🔵？

95　🔵—🔵、🔵

🔵，于省吾《甲骨文字釋林》132頁釋作𣪊字，唯🔵上不从口，
與🔵、🔵等字形實異。今仍隸作🔵，即兒字，篆文作🔵；卜辭中用
爲殷王田狩、祭奠及出伐的地點。字有增橫畫作🔵、🔵，用法全同。

(a)　〈甲673〉　癸丑卜，王其田于🔵，重乙擒？

　　〈後上15.4〉　囗王其田🔵，🔵于河？

(b)　〈乙6264〉　囗奠來五，在🔵。

　　〈京3328〉　戊戌卜，行貞：王賓禵亡禍？在🔵。

(c)　〈後下14.8〉　囗貞：重🔵征伐囗？

征伐，即征伐，意謂出伐也。「重兒征伐」，即自兒地遣兵攻
伐之意。

〈文716〉　囗王在自🔵彝。

在自🔵，即指在兒地駐師。

96　🔵—🔵

🔵，从屮生於田中，即苗字；从艸从屮義通。李孝定先生《甲
骨文字集釋》引爲圃字。今仍釋作苗字是。《說文》：「艸生於田
者。」卜辭用爲武丁時處守西北方的將領名，復用爲漁獵、耕種的
地名。字有增屮作🔵，乃第一期卜辭中的地名，與🔵字相同。

〈乙6519〉　甲戌卜，賓貞：🔵受黍年？

〈簠歲17〉　丙子卜，賓貞：柴年于🔵？

97　🔵—🔵

🔵，从屮長於土上，隸作🔵，即古文封字。《說文》：「爵諸

侯之土也。」段注：「引申爲凡畛域之偁。」卜辭用爲地名。字復
增作🅐，同屬地名。

　　〈簠地62〉　　貞：射🅐，戈方？

　　射，有攻擊意。🅐當爲方國出沒的地方。

　　〈佚271〉　　甲寅卜，行貞：王其田，亡災？在二月，在自🅐。

　　在自🅐，即言在🅐地駐軍。

98　🅑 — 🅑

　　🅑，即文字。《說文》：「🅑畫也。」今作紋。字繁飾作🅑。
由辭例殷王「文武丁」可證二形同字。

　　〈林2.25.4〉　　丙午卜貞：🅑武丁宗，其牢？

　　〈掇2.85〉　　丙戌卜貞：🅑武丁宗，祊其牢？

99　于 — 🅒

　　于，隸作于。篆文作亏。《說文》：「於，詞也。象气之舒于。
从丂从一。」卜辭用與文獻的「於」字同，作介詞、連詞，復用爲
動詞，往也。晚期卜辭增作🅒。由辭例可證。

　　〈後上7.11〉　　甲申卜，即貞：其又于兄壬于母辛宗？

　　〈文377〉　　又🅒丁子牛用？

100　🅓 — 🅓 — 🅓

　　🅓，即勿字，象弓之側形。《說文》：「州里所建旗。象其柄，
有三游。」《說文》釋義就或體的㫃字作解，對於勿的本義則未詳
審。卜辭中已借爲否定詞。字有改爲具弓弦的🅓及訛弦爲🅓。勿字
字形的發展，是由第一、二期卜辭的🅓，過渡至第二、三期的🅓、
🅓，再演變爲第二期末始出現的勞。說詳拙稿《殷墟卜辭句法論稿
》第二章〈對貞卜辭否定詞斷代研究〉。由以下辭例亦得證諸形同
字。

(a)　〈遺185〉　貞：🅓隹王从望乘？

〈明2324〉　丙戌囚 ♂隹我乞业，不若？

(b)〈丙32〉　甲辰卜，殼貞：王賓翌？

　　　　　貞：王咸酚登，ᛝ賓翌？

〈粹424〉　丙辰卜，囗貞：其賓囚？

　　　　貞：ᛝ賓？

101 ᚫ—ᚫ、ᚫ—ᚫ、ᚫ、ᚫ

ᚫ，从人，歧角象首飾，隸作羌。《說文》：「西戎，羊種也。从羊儿，羊亦聲。南方蠻閩从虫，北方狄从犬，東方貉从豸，西方羌从羊。」羌為殷西邊族，見於第一、二期卜辭，及至二、三期字增繩索係頸作 ᚫ、ᚫ。第四、五期復增首飾作 ᚫ、ᚫ，改作為殷邊田狩地名。由辭例見諸形同字。

(a)〈合135〉　囗寅卜，殼貞：般亡不若，不執ᚫ？

〈前8.8.2〉　囗卜，王呼執 ᚫ，其囚？

(b)〈甲1948〉　囗戈ᚫ方？

〈甲507〉　ᚫ方伯其用，王受又？

　　　　　其用 ᚫ囚王受又？

(c)〈人2865〉　戊辰卜在ᚫ貞：王田，衣逐，亡災？

〈綴219〉　己未王卜在ᚫ貞：今日步于ᚫ？

〈前2.25.1〉　戊戌王卜貞：田 ᚫ，往來亡災？

(d)〈合212〉　貞：王賓ᚫ甲日？

〈文370〉　甲辰卜，行貞：王賓ᚫ甲囚？

羌甲，即沃甲，祖乙之子，南庚之父。

102 ᚫ—ᚫ、ᚫ、ᚫ、ᚫ、ᚫ

ᚫ，从三力从口，隸作劦。讀如協，合力也；齊同也。卜辭用為五種固定祭祀之一：翌；祭、壹、劦；肜。五常祭中分為三祀組，周而復始地順序舉行。劦祭在祭、壹之後進行，示大合祭，又稱「

呂日」祭。字省口或省力作 〻〻、𐂏、𐂐，又增示作 𐀀，或變型作 𐀁。由辭例互較得證。

(a)〈前1.1.6〉　壬申卜貞：王賓示壬𐂑日亡尤？

　　〈京4013〉　☑〻〻日于祖丁？

(b)〈寧1.166〉　☑卜，其𐀁大乙五牛，王受☑？

　　〈甲1207〉　☑𐀀大乙？

(c)〈掇2.98〉　貞：王于𐂑酚于上甲？

　　〈陳50〉　重𐂐先酚？

(d)〈甲2207〉　父庚𐀁又牛？

　　〈庫231〉　𐂐㞢宰？

(e)〈粹1〉　𐀁祖乙祝？重祖丁用，王受又？

　　〈京4255〉　☑卜貞：𐀁其祝？

103 𐀂、𐀃 — 𐀄 — 𐀅

𐀂，即皀字，象形。《說文》：「穀之馨香也。象嘉穀在裡中之形。」卜辭中用爲祭地名。字有增从三皀作𐀄，或增器首作𐀅。由辭例證諸形用法相同。

　　〈遺380〉　辛巳卜，行貞：王賓父丁歲宰，叙亡尤？在𐀃。

　　〈文302〉　庚申卜☑貞：南庚歲☑賓☑在𐀄。

　　〈存1.2488〉　癸未卜，在𐀅貞：王旬亡畎？

104 𐀆 — 𐀇 — 𐀈

𐀆，象豸形，隸作豸。《說文》：「獸長脊行豸豸然，欲有所司殺形。」字見於第一期卜辭，用爲殷地名。卜辭復有疊豸作𐀇、增口作𐀈，均屬於第一期地名。

　　〈前4.32.1〉　丁酉卜，亙貞：叛𐀈于豸？

　　〈前1.48.3〉　貞：于𐀇，先𐀉？一月。

先，爲殷附庸族名；此言先於豸地設阱，以卜問吉凶。

〈人2059〉 　弜至于□？

105 □—□

□，从吅从亥，隸作䜑。《說文》無字。卜辭用爲祭地名，始見於第一期卜辭。字在第二期中疊亥作□，同屬祭祀地名。

〈前1.51.2〉 　㚔于□東？

〈文379〉 　戊戌卜，出貞：㞢祊于保，于□室，酌？

106 □—□

□，从隹爯聲，隸作䧴。《說文》無字。爯，並舉也。䧴字本有舉隹意，讀如聚。卜辭多言大䧴奴眾和執，即起用奴僕囚犯，或從事生產，或協助征戰。字有增隹作□，由辭例互較得證。

〈存2.95〉 　⊠奴大□⊠？

〈粹369〉 　己丑卜，其□眾，告于父丁：一牛？

107 □—□—□

□，从㫃矢，即族字。《說文》：「矢鏠也。束之族族也。从㫃从矢。」段玉裁注：「今字用鏃，古字用族。金部曰：鏃者，利也。引申爲凡族類之偁。」卜辭用引申義，習稱「王族」、「子族」、「多子族」，爲殷王室的軍事單位。字復增矢作□、增口作□。由辭例得證諸形同字。

〈合302〉 　庚申卜㱿貞：呼王□征从㒸？

〈京2102〉 　王□⊠？

〈南明616〉 　己亥貞：令王□追召方，及于⊠？

108 □—□

□，从目矢，隸作䀀，讀如斁。金文作□。以矢射目，有中的、專一意。《說文》誤作眣：「目不正也。从目失聲。」段玉裁注中已疑失爲矢之訛。卜辭用爲殷地名，字或豎目作□。由辭例見同屬殷地名。

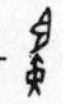

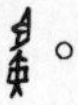

〈文472〉　　癸巳卜，行貞：王賓叔亡尤？在自🦶卜。

〈後下24.6〉　　囗自🐛囗。一月。

109 🏹—🏹—🏹

　　🏹，从人持兵械於宀下。隸作寇・《說文》：「暴也。从攴从完。」字引申有疾亂意。卜辭用爲游蕩不羈的部族，習稱「多寇」，殷武丁時曾招降寇眾，助伐外族。字有省兵杖作🏹；有更从又作🏹，見人、又偏旁通用。由以下二組辭例互較得證。

(a)　〈乙5288〉　　貞：衛致🏹？

　　　〈乙749〉　　囗寅卜，永貞：衛致🏹，率用？

(b)　〈南明90〉　　癸丑卜，賓貞：重吳令執🏹？

　　　〈京1404〉　　其執🏹？

110 🌿—🌿

　　🌿，从女豈，隸作娞，字與顤同，即艱字。《說文》：「土艱治也。」籀文从喜作🌿。字引申有困難意。卜辭習言「來艱」，意謂有外來災禍。字有更作🌿，从女从卩通用。由辭例得證同字。

　　〈甲2123〉　　癸酉卜貞：其自🌿业來🌿？

　　〈鐵182.3〉　　癸丑卜，出貞：旬业希，其自西业來🌿？

111 🏠—🏠—🏠—🏠、🏠

　　🏠，从女坐於宀中，隸作安。《說文》：「靜也。」卜辭用爲安寧意，復借爲武丁時人名及殷地。字有通作🏠，从女从卩無別；又增止作🏠、作🏠。由下列辭例得證諸形同字。

　　〈乙2090〉　　己未卜，亘貞：子🏠亡㞢？

　　〈乙3471〉　　子🏠亡㞢？

　　〈乙5979〉　　父乙㞢子🏠？

　　〈卜288〉　　貞：邘子🏠于兄丁，𤔲羊，曹十宰，今日酚？

　　〈乙6732〉　　壬辰囗貞：呼子🏠邘，业母于父乙，𤔲宰，曹奴
　　　　　　　　三，🐂五宰？

112

，从宀从木从女，隸作𡪞。《說文》無字。或爲宋字繁體。卜辭用爲地名。字復作，从女从卩通用。

〈簠典102〉　丁亥卜，𡧊其？五月。

〈佚148〉　壬□丙貞：□衛其□來圍我于茲？

113

，从人負子，隸作保。字形由而而，《說文》：「養也。」卜辭引申有安、佑意，亦用爲祭地名。字復作，从人从大無別。由辭例見同屬地名。

〈文379〉　戊戌卜，出貞：其㞢祊于？

〈甲1531〉　庚辰卜，狄貞：于大吉？

114

，字又作，从人从倒子，象婦人產子之側形，與字同，隸作毓，今作育。《說文》：「養子使作善也。」卜辭多貞問婦某有孕生子的吉凶。字有从大作。从人从大無別。

〈簠雜69〉　□貞：子母其，不死？

〈乙3843〉　乙酉卜貞：，禍？

字復作，从女从，示兒首。乃毓字之訛，象生子形。

〈陳102〉　戊午卜，爭□㚸冥㚤□曰：□婦㚸□?

冥㚤，即娩嘉；孕而有子之意。

〈粹1233〉　貞：今五月□好□其㚤？

「好」，當爲「婦好」之闕文。由婦好而曰：嘉，可證即毓字。

115

，象人正面立形，即大字。《說文》：「天大地大人亦大焉，象人形。」字有增一示其首作。由辭例殷先王「大庚」、「大戊」

的大字作👤，又作👤可證。《史記・殷本紀》作太庚、太戊。

(a) 〈乙6273〉　翌庚寅酌👤庚？

　　〈乙6690〉　辛丑卜，乙巳歲于👤庚？

(b) 〈前1.7.2〉　业干👤戊三宰？

　　〈前4.16.4〉　☑👤戊五牢？

大又通作👤，由卜辭的「大甲」有寫作👤可證。

　　〈前1.45.6〉　貞：业于👤甲？

　　〈龜29〉　　　用于👤甲？

大字復大其首作👤。由辭例「大方」的字形亦可證。

　　〈粹1152〉　☑來告👤方出伐我師。

　　〈合87〉　辛酉卜，七月👤方不其來圍？

　　大方，即人方；人、大均象人形，一正一側無別。

116 👤—👤

　　👤，从阜从二止，示人自上而下，會意；即降字。《說文》：「下也。」《爾雅・釋詁》：「落也。」卜辭習言上天鬼神「降禍」、「降艱」、「降疾」、「降雨」。字有作👤，从人自山阜下降。由辭例見降、陟屬於同文異形。

　　〈寧1.516〉　☑卜，翌日辛帝👤，其入于鄉，在宓？

　　〈叕28〉　☑固曰：途，若。茲鬼👤在宇阜。

117 👤—👤

　　👤，从人困於口中，隸作囚。唯用法與囚異。卜辭借爲地名。字或作👤，从人从女無別。由辭例見皆用爲殷地。

　　〈掇1.403〉　丁丑卜，翌日戊王其逐于👤，亡戋？

　　〈存1.449〉　省👤？

118 👤—👤

　　👤，从二人持酉，隸作奠。與👤字同，从人、从手通用。卜辭

言「奠某王」，字用作動詞，有祭獻意。

〈後下24.12〉　貞：禘，弗其🔲王？

〈京710〉　　乙亥卜貞：囗🔲唯陽甲？

119 🔲—🔲

🔲，從人在口中，隸作囚。象人臥於棺槨之中，乃死字初文，此從丁山說；見李孝定《甲骨文字集釋》4卷1453頁引。字有從正身作🔲，由辭例亦證從人從大無別。

〈綜圖23.4〉　庚子卜，耳貞：疾，不🔲？

〈金679〉　　癸未卜貞：🔲子不🔲？

120 🔲—🔲—🔲

🔲，隸作子，象形。由🔲、🔲、🔲、🔲、🔲諸字可知子象幼子初褓之形。字有增髮作🔲、或仰口作🔲，由以下辭例互較見諸形同字。

(a)　〈乙3426〉　貞：告🔲亡禍？

　　　〈鐵13.2〉　癸丑卜，內貞：🔲亡禍？

(b)　〈乙6803〉　囗𣪊貞：🔲冥囗王固囗唯丁冥。

　　　〈合113〉　囗🔲冥？

121 🔲—🔲

🔲，從女力聲，隸作妿。郭沫若《粹編》考釋160頁謂「乃娿省，讀爲嘉。此言婦有孕將分娩，卜其吉凶也。」郭說可從。卜辭習言「冥妿」，假借爲「娿嘉」。生子曰：「妿」，生女則稱「不妿」、「不其妿」、「不吉」，顯見殷代社會已有重男輕女的觀念。字有作🔲，有娿孕生子意；從子從女同。由辭例亦得互證。

〈佚556〉　　壬戌卜，賓貞：婦好冥妿？

〈乙1424〉　庚戌卜，我貞：婦鼓🔲？

122 🔲—🔲

□，从大，隸作亦。諸點示區別義，與兩點的□字用法不同。卜辭用爲武丁時子名。字又作□，由辭例可證。

〈前6.19.5〉　癸卯卜，叶邗子□于父乙囗月。

〈京2069〉　囗邗子□囗八月。

123 □—□

□，象二人並立於一。一，齊一也。隸作並。《說文》：「併也。从二立。」字有並行、附和意。卜辭習言「邑並佑」、「邑並酌」、「歲並酌」。字有省一作□，由辭例可證同字。

〈佚878〉　貞：妣庚歲□酌？

〈掇1.416〉　丙午卜，仲丁歲□酌？

124 □—□—□—□

□，象人俯身就皀而食之形。隸作即。《說文》：「即食也。从皀卩聲。」引申有獻食於神的意思。字有省作□，由辭例可證。

〈後下24.1〉　癸亥囗□日于丁卯？

〈甲2086〉　囗貞：□日？

即日，指獻食之日。

字又作□，从皀卩。字與既字形似而實異，當亦釋爲即，獻食也。由辭例可證。

(a)〈佚266〉　囗貞：其□日？

〈明688〉　囗貞：于□日？二月。

(b)〈粹3〉　囗夒罘報甲其□？

〈存2.178〉　戊辰卜，□報甲罘河，我□衛？

(c)〈人3076〉　戊寅卜，王□觀？

〈佚583〉　乙巳，□觀？

(d)〈鐵98.4〉　囗□㞢于母囗娥，邗婦？

〈海1.13〉　囗貞：告□㞢于夒、于報甲？

(e) 〈寫19〉　☐🔳袞報甲于唐？

　　〈佚146〉　癸巳貞：🔳袞于河于岳？

(f) 〈掇2.29〉　☐🔳圍☐洒☐戈？

　　〈佚695〉　☐卜，王勿☐🔳圍☐？

字復增卩作🔳，隸作鄉，即饗字初文，意與即同。由辭例亦證同字。

(a) 〈丙64〉　王固曰：重🔳。

　　〈京4333〉　甲戌☐貞：重🔳？

(b) 〈南明629〉　☐于🔳彭父己，翌日🔳，肜日，王洒賓？

　　〈存1.1856〉　☐🔳☐翌日🔳，肜日，王弗每？

(c) 〈後上24.2〉　☐🔳于岳？

　　〈文293〉　庚子，王🔳于祖辛？

125 🔳、🔳、🔳─🔳、🔳─🔳

　　🔳，從手執人，人膝跪示順從貌，隸爲奴字。字從🔳從🔳可通。古文奴亦從人。孫海波《甲骨文編》釋作㐱，實與辭意不合。殷有用人牲祭之習，奴隸爲其主要來源之一。男曰奴，女曰妾，乃漢人習稱。《說文》：「男有罪曰奴，奴曰童，女曰妾。」唯卜辭中的奴乃指男女從僕的統稱，多言「屮奴」、「冊奴」、「用奴」以祭鬼神，用奴數一次多達十人。字有從二人作🔳，乃🔳字之省，意亦爲奴，由辭例見🔳、🔳通用。

(a) 〈南明94〉　丙辰卜，又🔳十高妣丙？

　　〈佚892〉　戊寅卜，又妣庚五🔳、十牢，不用？

(b) 〈乙8710〉　丁酉卜，來庚用十🔳、宰？

　　〈存2.582〉　壬☐貞：其至十宰，又二🔳，妣庚用牛一？

(c) 〈合437〉　☐貞：酉小宰屮🔳女一于母丙？

　　〈乙2210〉　☐貞：🔳其屮酉？

(d) 〈乙4900〉　☐🔳☐伐屮宰？

〈乙4998〉　☒貞：𢆶☒伐☒？

字又重疊作𢆶，示眾奴。由辭例見其用法與𢆶全同。

〈遺23〉　☒勿呼取𢆶？

〈乙3108〉丁亥卜，㱿貞：呼𢆶从韋取逆臣？

字復省又作𢆶。辭例亦得證同字。

(a)　〈續6.14.5〉　辛丑余卜，𢆶執狄？

〈前8.12.1〉　丙申余卜，𢆶執狄？

(b)　〈乙100〉　戊午卜，曰：今日啓𢆶？允☒啓。

〈六中33〉　☒辰卜，翌☒夗田☒啓𢆶☒允雨。

126 𡧊一𡧊一𡧊一𡧊、𡧊、𡧊、𡧊一𡧊、𡧊

𡧊，从豕在宀中，唯形構不可釋，疑彳當是人上一橫的訛合。人上一橫，示人之貴者，如元、夫、兀等字例是。迎人入宀中，當爲一室之賓，由《簠典42》、《庫1597》字作𡧊，从人可證。字當即賓字初文，《說文》：「所敬也。」字用爲恭謹迎神意，有增止作𡧊。由辭例得證。

〈續1.9.5〉　☒卜貞：☒𡧊大丁☒亡尤？

〈粹125〉　癸亥卜，大貞：王𡧊示癸，日亡尤？

字又倒彳作𡧊，由辭例「賓饗」可證。

〈佚266〉　戊寅卜，宁貞：王𡧊饗？

〈甲2799〉　丁未卜，尤貞：祁于小乙奭妣庚，其𡧊饗？

字復增意符卩或女作𡧊、𡧊、𡧊、𡧊。

(a)　〈粹125〉　癸亥卜，大貞：王𡧊示癸，日亡尤？

〈合212〉　貞：王𡧊羌甲，日☒？

(b)　〈續1.9.5〉　☒卜貞：☒𡧊大丁☒亡尤？

〈前7.20.2〉　乙亥卜，賓貞：王𡧊，歲亡尤？

字亦更訛彳爲豕作𡧊，隸作家，但並無居室之義，字仍相當賓迎之

賓字，敬鬼神也。由辭例亦可見。

(a)〈摭續296〉　貞：囗㞢囗？

〈合132〉　貞：㞢祖乙，佑王？

(b)〈後下13.15〉戊寅卜貞：于祊征夷？七月。

〈明387〉　丙午卜，爭貞：寅尹祝媿不囚，在祊㞢子？

127

，从重臣从子，隸作孯。《說文》無字。卜辭用爲地名。字或作，从二臣二囟。囟，象子首；籀文子作可證。此即孯字異構，由辭例見同屬田狩地名。

〈乙7299〉　庚午卜，賓貞：致？

〈續3.24.5〉　囗田于，往囗獲罞一。

128

，从手从，隸作厷，指事。《說文》：「臂上也。」或體作肱。卜辭用本義，貞問疾肱否。字或省，作。

〈乙7488〉　囗貞：㞢疾，致小囗邻于囗？

〈乙5587〉　囗貞：疾，龍？

龍，讀如雝，安也。此辭卜問手肘病患處無恙否。

129

，象手形，即又字。卜辭用作：⑴有、⑵又、⑶佑、⑷右諸義。字有繁作，、爲文飾，以別於左中右之右。字讀如佑，用法與相同。由辭例互較得證。

〈文338〉　丁巳卜，行貞：其于小丁，牛？

〈乙3394〉　丁丑卜，賓貞：父乙允多子？

130

，从止从凵，凵示竇廬、居所。隸作出。《說文》：「進也。」段玉裁注：「凡言外出，爲內入之反。」卜辭的出字兼有「出巡」、

「出狩」、「出伐」意。字又作 ♂，从 ∪，从 ▭ 無別；由辭例得證。

(a)　〈明341〉　☐其大 ♂？

　　　〈前5.30.1〉　☐其大 ♂？

(b)　〈存2.803〉　癸酉貞：方大 ♂，立中于北土？

　　　〈粹366〉　☐方 ♂ 从北土，弗戈北土？

(c)　〈鐵234.1〉　甲午卜，㗊貞：呂 ♂ ☐唯☐？

　　　〈續3.3.1〉　☐　貞：呂方 ♂，帝☐？

131 ♉—♉—♈、♒—♓

　　♉，从倒止返於 ∪ 中，隸作各。字有降臨、來到意。卜辭多言「各雲」而有風雨，意即「來雲」。字有从口作 ♉，由辭例得證。

　　　〈粹838〉　☐大采 ♉ 雲☐征大風自西，刜☐？

　　　〈菁4〉　☐王固曰：㞢 ♖。八日庚戌㞢 ♈ 雲自東面母戻亦
　　　　　　　　☐㞢出虹自北，飲于河？

字復倒形作 ♒、♓，又从內作 ♒。由辭例互較見偏旁 ⊓、⊓、▭ 諸形通用。

(a)　〈乙8459〉　☐貞：從 ♉ 化，亡禍，叶王☐？

　　　〈乙3369〉　☐從 ♓ ☐亡☐？

　　　〈乙2031〉　☐辰卜，㞢貞：從 ♒ ☐弗其受又？

(b)　〈合374〉　乙酉☐雨☐ ♉？

　　　〈庫1285〉　☐卜☐貞：又☐大☐ ♓ 雨？

　　　〈佚546〉　☐王固曰：今夕 ♓ 雨？

132 ♌—♌—♎、♏

　　♌，从耳就口，示專注聆聽，隸作聑。即《說文》聑字：「聶語也。从口耳。」「聶，附耳私小語也。」郭沫若《卜辭通纂》137頁釋作聽；意亦可通。字有从口、或增从二口作 ♏。由辭例「王聑」互較可證。

〈乙3424〉　　貞：☒酚衾☒上甲☒王 [字] ☒？

〈戩45.10〉　　丁卯卜，王 [字] 唯业告？

〈合197〉　　王 [字] 唯业告？

133 [字]—[字]—[字]

[字]，象麋陷於阱中，隸作 [字]。《說文》無字，字與 [字]、[字]、[字]、[字]等字形相類，屬於殷人設阱捕獸的方法，與網、射等捕法不同。字又作為武丁時子名，有改从口作 [字]、从井作 [字]；由辭例可證。

〈前7.40.1〉　　庚戌卜，賓貞：子 [字] ☒？

〈戩44.2〉　　丁巳卜，賓貞：子 [字] 其业災？

〈海1.9〉　　☒子 [字] ☒业☒？

134 [字]—[字]

[字]，从爪持冉，隸作再。《說文》：「并舉也。」卜辭習言「再冊」，又省言「再」，意即祭祀前舉簡策，禱告以求吉祥。字又作 [字]；从爪、从又通用。由辭例得證。

〈南明614〉　　丁卯貞：王其 [字] 冊，衾三宰，卯三大牢？

〈鄴3.45.12〉　　庚午貞：王其 [字] 冊于祖庚，衾二宰，卯☒乙亥酚？

135 [字]、[字]—[字]—[字]—[字]、[字]、[字]—[字]、[字]

[字]，从手奉糸，隸作紂。糸、束二體通用，由 [字]、[字] 二形互用可知，當即餗字省，《說文》作 [字]：「鼎實。」朱駿聲《說文通訓定聲》：「熟肉謂之羹，以菜盉羹謂之餗；以米盉羹亦曰 [字]。」今寫作饙、作粥。卜辭用為動詞，或示以饙來祭奠先祖鬼神。字有作 [字]，从爪持束，束亦聲。字从糸从束，从手从爪均無別。又有省手作 [字]，或增宫作 [字]。由辭例得證諸形同字。

〈金375〉　　己亥貞：其 [字] 于祖乙？

〈甲2903〉　　辛巳 [字] 祖辛？

〈續1.10.5〉 丙午卜貞：于大甲，三牢？

〈南明572〉 ㄖ亥其自祖乙至多后？

字復改从酉作、。由辭例亦見餗、醂同字；从食、从酉無別。

(a) 〈粹629〉 ㄖ卜，庚ㄖ王？

〈後下22.13〉 丁酉卜，爭貞：來丁未王？

(b) 〈粹500〉 ㄖ丑貞：王其ㄖ巳酌？

〈鄴1.32.7〉 叀丁巳酌？

〈林2.11.1〉 乙酉卜貞：來乙未酌于祖乙？十二月。

136 ——

，从手獲貝，隸作㝵，今作得。字與同，獲也。字又从爪作。

〈續5.21.1〉 丙辰卜貞：弗其羌？

〈合380〉 丙寅卜，其又涉三羌，其奴？

字復增彳作。由辭例亦可證。

〈乙5269〉 貞：吳弗其？

〈掇2.141〉 貞：弗其？三月。

137 —

，从爪从女，有抑壓意。隸作妥。《釋詁》：「安止也。」卜辭借爲族名、婦名、小臣名和殷子名。字从爪、从又無別。

〈乙5303〉 貞：致羊？

〈乙5305〉 勿令南？

致？

、二形見用於同版卜辭。

138 ——、

，从双持豆以祭，隸作𢍺。《說文》作 ：「禮器也。从廾持肉在豆上，讀若鐙同。」卜辭多用爲動詞，示用𢍺載禾黍稻米以

獻祭。字有增示作祡，由辭例得證同字。

〈粹910〉　　☑其🅗新邕、二牛，用？

〈戩25.10〉　☑其祡新邕二升一卣，王☑？

字復合「米」、「來」作🅗、🅗，示獻穀物之形。

(a)　〈粹909〉　癸巳貞：乙未王其🅗米？

　　　〈遺646〉　丁丑卜，其🅗☑？

(b)　〈庫1021〉　庚辰卜，即貞：王賓兄庚🅗睬歲，亡尤？

　　　〈續1.26.3〉　甲申卜貞：王賓🅗祖甲，亡尤？

139 🅖—🅖

🅖，從皿氏聲，隸作䀽。《說文》無字。晚期卜辭用為田狩地名。字有作🅖，從皿從凵通用；由辭例得證。

〈甲653〉　　重🅖田，亡戈？

〈人2049〉　重🅖田，亡戈？

140 🅖—🅖

🅖，從皿盛羊，隸作盇。《說文》無字。卜辭用為地名。字或作🅖，從皿從凵無別；由辭例見皆屬地名。

〈前2.37.8〉　貞：弗其擒？十月在🅖。

〈前2.37.6〉　戊辰卜，賓貞：令永墾田于🅖？

141 🅖—🅖

🅖，從聿皿，隸作盡。《說文》無字。或即盡字初文。卜辭中用為人名，習稱「盡戊」，為殷先世人名，能降災時王。殷先公稱「戊」者唯「大戊」一人，然卜辭簡短，未審太戊、盡戊是否同屬一人。字有作🅖，從皿從凵無別。

〈前1.44.7〉　貞：㞢于🅖戊？

〈合242〉　🅖戊弗希王？

142 🅖—🅖

　　Ｕ，從皿壬聲，隸作盂。《說文》無字。卜辭用爲地名，復用爲武丁時婦名，乃「子商」之妾，有孕。字有作Ｕ。由辭例得證從皿從凵無別。

　　〈金548〉　　☐寅卜，賓☐子商妾Ｕ冥☐月。

　　〈粹1239〉　　丁亥卜，亘貞：子商妾Ｕ冥，不其姘？

143 ☐—盂、☐

　　盂，從皿于聲，隸作盂。晚期卜辭用爲方國名，其酋稱伯。盂與漮、喪〈粹968〉、向〈粹1067〉、夫〈前2.20.4〉等地見於同辭。王國維《殷虛卜辭地名考》：「今河南懷慶府河內縣。」地近殷都，其說可從。字在第五期卜辭有繁作盂，由于、尹屬同字可作佐證。下二辭例亦見盂、盂同字。

　　〈遺124〉　　辛未卜貞：王田盂，往來亡災？獲鹿四。

　　〈甲3939〉　　☐在九月唯王☐祀肜日，王田盂于☐，獲白☐。

144 ☐—☐

　　☐，從人持屮，象種植之形，隸作埶。《說文》：「種也。書曰：『我埶黍稷。』」即今種藝字。于省吾《殷契駢枝》39頁就卜辭「王賓☐福亡戈」一辭例假埶爲禰，釋爲親近之廟，不確。論詳拙稿《殷墟甲骨文字通釋稿》55頁。卜辭中的埶即藝，意指種植的穀物。字又用爲動詞，有手持穀物祭拜意。字復用爲地名，有改屮爲木作☐，由辭例可證從屮從木通用。

　　〈寧1.369〉　　丙午卜，戊王其田☐，亡戈？

　　〈存2.816〉　　☐其田☐，不冓雨？

145 ☐—☐

　　☐，從木心，隸作杺。《廣韻》侵部：「木名。其心黃。」卜辭用爲祭地名。字又作☐，從木從屮無別。

　　〈後上9.6〉　　貞：屮于☐？

〈佚14〉　　囗設囗呼子武虫于 [甲骨字形]，重犬虫羊？

146 [甲骨字形]—[甲骨字形]—[甲骨字形]

[甲骨字形]，从日在艸中，隸作莫，今作暮。《說文》：「日且冥也。从日在茻中。」卜辭習言「莫歲」、「莫酌」，為日將冥時祭祀的專用語詞，與「朝酌」對文。字有移屮上下排列作 [甲骨字形]；復改屮為禾作 [甲骨字形]。由下二組辭例得證。

(a)　〈佚279〉　　貞：重 [甲骨字形] 酌？

　　　〈存1.1937〉　重 [甲骨字形] 酌？

　　　〈佚878〉　　貞：妣庚歲，重 [甲骨字形] 酌先日？

(b)　〈粹263〉　　囗卜，祖丁 [甲骨字形] 歲：二牢？

　　　〈粹300〉　　丙寅卜，行貞：翌丁卯 [甲骨字形] 歲：宰？

147 [甲骨字形]—[甲骨字形]—[甲骨字形]、[甲骨字形]

[甲骨字形]，象旭日剛冒昇於草莽中，與殘月並照輝映，隸作朝。《說文》：「旦也。从倝舟聲。」字有从木作 [甲骨字形]；復有增作 [甲骨字形]、[甲骨字形]，从日在茻中，焦省聲，隸作藋。藋與朝見於同版對貞卜辭，又同屬上古音的宵部字，藋當是朝字的異體。由辭例亦得證。

(a)　〈庫1025〉　癸丑卜，行貞：翌甲寅后祖乙歲，[甲骨字形] 酌，茲用？

　　　　　　　　貞：[甲骨字形] 酌？

(b)　〈佚292〉　丙寅卜，狄貞：盂田其 [甲骨字形]，[甲骨字形] 又雨？

　　　〈佚901〉　囗 [甲骨字形] 不遘大雨？

148 [甲骨字形]、[甲骨字形]—[甲骨字形]—[甲骨字形]

[甲骨字形]，从林正聲，即楚字。金文作 [甲骨字形]，篆文誤从疋。《說文》：「叢木也。一名荊也。从林疋聲。」卜辭用為殷祭祀地名。字从林、从木、以屮通用，皆用為祭地名。

　　　〈粹154〉　于 [甲骨字形]，又雨？

　　　〈粹450〉　囗于 [甲骨字形] 囗酌？

　　〈粹73〉　　☑岳于🔣？

149　🔣、🔣—🔣—🔣、🔣、🔣

　　🔣，從林屯聲，或增日，隸作🔣，即春字。篆文作🔣。《說文》：「推也。從日艸屯，屯亦聲。」卜辭習言「今春」，最早見卜於十月，又見卜於十三月；此大致爲殷時春天的上下限。春又用爲地名，與漆地相鄰。字有增從三木、四木，有改從四屮，亦有省從一木；由以下「今春」辭例得證諸形同字。

　　〈續1.53.3〉　丁酉卜，爭貞：今🔣王勿黍？

　　〈甲29〉　　☑寅☑今🔣☑其至？

　　〈乙5319〉　貞：今🔣☑不其至？

　　〈鐵227.3〉　☑今🔣呂☑？

　　〈拾7.5〉　　貞：今🔣呂☑？

　　〈庫1708〉　甲辰☑今🔣商不昌？

150　🔣、🔣—🔣

　　🔣，從田從二禾、三禾，或從二來，象禾黍茂盛貌。禾熟則豐收，故字有收割意。隸作🔣，即嗇字。《說文》作穡：「穀可收曰穡。」段玉裁注：「斂之曰穡，古多假嗇爲穡。」卜辭亦用收割義。由辭例亦見字從禾、從來無別。

　　〈餘16.1〉　　☑不唯🔣？

　　〈掇1.241〉　☑茲雨☑唯🔣？

　　〈後下7.2〉　貞：今其雨，不唯🔣？

　　〈南南1.130〉　☑求🔣🔣？

151　🔣、🔣—🔣

　　🔣，從來從夕，隸作麥。《說文》：「芒穀。秋種厚薶，故謂之麥。麥，金也。金王而生，水王而死。從來，有穗者也。從夕。」卜辭多用作穀麥本義。董作賓先生《殷曆譜》下編4卷6頁：「今黃

河流域，種麥在冬至以前，收麥在夏至以前。…余曾依殷代曆法考其時之氣候，與今無異。其種麥時期自當與現時相應。冬至常在殷曆十二月之下半或一月之下半，故種麥在其十一月至十二月。」第二期卜辭以後字有用爲田狩地，與菖地相接。字有省來作 𣎆，有作 𣎆，從來、從禾通用；由辭例亦得證。

(a) 〈明2332〉　　翌己酉亡其告 𣎆？

　　〈前4.40.6〉　翌乙未亡其告 𣎆？

(b) 〈後上15.2〉　戊申卜，行貞：王其田于 𣎆 囗？

　　〈遺404〉　　辛酉卜，旅貞：王其田于 𣎆，往來亡災？在十月。

152 𣎆 — 𣎆

𣎆，從來置於口中，隸作咅。《說文》無字。晚期卜辭用爲地名，與喪、𣎆 諸地相接，約處殷的西南。字或又從禾作否。

　　〈林2.25.15〉　乙酉卜，在 𣎆 貞：王今夕亡畎？

　　〈金583〉　　辛亥王卜在 𣎆 貞：今日往于 𣎆，亡災？

153 𣎆 — 𣎆

𣎆，從禾子，隸作季。《說文》：「少偁也。從子稚省，稚亦聲。」字見於第一至三期卜辭，用爲殷先公名，能降災於時王。王國維引《楚辭·天問》：「該秉季德，厥父是臧。」謂亥即王亥；《史記·殷本紀》作振。該父名季，與卜辭合；相當於《殷本紀》的冥。季字有省禾作 𣎆，由辭例互較得證。

(a) 〈上609〉　　貞：唯 𣎆 祟？

　　〈乙2893〉　𣎆 弗祟王？

(b) 〈後上9.6〉　貞：屮于 𣎆？

　　〈粹74〉　　貞：屮犬于 𣎆？

154 𣎆 — 𣎆、𣎆 — 𣎆 — 𣎆

　　𥝋，象植物形，有增从水，隸作黍。篆文作𥝊。《說文》：「禾屬而黏者也。以大暑而種，故謂之黍。从禾雨省聲。孔子曰：黍可爲酒。故从禾入水也。」卜辭習言求「黍年」，意即種黍得豐年。由辭例見黍字从水與否無別。

　　〈乙1277〉　貞：我受𥝋年？

　　〈續2.29.3〉　甲子卜，㱿貞：我受𥝋年？

　　〈續1.49.2〉　貞：我受𥝋年？

　　〈合436〉　苗弗其受𥝋年？

　　〈乙2734〉　貞：我弗其受𥝋年？

155 𣪊—𣪊、𣪊、𣪊—𣪊

　　𣪊，从壴力，隸作勂。《說文》無字。或即鼓字異體。晚期卜辭用爲地名，與帛、淮、漆、𠈌、雇諸地同辭，約處於殷的東南。由辭例見字有訛从木、从來、从未。

　　〈綴219〉　庚申王卜在𠈌貞：今日步于𣪊，亡災？

　　〈前2.12.4〉　癸酉卜在帛貞：王步☒𣪊☒災？

　　〈前2.8.2〉　乙酉卜在𣪊貞：王田，往來亡災？

　　〈綴188〉　癸酉王卜貞：旬亡𡆥？在十月。王征人方在𣪊。字又訛力作丿。

　　〈後上12.12〉　癸卯卜，行貞：王步自雇于𣪊，亡災？字或訛力爲又。

　　〈京3484〉　☒在𣪊☒。

156 𥞩—𥞩

　　𥞩，从稟从𠃊，隸作廩。《說文》無字。卜辭用爲人名，見於第四期文武丁卜辭。字有省禾作𥞩，字例與季字省作𥘈可互證。

　　〈乙389〉　戊戌卜，☒令𥞩☒？

　　〈乙100〉　戊午卜，翌己未令𥞩即☒？

157 夆—林、林

夆，象植物生長貌。隸作桒，乃㩅字省體。《說文》：「首至手也。」古文作 𦥑，俗體作拜，假爲祓，稽首以祭，謂雙手持禾黍拜祭，以求豐年足雨。學者釋此字作求，於文意亦合，但桒作 夆，求作 求；二字的形構稍異。卜辭用假借義，多言「祓年」、「祓禾」、「祓田」、「祓雨」於某先公先王。字有从双作 林、林。由辭例得證从双與否無別。

(a) 〈遺876〉 囗酉卜，夆自示壬？

　　〈林1.13.10〉 囗未卜，賓囗林于示壬？囗月。

(b) 〈續1.35.4〉 貞：夆于河？

　　〈六束51〉 囗林河？

(c) 〈甲2608〉 即夆，王其田葉？

　　〈京4020〉 囗卜，大囗即林祖丁囗？

158 焚—焚

焚，从木火，字乃焚字省，參見 焚、焚、焚、焚 諸字，唯後者主要用於田狩卜辭，示焚木以逐獸圍獵。焚字亦即焚，多見於祭祀卜辭，有用火燒木以祭之意。字有增从又作 焚。由辭例得證。

(a) 〈庫1107〉 己卯卜，桒，焚岳，雨？

　　〈掇2.159〉 丙子卜，焚契，雨？

(b) 〈庫1107〉 焚十山？

　　〈掇2.159〉 甲申卜，焚十山？

159 彔—彔—彔、彔、彔、彔—彔

彔，隸作彔，即麓字。《說文》：「林屬於山爲麓。春秋傳曰：沙麓崩。」古文作㯟。卜辭多言「某麓」，屬田狩地區。字有更作 彔、彔，復有增从艸、从林、从彔、从卝諸形。

　　〈林2.4.19〉 其田雝彔，弗每，亡災？

〈乙498〉　　☑卜，𢍰貞：圃在唐 ⸶ ？

〈合200〉　　貞：袞于成 ⸶ ？

〈拾6.10〉　　☑北 ⸶ 擒？

〈鄴1.40.7〉　丁酉卜貞：翌日己亥王其射 ⸶⸶ ☑麋其以☑王弗每？

〈前2.28.3〉　戊申卜貞：王田于☑ ⸶，往來亡災？茲邨。獲一狼三。

〈佚518〉　壬午王田于麥 ⸶，獲商戠 ⸶。

160 ⸶—⸶

⸶，从斤伐木。斤，斫木斧也。隸作析。《說文》：「破木也。一曰折也。」卜辭用爲祭奠四方中東方神靈的專有名詞，與《山海經‧大荒經》論及四方之名類同。《東經》：「東方曰折，來風曰俊，處東極以出入風。」《大戴禮‧夏小正》「正月，時有俊風。」俊風即春月之風，春令主東方。《北山經》：「錞于毋逢之山，北望雞號之山，其風曰刕。」胡厚宣《商史論叢初集》二冊有考。字復用爲卜祭地名，疑在殷的東面。字有折木作 ⸶，與析當屬一字，其形由 ⸶ 而 ⸶ 而 ⸶ 而 ⸶。辭例皆用爲地名。

〈文721〉　庚申卜，于 ⸶ 卜。

〈人3131〉　在 ⸶。

161 ⸶—⸶

⸶，从斤，象以斤斧伐夷人，隸作忻。《說文》無字。卜辭用爲動詞，有砍伐意。字復用爲地名和人名。字形有左右移位作 ⸶。由辭例「呼忻」得證同字。

〈乙6697〉　乙酉卜，賓貞：呼 ⸶ 奴，若？

〈掇1.352〉　貞：勿呼 ⸶？

162 ⸶—⸶

休，从人止息於木旁，即休字。《說文》：「息止也。」卜辭中用爲王巡地名。字有左右移位作休，與休字無別。

〈後上12.7〉　囗貞：王往休，亡災？

〈林2.21.3〉　丙子卜，宮于休？

163 往、往—往—往

往，从止在土上，隸作往，即往字。卜辭用往來義，一見於狩獵卜辭，一用於攻伐卜辭；習作：往田、往𢦏、往伐、往省、往狩、往逐、往埋、往出、往觀、往追、往來、往于某地。字有上下移位作往。由辭例可證二形同字。

(a)　〈存1.616〉　囗貞：王往出于严？

　　〈合124〉　　庚子卜，貞：呼侯往出自方？

(b)　〈甲3459〉　甲戌囗令𤔲往田囗？

　　〈乙7799〉　囗令𤔲往囗？

晚期卜辭字增犬作往，由下二辭例互較亦得證。

　　〈人2026〉　囗于壬，王迺往田，湄日囗？

　　〈後上14.8〉　王往田，湄日不遘大風？

164 品—品

品，从三口，隸作品。有眾多意。《說文》：「眾庶也。」《廣雅‧釋詁》：「品，齊也。」卜辭習言「品祀」、「品祠」、「品彡」，即一一遍祀諸祖之意。字上下移位作品。卜辭中的品又作品，可作爲品字移位的佐證。辭例又見互用。

　　〈甲3588〉　癸丑卜，彝在箭在叔門祝，乙卯彡品屯自祖乙至　　　　　　　　　　后？

　　〈粹432〉　乙卯卜，弜昪？丁卯彡品？

165 沚、沚—沚

沚，从止，上附水點，隸作沚。《說文》：「小渚曰沚。」卜

辭用爲殷西附庸大族，自武丁始即歸附於殷。晚期卜辭用爲地名，
又作)Ψ(，或移偏旁於上作 ⌇。

〈前7.19.1〉 囚方其來于 ⌄Ψ？

〈掇2.106〉 己囚)Ψ(貞：囚亡囚？

〈簠地34〉 囚貞：使人于 ⌇？

166 ⌇—⌀

⌇，從弓口，隸作弓。《說文》無字。第一期卜辭用爲附庸族
名，復用爲子名。字有移口於弓內作 ⌀。由辭例見二形同字。

〈佚921〉 癸亥卜，出貞：子 ⌇弗疾？

〈乙2374〉 子 ⌀入五。

167 宁—㝚

㝚，從貝在宁中，貝或混同爲倒心，隸作貯。《說文》：「積
也。」金文作㝚。字見於第一期卜辭，爲武丁時附庸，助殷征伐外
族。晚期卜辭有移貝於外作㝚，與周金文字形相同。

〈乙7806〉 貞：呼登 宁自？

〈撫續141〉 自㝚其呼取美？

168 寶—寶—寶

寶，從宀貝玨，即寶字，珍也。缶爲後加聲符。卜辭用爲武丁
時婦名。字或移位作寶，或省貝作寶。由以下辭例得證。

〈存2.63〉 壬子婦寶示三屯。岳。

〈粹1489〉 壬寅婦寶示三屯。岳。

〈南南2.20〉 甲寅婦寶示三屯。岳。

169 叔—㞢—㞢、㞢—㞢—㞢、㞢—㞢—叔

叔，從手持木置於示前，象焚木以祭。隸作叔。字與尞同。卜
辭常用爲祭告的方式，與祭、㞢、肜、翌、歲等祀典連用。字有省
又作㞢，有增從双作㞢、㞢，復束木作㞢，橫木作㞢、㞢，亦有省

示作🔣，省手作🔣。由辭例互較得證諸形同字。

(a)　〈佚395〉　　丁未卜，行貞：王賓🔣亡尤？在自🔣卜。

　　〈文472〉　　癸巳卜，行貞：王賓🔣亡尤？在自目卜。

　　〈甲2774〉　　囗卜，尤囗王其賓🔣囗？

(b)　〈南明650〉　　壬申卜，其🔣子癸，重豕？

　　〈後上7.12〉　　囗🔣兄癸，重又遘，王受又？

　　〈人1269〉　　丙子卜，大貞：其🔣四子？

(c)　〈續2.9.9〉　　囗母辛賓🔣囗？

　　〈前1.30.5〉　　囗皿母辛歲于🔣。賓致🔣？十月。

(d)　〈人1591〉　　辛卯卜，即貞：王賓🔣不雨？

　　〈京3866〉　　其🔣☶，又大雨？

170 🔥、🔥、🔥—🔥

🔥，象堆木柴於火上燃燒，諸點示火燄上騰以告於神祇之意，屬祭儀一類。隸作尞。《說文》：「柴祭天也。从昚。昚，古文慎字，祭天所以慎也。」文獻有作燎。《呂氏春秋・季冬紀》高注：「燎者，積聚柴薪，置璧與牲於上而燎之，升其煙氣。」卜辭中尞告的對象十分廣泛，有自然神如上帝、帝雲、河、岳、土；殷先公先王及妣考，如契、夒、王亥、報甲、示壬、祖乙、太甲、丁、高妣己；功臣如伊尹；四方神祇等。入周以後，尞才成為祭祀天地的專祭。字有增从火作🔥。由辭例見字从火與否無別。

　　〈甲903〉　　戊子貞：其🔥于洹泉囗三宰、俎宰？

　　〈粹470〉　　其🔥于喪，重大牢？

171 🔣—🔣

🔣，象束囊形，隸作叀。或為專字古文，《說文》：「一曰紡專。」卜辭用為助詞、發語詞。肯定句式用「叀」，否定句式則對應用「勿唯」。字在前期卜辭作🔣，晚期卜辭則多作🔣。

〈掇2.185〉　貞：✦王往伐呂？

〈遺735〉　貞：✦王往伐？

172 ⳡ—ⴲ

　　ⳡ，本義不識，或象牛首，疑仍未審。字在卜辭中借作有、作又、作祐、作禍解。第四、五期卜辭字作ⴲ，由辭例得證同字。

(a) 〈乙4064〉　辛未卜貞：ⳡ事？

　　〈甲202〉　　乙亥卜，ⴲ事？

(b) 〈乙4071〉　乙巳卜，敵貞：ⳡ疾腹？

　　〈乙7543〉　丁亥貞：ⳡ疾？

(c) 〈丙29〉　　貞：𩆝往來其ⳡ禍？

　　〈京2988〉　囗ⴲ禍奴？亡禍？若。

(d) 〈前3.23.4〉　乙卯卜，尢貞：ⳡ𠂤歲于唐？

　　〈合30〉　　壬辰卜，ⴲ𠂤歲祖囗？

173 ⳡ—⳧、⳨

　　⳧，象牛首豎角之形，即牛字。《說文》釋「像角頭三封尾之形。」，稍誤。殷人登牛以祭鬼神。日人島邦男《殷墟卜辭綜類》212頁所收的⳧、⳨諸形，均是牛字異體。由辭例互較得証。

(a) 〈人1918〉　重黃⳧？

　　〈續1.53.1〉　甲申卜，賓貞：袞于東三豕三羊，卯黃⳧？

　　〈續2.18.8〉　貞：禘于東，阱，禍犬，袞三宰，卯黃⳨？

(b) 〈粹550〉　重幽⳧？

　　〈乙7120〉　重幽⳧ⳡ黃牛？

　　〈明820〉　幽⳨？

174 𣎆、𣎆—𣎆、𣎆—𣎆—𣎆、𣎆

　　𣎆，象人持牛尾舞，爲舞的本字，隸作無。此與《呂氏春秋·適音》記上古葛天氏之舞，「操牛尾，投足以歌」之文相合。殷有

舞而求雨的習俗，舞雨的對象爲河、岳等自然神。無字有省作 🔣，
由辭例可證。

〈合188〉 辛巳卜，賓貞：呼 🔣，业比雨？

〈金638〉 ⊠呼 🔣，业雨？

字復訛作 🔣。由 🔣 🔣 同用可證。

〈乙7750〉 ⊠貞：业于妣甲，🔣 奴，卯宰？

〈乙2181〉 ⊠奴 🔣 于父乙？

字又易牛尾爲 🔣 作 🔣 🔣。由辭例見諸形同字。

(a) 〈人3085〉 ⊠王 🔣，允雨？

　　〈京442〉　　⊠貞：王 🔣，叀雨？

(b) 〈乙5272〉 ⊠貞：呼 🔣 于蚰？

　　〈續3.26.2〉　⊠貞：勿呼婦姘以 🔣 先于 🔣？

(c) 〈人3078〉 🔣 雨？

　　〈續4.23.8〉　貞：🔣 雨？二月。

175 🔣、🔣 — 🔣

🔣，象墓穴形，即亞字。卜辭用爲附庸族稱，其酋稱侯，始見
於第一期甲骨。晚期卜辭有作 🔣。

〈後下4.3〉 貞：🔣 立事于 🔣 侯？六月。

〈存2.463〉 丁亥卜，賓⊠ 🔣 侯邘⊠？

〈七P.119〉 庚辰卜，不來？戊寅 🔣 侯允來。

176 🔣 — 中

中，隸作中。讀爲仲；有次貳之意。《釋名・釋親屬》：「仲，
中也。言位在中也。」如「中婦」即「仲婦」，「中宗」即「仲宗」
是。卜辭又言「立中」，乃「立朕中人」之省，中人即探子、伺警
類職官。卜辭復有 🔣 字，用爲祭地名，亦與中字混同，由辭例「中
人」兼用二形可證。

〈人269〉 庚申卜，王侯其立朕中人？

〈後下8.6〉 貞：令☒中人☒？

177 〒、丁、示—I—呈

〒，象宗廟神主之形，即示字。篆文作示，古文作示。《說文》：「天垂象見吉凶，所以示人也。从上。三垂，日月星也。」卜辭有「大示」、「小示」的分別，相當於周室的「大宗」、「小宗」。繼子爲大宗，別子爲小宗。一示即一宗。字有作I，前人釋作工；稍誤。卜辭言報乙、報丙、報丁、示壬、示癸合稱「三匚二示」；示字作〒，復作I、呈。由辭例見諸形同字。

〈庫1061〉 癸未卜，登來于二〒？

〈粹542〉 ☒匚二I，卯，王叙于此，若，佑征？

〈遺628〉 丙申卜，佑三丁二呈？

178 才—方

才，象耒耜之形，乃手耕之曲木，說參徐中舒〈耒耜考〉，文見《史語所集刊第二本一分》。隸作方。《說文》：「併船也。象兩舟總頭形。」卜辭用爲四方意，殷人有求佑四方之習；復用爲外邦方國的泛稱。字有省作才，由辭例「方圍」、「東方」等可證同字。

(a) 〈陳47〉 丁酉卜，賓貞：山來告才圍于尋☒？

〈合34〉 丁亥卜，扶：才圍商？

(b) 〈林1.28.3〉 貞：自般从☒東才？

〈南南2.56〉 甲申卜，賓貞：勿于東才告？

179 良—兒

良，即良字。篆文作良。《說文》：「善也。从亯省亡聲。」第一期卜辭用爲殷婦名，有子；復用爲田狩地名。卜辭另有兒字，或即良字省；亦用爲第一期甲骨中的婦名。

〈乙2510〉　壬辰卜，斀貞：婦❀里子？

〈續5.20.5〉　婦❀示十。🈧。

180 ⋒—⋒、⋒

⋒，隸作丙；或隸作內，象廬穴形。《說文》：「入也。」卜辭用為第一期婦名、子名，又用為地名。卜辭復有 ⋒、⋒，或即丙字的繁體，皆用為第一期婦名及地名，與商、❀地同辭。

(a)　〈丙87〉　婦⋒示四。

〈乙2684〉　婦⋒示百。斀。

(b)　〈粹1227〉　貞：勿邘婦好于⋒？

〈文718〉　貞：亡尤？在自⋒卜。

181 ❀、❀—晶—品、❀

❀，象眾星照耀之形，生聲。隸作星。《說文》：「萬物之精，上為列星。從晶生聲。」卜辭有「大星」、「鳥星」、「火星」的稱謂。字復省生作晶，由辭例得證諸形同字。

〈乙6386〉　☒卯☒夕霧☒日☒大❀？

〈佚506〉　貞：王☒曰先☒大❀☒好？

〈後下9.1〉　☒七日己巳夕霧☒里新大品並火☒？

182 ❀、❀、❀—❀—❀—❀

❀，從皿丨，隸作血。《說文》：「祭所薦牲血也。從皿。丨象血形。」卜辭用為薦血牲於鬼神之意。晚期卜辭用為地名。字有省血作❀，增血作❀。由辭例見諸形同字。

(a)　〈寫36〉　癸卯卜，在❀貞：王旬亡畎？

〈明1330〉　癸卯☒在❀☒王今月☒？

(b)　〈庫1988〉　戊寅卜，❀牛于妣庚？

〈佚871〉　辛丑卜，❀三羊，冊五十五牢？

〈存2.282〉　辛亥☒酚邘☒百宰☒❀三宰？

〈乙4810〉　丙戌卜，酚，丁亥❀豕，曰牢？

183 𠦪、𠦪—𠦪

𠦪，从𠀎从夕，隸作𡜪。讀與辪同。《說文》：「罪也。从辛
屮聲。」有災禍意。卜辭與禍、𠂤對文。字復更易偏旁，从自作𠦪；
由辭例互較得證。

(a) 〈乙5347〉 貞：王聽唯𠦪？

　　〈乙4604〉 貞：王聽唯𠦪？

(b) 〈南輔16〉 邦疾趾于父乙，𠦪？

　　〈簠游32〉 貞：唯趾𠦪？

184 𢇛—𢇛、𢇛

𢇛，从二束糸，隸作絲。《說文》：「蠶所吐也。」卜辭用為
附庸族名，習稱「上絲」，見於第一、二期甲文，與西南的周族同
辭。字有更易偏旁从尹作𢇛，由辭例得證。

　　〈通II 3〉 戊子卜，𡧊貞：王曰：余其曰：多尹其令二侯：
　　　　　　　　　上𢇛𥅻𤔲侯其☒為周？

　　〈續5.22.3〉 ☒酉☒令☒上𢇛☒侯二☒寇☒周？

185 𢇛—𢇛

𢇛，从二帚，隸作𢇛。《說文》無字。第一期卜辭用為殷史官
名，負責冊管外邦貢物。字有更从又作叙，由辭例得證。

　　〈存2.69〉 庚申乞十屯。小𢇛。

　　〈存2.50〉 乙亥乞自雪五屯。小𢇛。

186 𤡔、𤡔—𤡔

𤡔，从羊从殳，持杖驅羊，表示行牧，隸作𤜏。《說文》：「
夏羊牡曰𤜏。」字又可隸作𤜏，與《說文》養字古文略同。卜辭用
為附庸族名及地名。字有省殳為又，作𤡔。

　　〈遺901〉 貞：☒往于𤡔？

　　〈乙5026〉 貞：呼取𤡔芻？

187 ≋、巛 ― 伙、伙 ― 屮、屮、屮 ― 伏

　　≋，象洪水氾濫，示災害意，字即巛，今作災。《說文》：「害也。从一雝川。春秋傳曰：川雝爲澤，凶。」《玉篇》：「天反時爲巛。」字見於第一至三期卜辭，習稱「無災」、「其有災」，即卜問「無恙」、「其有恙」否。第三期以後有增才聲作伙、伙。由辭例見同字。

　　〈粹930〉　戊寅卜，行貞：王其往于田，亡≋？在十二月。

　　〈甲1942〉　丁卯卜貞：翌日戊王其田，亡伙？

　　〈人2507〉　乙未卜貞：王其田，亡伙？

第三期以後，災禍字又作屮、屮。屮从戈才聲，隸作戈。《說文》：「傷也。」災字形的演變，大致由≋而巛而屮而屮而屮而篆文的戈。

　　〈合24〉　壬午卜，狄貞：王其田，往來亡屮？

　　〈續6.25.5〉　重甲戌伐，又屮？

晚期卜辭字形復倒才作伏，屬戈字異體。由辭例亦見戈、伏相同。

　　〈庫1081〉　弜令戌其每，弗屮？

　　〈粹366〉　囗方出从北土，弗伏北土？

188 刚 ― 刚 ― 剐、剐

　　刚，从网刀，隸作剐，即剛字。《說文》：「強斷也。」卜辭作動詞，表示兼用刀、網捕獸，字與擒字連用。卜辭又習稱「剛于某先祖鬼神」，用爲祭儀，意指宰殺網獲的野獸，用以獻祭。字有更刀爲戉，或增束橐作剐，或增矢作刚，皆見於晚期卜辭。由辭例見諸形用法皆同。

　　〈粹1039〉　辛酉卜，刚于父乙？

　　〈鄴3.42.4〉　辛亥卜，刚于父庚？

　　〈後上5.15.4〉　王其王田，剐于河？

　　　　　　　　　河：剐一牛？

〈甲3916〉　癸酉卜貞：其 于沈，王賓☒？

貞：王其用于沈，⿰乡？

189 ⿱宀木 — ⿱宀木

⿱宀木，从宀从木，隸作宋。《說文》：「居也。」日人瀧川資言《史記會注考證》599頁：「宋，今河南歸德府商邱縣。」卜辭用為田狩地名，又用為族稱和子名。字有作 ⿱宀木，从宀从人混同無別。

(a)　〈京2094〉　乙巳卜，祊，王屮子⿱宀木？

〈人3014〉　乙巳卜，扶，屮子⿱宀木？

(b)　〈南無500〉　于⿱宀木，亡弋？

〈前2.13.4〉　辛巳卜，☒于⿱宀木☒獲豩？

190 𨸏 — 𨸏、⿰心

𨸏，从阜心聲，隸作陒。《說文》無字。字又作𨸏，隸作隁。由辭例皆屬殷耕地名，見二形从心从貝混同無別。

〈粹837〉　☒其求年于𨸏？

〈京3871〉　☒求☒𨸏？

191 ⿰人爿 — 爿⿰、爿⿰、⿰、⿰、⿰

⿰人爿，从人披髮躺臥床上，披髮或示驚醒貌。隸作寢。《說文》：「寐而覺者也。从宀从爿夢聲。《周禮》：以日月星辰占六寢之吉凶：一曰正寢，二曰咢寢，三曰思寢，四曰寤寢，五曰喜寢，六曰懼寢。」今俗作夢字。寢而有夢。字多見於第一期甲骨，用作本義。殷王夢見先王先妣、鬼神異祥，遂卜問其吉凶。字有大其目作⿰，用法與豎髮的⿰同。由辭例可證同字。

(a)　〈乙273〉　己亥卜，爭貞：屮⿰，王亡禍？

〈菁3〉　癸丑卜，爭貞：旬亡禍？王固曰：屮希。屮⿰。

(b)　〈前4.18.3〉　貞：亞多鬼⿰，亡疾？四月。

〈後下3.18〉　庚辰卜貞：多鬼⿰，不至禍？

192 𦎫一𦎫

𦎫，从宀从辛，隸作宰。《說文》：「罪人在屋下執事者。从
宀从辛。辛，罪也。」卜辭用爲地名。字與𦎫相同。

　　〈粹1196〉　其𡠥衅在𦎫？

　　〈庫474〉　☒自𦎫。

193 𣲙一𣲙

𣲙，象流水形，𣲙示水邊高地或水中礁石。隸作水。《說文》：
「象眾水並流，中有微陽之氣。」殷人屢次卜問今歲有水否，顯示
殷人對水的需求甚殷，唯洪水亦構成殷人生活的威脅。字有作𣲙，
用法與𣲙相同。

　　〈前2.4.3〉　丙戌卜貞：㞷自在先，不𣲙？

　　〈寧1.482〉　丙子貞：不𣲙？

194 𡝫一𡝫

𡝫，从女水聲，隸作㛛。《說文》無字。乃武丁時婦姓，有孕。
字有作𡝫，从𣲙从𣲙通。由辭例亦得證。

　　〈福35〉　辛未，婦𡝫示☒。

　　〈粹1483〉　戊寅，婦𡝫示二屯。☒。

195 𣺽一𣺽

𣺽，从水龍聲，隸作瀧。《說文》：「雨瀧瀧也。」《廣韻》：
「雨滴貌也。」卜辭用爲第一期地名。字有作𣺽，从𣲙。

　　〈簠地4〉　癸巳卜，爭貞：旬亡禍？甲午𠭟，乙未箙韋𠙽。

　　　　　　　在𣺽。

　　〈乙4524〉　☒不雨？在𣺽。

196 𣥚、𣥚、𣥚一𣥚

𣥚，象二止渡河之形，隸作涉。水行曰涉。《說文》：「徒行
屬水也。」殷人言涉，非盡指涉水徒行，亦指乘舟；卜辭謂「涉舟」

〈合109〉是。殷王自武丁每喜涉水狩獵，藉此拓展殷邊。字有從 〽〣、從 〣。水形橫直、單複筆無異。

〈綴23〉　癸巳卜，㞢貞：令自般 🔣 干河東？

〈鐵60.2〉　☒辰王其 🔣 河☒？

〈合83〉　☒卜，徝☒王☒ 🔣 自東？四月。

197 🔣 — 🔣、🔣

🔣，從水亘聲。隸作洹。卜辭有分書作「亘水」。《說文》：「洹水在齊魯間。」段玉裁注：「齊，當依《水經注》所引《說文》、《字林》作晉。」卜辭用爲河名。字有從 〣，水形單筆、複筆無別。

(a)〈續4.26.4〉　☒般貞：🔣 其乍，茲邑禍？

〈掇2.476〉　☒卜，爭貞：🔣 其乍，茲邑☒？

(b)〈粹1061〉　☒東 🔣 弗☒王各？

〈庫1019〉　癸亥☒貞：其☒西 🔣☒？

198 🔣 — 🔣

🔣，從木從攴，隸作枚。《說文》：「榦也。從木攴。可爲杖也。詩曰：施于條枚。」卜辭用爲外族名。字有作 🔣，從攴從又通用。

〈金477〉　貞：勿執 🔣？

〈七S81〉　☒執 🔣☒？

執枚，意即拘捕枚人。

199 🔣 — 🔣

🔣，從攴癸聲，隸作敪。《說文》無字。字屬於第四、五期卜辭中的田狩地名，與目地同辭。字有從攴作敪。

〈菁10〉　壬子王卜貞：田 🔣，往來亡災？王固曰：吉。

〈前2.21.1〉　☒卜貞：☒于 🔣☒亡災？☒獲☒又二。

200 小 — 小

小，象三小點，隸作小。《說文》：「物之微也。」小與大相對，如：小示、大示；小子、大子；小宗、大宗；小采、大采；小雨、大雨；小吉、大吉；小牢、大牢；小方、大方等是。字有增點作小，由辭例「小雨」、「小牢」、「小宰」、「小臣」等可證二形同字。

(a)〈續4.12.1〉　癸卯卜貞：夕亡禍？此夕雨小。

　　〈續4.6.1〉　　☑雨。此夕墨。丁酉允雨小。

(b)〈前2.21.4〉　癸酉卜貞：衷于祊：五小宰，卯五牛？

　　〈南明490〉　　岳衷小宰，卯牛？

(c)〈乙2835〉　　貞：小臣允虫？

　　〈明410〉　　己巳卜，亡小臣其取又？

201 省 — 省

省，从目从丨，象目專注於一線。隸作省。《說文》「視也。」字有察問、巡視意。字與省同，由辭例得證。

(a)〈續5.7.1〉　　☑貞：庚申☑王省出？

　　〈粹610〉　　壬戌卜，今日王省？

(b)〈續5.6.2〉　　☑子卜，☑余若省？

　　〈乙7375〉　　☑王省，不若？

202 谷 — 谷

谷，从𠆢口，隸作谷。《說文》：「泉出通川為谷。从水半見出于口。」字又作谷，从𠆢从八通用。《說文》訟字或作𧮷，容字或作𠛭，頌字或作𩕬，松字或作𣕽是。卜辭用為田狩、祭祀地名，與𤓓、天邑商、宮、衣、寅林等地同辭。由辭例互較亦見谷、谷同字。

(a)〈前2.5.4〉　　☑申卜，賓☑在谷☑？

〈寧1.140〉　　☒于🄰召？

(b)　〈後下3.3〉　　☒申卜貞：☒賓谷☒歲亡尤？

　　　〈存2.791〉　　☒🄰歲，車鈀☒受又？

203 🄰、🄰—🄰

　　🄰，从水雝聲，隸作濰。《說文》：「河濰水也。在宋。」《尚書·禹貢》：「濟、河惟袞州：九河既道，雷夏既澤，濰、沮會同。」屈萬里先生《尚書釋義》：「雷夏，澤名；在今山東濮縣東南。」卜辭用為田狩地名。字有省口作淮。由辭例得証濰、淮同字。

　　〈福9〉　　丁酉卜貞：王迍于🄰，往來亡災？

　　〈前2.24.5〉　　己亥卜貞：王迍于🄰，往來亡災？

204 🄰—🄰—🄰

　　🄰，即衣字。象形，所以蔽體者也。《說文》：「上曰衣，下曰裳。」字讀如殷。作樂之盛俑殷，引申作盛也，大也，眾也。卜辭衣多用作合祭的專名，言合祭諸先祖以祈福佑，說詳王國維《殷禮徵文》。第四，五期卜辭復用為地名，與🄰、天邑商、公、宮同辭。字有加文飾作🄰，由辭例得證。

(a)　〈乙7119〉　　翌乙未勿🄰裒？

　　　〈乙3222〉　　貞：勿🄰裒于河？

(b)　〈京3209〉　　貞：🄰入，不冓雨？

　　　〈丙33〉　　甲辰卜，㱿貞：王勿🄰入于🄰入？

字復訛作🄰。由辭例見與🄰形同。

　　〈拾14.11〉　　貞：呼宅🄰？

　　〈庫550〉　　勿呼宅🄰？

205 🄰—🄰

　　🄰，从人而大其目，示專注，隸作見。《說文》：「視也。」卜辭用本義，有監視、朝見、審察意。字有膝跪作🄰，从人从卩通

用；由辭例得證。

(a)　〈存2.45〉　　辛巳卜，古貞：呼❖方？六月。

　　　〈乙441〉　　允亡☒不❖方？

(b)　〈林1.25.6〉　貞：呼❖自般？

　　　〈前5.31.5〉　☒自般❖☒？

206 ❖、❖、❖—❖

　　❖，即龜字，象形。《說文》：「龜，舊也。外骨內肉者也。」殷納龜的來源，一令師眾於河岸捕捉，一由外邦納貢。《詩・泮水》：「憬彼淮夷，來獻其琛。元龜象齒，大賂南金。」外夷獻龜情景，更是恍如目前。字又用爲族稱，見於第一期卜辭。龜有側形省足作❖，由辭例得證。

　　　〈前4.54.7〉　丙午卜☒其用❖？

　　　〈佚887〉　　☒宰业大❖于祖乙，其告☒？

207 ❖—❖

　　❖，象龜形，尾下垂，或隸作龜字。第一期卜辭用爲殷西邊地名。字或側形作❖。

　　　〈陳120〉　　癸卯卜貞：呼☒呼往西，至于❖？

　　　〈合293〉　　壬子卜，賓，勿寮于❖？

208 ❖—❖

　　❖，从网捕兔，示捕獸罟，隸作罠。《說文》無字，或相當於《說文》的罯、罝字。卜辭用爲族稱、地名，始見於武丁卜辭。字又作❖，從兔側立、豎立無別。由辭例用法得證。

(a)　〈前1.11.5〉　貞：吳率，致❖舠？

　　　〈人289〉　　☒唯☒❖舠于☒？

(b)　〈南南1.63〉　戊寅卜，殼貞：勿呼自般从❖？

　　　〈庫327〉　　戊☒卜，賓貞：致从❖？

209 🔯—🔯、🔯—🔯、🔯

　　🔯，象豕形。隸作希。《說文》：「脩豪獸也。一曰河內名豕
也。从互，下象毛足。」籀文作🔯，古文作🔯。希、祟古同屬真韻
字，可以通假。卜辭多借🔯作祟，有降災意。《說文》：「祟，神
禍也。从示从出。」字有大其首作🔯、🔯。

　　〈前5.18.1〉　癸丑卜，出貞：旬业🔯，其自西业來艱？

　　〈明716〉　　囗旬又🔯？王曰：圍。

字復增二豎畫作🔯。由辭例亦見諸形同字。

(a)　〈人1072〉　　囗不🔯？

　　〈掇2.187〉　　囗子不🔯？

(b)　〈京1149〉　　王弗🔯囗？

　　〈明2282〉　　囗王弗其🔯，翌日告在囗？

210 🐘—🐘、🐘

　　🐘，短尾而巨首長鼻，即象字，象形。《說文》：「南越大獸，
長鼻牙，三年一乳。象耳牙四足尾之形。」殷商時黃河流域仍有象
的蹤跡，兩周以後因氣候的轉變，象群南移而絕跡中原。字有用爲
人名。第三期以後的卜辭寫作🐘，與金文作🐘字相近。字形由濃厚
的圖繪意味過渡至簡單的線條筆畫。

　　〈前3.31.3〉　　囗獲🐘？

　　〈續3.24.2〉　　壬午卜貞：王田棥，往來亡災？獲鳥百四十八，
　　　　　　　　　　🐘二。

211 🦌—🦌

　　🦌，象頭角四足之形，即鹿字。卜辭用本義。鹿行動敏捷，故
殷人捕鹿的方法，以矢射爲主，並輔以網羅。字有張口作🦌，筆畫
趨於簡單和線條化。

　　〈前3.32.6〉　　呼射🦌，獲？

〈前3.32.5〉　王其往逐🦌，獲？

212 🐰—🐰

🐰，象獸形，兔首，豎尾，足稍長，當即㲋字。《說文》：「似兔，青色而大，象形。頭與兔同，足與鹿同。」卜辭用本義。字有張口作🐰，或與㲋同。。

〈合194〉　翌癸卯其焚，擒？癸卯允焚，獲鹿十一、豕五十、

　　　　　　虎🐰廿一。

〈遺422〉　壬子卜，🦌獲麤？獲三🐰、雉五十。

213 🐛—🐛

🐛，象虫臥而曲尾，隸作虫。《說文》：「一名蝮，博三寸，首大如擘指。」今即虺字。或釋作它，《說文》：「虫也。从虫而長，象冤曲垂尾形。」亦通。卜辭借爲外族名，與羌同辭，並淪爲殷祭祀用人牲。字或省作🐛，其族女有爲殷王寵幸而孕子。

〈南明468〉　丙寅卜貞：重呼以羌🐛于🐛示，用？

〈卜631〉　丁亥邡貞：☑🐛育☑？

214 🐚—🐚

🐚，即首字。頭上增三豎以別義，與🐚形純指頭部意稍異。字在第一期中用爲地名，復有張口作🐚。

〈乙3401〉　甲戌卜，殼貞：翌乙亥王途🐚，亡禍？

〈乙8013〉　☑七月在🐚。

215 🐯—🐯

🐯，象獸巨首張牙豎尾，即虎字。卜辭用爲方國名，地處黃河、東虎附近，或即《春秋》哀公四年的夷虎。周初的中鼎有：「唯壬令南宮伐反虎方之年。」虎有从人作🐯，字與篆文相合。由辭例見皆屬方國名。

〈殳19〉　☑貞：令望乘罤二🐯途🐯方？十一月。

〈合408〉　　囗伐🧍囗？

216 🧍—🧍

🧍，从豕，丶示生殖器，即牡豕，隸作豵。相當於《說文》的
豠字。字多見於早期卜辭，用作本義。卜辭有「白豠」，與牡、牝
連用。第三、四期卜辭之後，牡豕又作 🧍，从士。

〈合272〉　癸未卜，㱿，🧍寅尹：一🧍、一羊，卯三羊，曹五
　　　　　　十牛？

〈明2259〉　戊申卜，用🧍？

217 🐝—🌿

🐝，从丫从目，象羊首正面之形。隸作莧。讀若未。此從張政
烺先生說。凡从莧的字都具否定意，如《說文》莧部：「莧，目不
正也。从丫目。讀若未。」「瞢，目不明也。从莧从旬。」「㝠，
火不明也。从莧从火。」「蔑，勞目無精也。从莧从戍。」莧字在
卜辭位於否定句中諸否定詞之後，以一疊否定詞的型式出現，如：
「勿莧」、「不莧」、「弜莧」是，具有加強否定語氣的功用；說
詳拙著《殷墟卜辭句法論稿》140頁。字在第一、二期作 🐝，晚期
卜辭則分目作 🌿。由辭例見同字。

〈乙7431〉　囗貞：勿🐝㞢于父乙？

〈拾2.3〉　丙子卜，自貞：王勿🐝㞢祖？

218 𓅨—𓅨

𓅨，即隹字，象短尾鳥。《說文》：「鳥之短尾總名也。象形。」
與長尾的鳥（𓅧）形稍異。卜辭一般用作本義，又有用為晚期的殷
西將領名。字復作語詞，有增爪作 𓅨，讀如唯。由辭例見隹、𓅨同
字。

(a) 〈前1.3.6〉　不𓅨妣甲囗？

〈前3.24.6〉　貞：不𓅨囗？

(b)〈人164〉　貞：茲雨，🐾年禍？

〈六雙24〉　☒雨，🐾☒？

219 🐾—🐾

🐾，从隹止樓於臼巢上，隸作舊。字與舊（🐾）同，見於晚期卜辭，並用爲殷東的地名，與人方同辭。

〈前2.5.1〉　癸未王卜貞：旬☒畎？在十月又二☒征人方。在🐾。

〈前2.26.1〉　戊午王卜在🐾貞：田🐾，往來亡災☒邡，獲鹿、狼☒。

🐾，爲殷東地名，與人方同辭，是知舊字當爲殷東邊地，與🐾屬同文異構。

220 🔲—🔲、🔲

🔲，象網形。隸作网，即網字。《說文》：「庖犧氏所結繩以田以漁也。从冂，下象网交文。」或體作罔、作網。字見於第一期卜辭，用作動詞，有捕捉意。晚期卜辭作🔲，並簡作🔲。

〈乙5329〉　壬戌卜，㪂貞：呼多犬🔲鷹于🐾？

〈合354〉　庚戌卜，🐾獲？🔲雉，獲五十。

〈人2116〉　弜🔲鹿？弗擒。

字另有增双作🔲，屬子名；增人作🔲，屬族稱。皆具區別義，與網字的用法不同。

221 🐾—🐾

🐾，从日下人群，泛指百姓。隸作眾。字有省人作🐾。由下列辭例「以眾」、「喪眾」、「眾步」見字从三人、二人無別。

(a)〈庫1001〉　己卯貞：令㪂以🐾伐龍，戈？

〈人3162〉　辛亥卜，☒以🐾？

(b)〈寧3.43〉　戊午卜，賓貞：㪂不喪🐾？

　〈粹119〉　　☑喪界☑馭☑？

(c)　〈後上24.3〉　　☑貞：袁，告眾步于祊？八月。

　〈拾4.15〉　　☑寅卜，☑貞：步☑界？

第四節　結語

　　本文通盤整理甲骨中一字異形的通用現象。透過221組異體字的獨立分析，無非是要証明字形與字用兩者爲文字一字異形的必備條件。由字形演變的討論，保障文字在形體上的一脈相承；由辭例的互較，確定文字在實際用法上的平衡現象。二者缺一不可。統觀兩百多條字例，異體字字形的關係基本上是主要結體部分不變，而次要結體部分則或增益、或減省、或更易、或通用。由字形分期斷代的互較，不難推尋其發展過程。然而，因爲字形發展中的形近糾纏、混用與及文字間字義的重疊與分離，使到文字的理解愈趨複雜。特別是一些兩周以後已因區別義或語義轉移而獨立應用的字例，吾人單由字形實無由判斷它們間在殷代必屬同字的關係。如：奚—雞（12）、眉—湄（26）、呂—宮（39）、兄—祝（41）、巳—祀（43）、壴—喜（44）、五—吾（48）、夙—夗（50）、目—罒（51）、魚—魯（53）、癶—登（61）、癸—雒（64）、至—雒（65）、自—師（68）、舌—言（77）、寧—皿（78）、羽—翊（81）、幸—執（82）、大—夫—天（115）、囚—因（119）、即—鄉（124）、賓—家（126）、示—工（177）、星—晶（181）、巛—戈（187）等。是以，吾人需要提出另一堅實的證據—辭例，藉此以證異體字間在同一時期擁有相同的詞性、共同的修飾對象，以至完全一致的句型用法。兼具文字字體、字用的二重證據，才能精確不二的建立文字通用的結論。

釋 示 册

殷墟卜辭出土迄今已經八十餘年，一直被譽爲研究中國上古史、古漢語最重要的一批材料。其間無數前輩通人竭盡心力，由釋字、考詞，以至辨史、明經，進而斷代探討殷代社會種種問題，建立了今日蔚爲大觀的「甲骨學」。

過去學者釋讀甲骨文，率皆以形構比附篆文、金文爲主。唯古文字多異體，故形構相類而實異義的字頗多。遇到這種情況，如非應用辭例作客觀的排比驗證，便很容易產生誤釋和附會。前人釋「工典」便是一個很好的例子。

卜辭常見「I 典」之祭。對於此二字的釋讀，前人已作過若干考證。首字形構多作I《續 1.5.1》、工《後上 10.9》、工《後下20.7》、工《乙8670》，近人王襄首先認爲是工字的古文（註①），其餘學者如葉玉森（註②）、于省吾（註③）、孫海波（註④）、李孝定（註⑤）等率皆從之。唯彼此對工字的本義卻頗有歧見。

王襄謂工字本象倒子的𠫓字：

「工疑古𠫓字。說文解字𠫓，不順忽出也。從到子。」（註⑥）

吳其昌舉金文作工，謂工字本屬斧形：

「工字，矢彝作工，史獸鼎作工、作I，師𡨦敦作I；皆像斧形。故知工字最初之夙義爲伐木之斧之遺形也。（註⑦）

孫海波又提出連玉之說：

「工字象玉連之形，引申則治玉之人爲工。巫，卜辭作巫，從工，即所奉之玉也。」（註⑧）

其後李孝定引許慎《說文》：「工，巧飾也；象人有規矩也。」謂工乃象矩之形：

「工象矩形，規矩爲工具，故其義引申爲工作、爲事功、爲工巧、爲能事。金文矩字作□，象人持矩形，其所持正作工也。」（註⑨）

細審所謂工字的甲骨文形構作I、□、□、□、□、□，顯然都與倒子的𠫓形相距甚遠，實無庸比附。吳氏斧形說雖頗能附合獨體金文的工字，唯不能用此說釋讀規矩字從工作□，與巨字從工作□等字的本義；且甲骨文工字與斧亦不類。孫氏言工與連玉的丰相似，然而卜辭中的工字卻無作一貫三之形者。總論諸家，以李說爲長。其實，《說文》早已釋工字本義爲規矩，象工具之形。依古金文巨、矩、巧、式諸字形和字義觀察，其說可從。

諸家申論至此，學人均認爲已通讀甲骨文的工字，唯不察卜辭所習見的□、□、I、□、□諸形，雖然與兩周以後的〝工〞字相近，但實非作〝工〞字解。余謂卜辭□、□諸字本取象宗廟神主之形，與丅、亍形實同；當即示字異體。吾人由卜辭辭例排比觀察得之。論證有數點：

⑴卜辭言殷先公報乙、報丙、報丁、示壬、示癸合稱「三匚二示」，示字作亍，合文作□《拾1.6》；然亦有寫作I、□者。如：

《粹542》　☐□二I，卯，王叙于此，若，又正？

卯，讀如劉；用爲殺牲之祭儀。叙，祭名。若，諾也；謂受神允諾。又正，即佑征；保佑征戰的意思。

《遺628》　丙申卜，又（佑）三匚二□？

⑵卜辭泛指祭祀的眾先王曰：「多示」，示字有作I、□者。

《粹 1271》　☐于多I？

《丙 54》　☐丑卜賓貞：翌乙☐午月夕㞢食？乙未酌多□。

彭，用酒祭。「彭多☐」，即彭祭列位先王神主。

(3)殷先祖「示壬」作「〒I」；復作「☐I」。〒、☐二形相通。

《人 2982》 　壬辰卜，夕又（佑）☐I，牢？

卜辭卜問該晚用牢牲祭祀先祖示壬，以求賜佑。

(4)卜辭有☐字，象雙手奉冊獻於示前，乃「示冊」二字合文；用法與「I☐」全同。卜辭復有☐☐，辭例均與彭祭連用，爲示、I、☐同字一證。

《鄴3.38.4》 　☐☐，辛彭☐，若？

謂辛日舉行彭祭，進行獻冊儀式，諸神受祭。

《後下20.7》 　癸酉卜王貞：「旬亡☐？」在四月。甲戌☐☐，
　　　　　　　其彭彤。

綜上所論，I、☐、☐、☐諸字當讀如示。

　卜辭I字習與☐字連用。☐字早在民國初年，羅振玉已釋作冊之古文：

　說文解字：「冊，象其札一長一短，中有二編之形。古文從竹作☐。」卜辭中諸字與古金文同；或增廾，象奉冊形。（註⑩）

及陳邦懷氏疑☐與典字從π相類，認爲當屬同字（註⑪），學者遂紛紛從讀，是以有「工典」之說。獨葉玉森於《殷虛書契前編集釋》互核「再冊」、「再☐」一辭例，提出陳氏所釋實有可商榷處：

　案卜辭「再冊」二字屢見，亦作「再☐」《前7.6.1》，是冊、☐塙爲一字。陳氏釋典仍非。（註⑫）

近人于省吾以爲冊、典通用，卜辭「工典」即「貢冊」，始釋卻諸家之紛議：

　契文言工☐，工即貢，☐即今典字。典猶冊也。貢冊猶言獻冊告冊也，謂祭時貢獻典冊於神也。（註⑬）

細審典、冊二字本屬同義，古文獻中早已論列。《說文》π部典字

謂：「從冊在丌上，尊閣之也。」下引莊都說：「典，大冊也。」唯就字形論，𠕋字從𠬞，而不作丌；與古金文冊字相同，字仍宜釋讀爲冊。于氏所論冊、典義通甚是，唯「貢冊」一說稍有可商。由Ｉ釋工，音借讀如貢，其說轉折，未若直隸定作示字爲是；且古文獻只言「祀典」（《禮記·祭法》）、「典祀」（《國語·魯語》）、「祭典」（《呂覽·孟春》）、「作冊」（《尚書·洛誥》）、「冊祝」（《尚書·金縢》），並無「貢冊」之例。由上述卜辭辭例互校，更可見殷晚期卜辭中的「Ｉ𠕋」，當隸作「示冊」，即今所謂「祀典」。

「示冊」乃祭祀先王之典策紀錄。《孟子·告子》下：「不足以守宗廟之典籍」是也。「示冊」每在甲日公告，明示該旬所祭的先公先妣次序、祭名和祭時，是開始一旬諸常祭以前的一個特殊祭儀。（註⑭）

註　釋

①王襄《簠室殷契類纂》卷五頁 22。1920年12月。

②葉玉森《殷虛書契前編集釋》卷二頁 69。1932年10月。

③于省吾《殷契駢枝續編》頁 11。1941年8月。又，《甲骨文字釋林》頁 71。1979年6月。

④孫海波《甲骨文編》卷五·二。1978年2月。

⑤李孝定《甲骨文字集釋》卷五頁 1593。1965年5月。

⑥王襄《簠室殷契徵文考釋》地望頁 5。1925年5月。

⑦吳其昌《金文名象疏證·兵器篇》。1934年。

⑧《考古》第三期頁 72。1935年。

⑨《甲骨文字集釋》卷五工字條。

⑩羅振玉《增訂殷虛書契考釋》中頁 42。1914年。

⑪見《鐵雲藏龜拾遺》釋文頁 5。1927年。

⑫《殷虛書契前編集釋》卷二頁 69。1932年10月。

⑬《殷契駢枝續編》頁 11 釋工**典**。1941年8月。

⑭「示冊」的內容，詳參：

　（i）董作賓《殷曆譜》下編卷二〈祀譜〉頁 2-4。1945年4月
　　　　石印本。

　（ii）許進雄《殷卜辭中五種祭祀的研究》〈祀首的擬定〉頁
　　　　55-73。1968年6月。臺大文史叢刊。

　（iii）常玉芝《商代周祭制度》第四章第五節〈五種祀典的祀
　　　　首〉頁186-216。1987年9月。中國社會科學出版社。

釋　乍

第一節　前　言

　　本文是一九九〇年十一月在中國江蘇太倉縣舉行的第九次古文字年會講稿，其後又在同年十二月於靜宜大學中文系第五次學術研討會修訂宣讀。本文的寫作緣起要追溯到年前我在香港中文大學《中國語文集刊》第五期發表的〈兩周彝器題銘簡論〉一文，該篇文章主要討論兩周時期擁有彝器者的身份和其分佈地域的狀況，其中由歸納「某作某器」的一常見文例，開始注意到乍字用法的複雜。吾人如果透過乍字句型的分析，可以看出該字在殷周時期的演變，更可以作爲研究兩周句型的一個點的範例，從而奠定將來全面研究周代金文句法的客觀基礎。於是我嘗試整理金文中乍字的用例，首先完成了本文的第三節〈乍的句型〉。

　　由討論乍字的用法，復讓我對於乍字造字的本義產生了興趣。前人對於乍字的解釋徒然提供我一連串的疑問，如果我同樣不能就這根源的問題找出一合理、堅實的答案，這篇文章也只不過是些材料的排比堆砌罷了，它的產生意義自然不大，也即是說這將又是一篇「胎死腹中」的文稿。於是我嘗試透過形構的類比、偏旁的經營、文例的互較、文字的訓釋等角度來觀察乍字本義的可能性，最後完成了本文的第二節〈乍的本義〉。此節先破後立，分別應用十條論證交錯陳述，以客觀的、審慎的態度來歸納出乍字的本來面目。

　　胡適之先生常說做學問要「大膽假設，小心求證」，這亦是考釋古文字的不二法門。也唯有充份利用這種方法，才能讓古文字學脫離憑空的臆度和孤證的危險，提昇成為一門真正接近科學的學科。吾人馨香禱之。

第二節　乍的本義

　　乍，殷商金文有作 ㄓ〈小子母己卣〉、㔾〈父丁斝〉（註①），及兩周金文絕多寫作 㞢、㞢、㞢 諸形，小篆作 㞢，至於它的本義迄今並沒有善說。前人有據篆體「從亡一」，釋乍象防止逃亡之形。

　　高田忠周：「乍即人將亡而礙止之，於許君編次可見其意。」
　　　　　　　（註②）
有就作的引申義推論乍字「象興構之形」。

　　林義光：「按乍為止亡，其義未聞。古作 㞢、作 㞢、作 㞢、作
　　　　　　 㞢，皆以為作字，即作之古文。象興構之形。」（註
　　　　　　 ③）
有謂乍乃人伸腳的坐姿。

　　郭沫若：「余謂 㞢 乃象人伸腳而坐，有所操作之形，即作之初
　　　　　　 字。」（註④）
郭氏復謂乍是 㕚 的初文。

　　郭沫若：「『作』之作 ㄓ 若 ㄓ，余意迺 ㄓ 形之變，即 㕚 之初字。
　　　　　　 說文：「㕚，持也。象手有所㕚據。讀若 戟。」戟音
　　　　　　 與作同部。」（註⑤）
更有認為乍字是屬於形聲字，從卜七聲。

高鴻縉：「乍本爲乍見孺子之乍，從卜乚聲，副詞。商周以來
　　　　借用爲製作之意；動詞。周末或加彳爲意符，作𢓊，
　　　　制作之意較顯。」（註⑥）

以上諸家所言皆有待商榷（註⑦）。李孝定先生在《金文詁林讀後
記》已逐一提出疑點。

李孝定：「乍字許書隸『亡』部，解曰：「止也。一曰：亡也。
　　　　從亡一。一，有所礙也。」蓋從篆形立說。清儒治說
　　　　文者，於「乍」字無善解，段玉裁改說解爲「止亡詞
　　　　也」，朱駿聲氏之意略同段氏，蓋自「一，有所礙也」
　　　　立說。桂馥氏無解。他家之說，亦多穿鑿，蓋初形已
　　　　失，徒爲望文之訓耳。金文「乍」不從亡，皆用爲制
　　　　「作」字。或讀爲「則」字，其初形朔誼，殊難索解。
　　　　郭沫若氏謂象人伸腳而坐，有所操作之形，此於字形
　　　　從「乚」，已不類伸腳之形，從「卜」，亦無操作之
　　　　象。高田忠周氏所言，仍本許書立說。金文乍字既不
　　　　從亡，則高田氏所說，已失依據；高鴻縉氏謂「乍本
　　　　爲乍見孺子之乍，從卜，乚聲」，似謂古人專爲「乍
　　　　見孺子」製字，果爾，當立即援之以手，何暇卜乎？
　　　　中國文字歷世綿邈，初形朔誼，或有杳不可知者，從
　　　　闕可也。」（註⑧）

李氏評介諸家釋乍的缺失，所言甚是。文末總結以闕如，足見李氏
釋字之謹慎。李氏在《甲骨文字集釋》乍字條對於乍字甲骨形構的
檢討，亦以「未詳」作結。

李孝定：「契文乍亦不從亡一，其初形朔誼亦未詳。」（註⑨）

唯以「從闕」、「未詳」來面對這個經常出現於殷周銘文中的乍字，
總覺於心未安。況且現今出土的考古材料愈來愈豐富，吾人實有重

新檢討此字的必要。考釋文字的方法，首先是掌握本形和字形的流變。前人考釋乍字，大多以兩周金文字形爲準。然而，兩周金文中的乍字並不能反映該字的原形，是以在分析結體的過程中產生了許多謬誤。以下首先讓我們看看乍字早在殷代甲骨的形構，然後再提出我們對於這個字的看法。

　　乍，《甲骨文編》第十二卷十九頁、《續甲骨文編》第十二卷二十五頁、《甲骨文合集》、《小屯南地甲骨》分別收錄下列字形。今分五類如次：

1. 　甲1013　　掇2.346　　續6.17.1
　　乙466　　　拾14.2　　　集20780

2. 　甲2546　　前8.1.4　　後2.10.5
　　粹401　　　粹62　　　　粹236
　　甲3115　　燕221　　　後2.8.4
　　集34101　　屯3835

3. 　後2.3.10　屯1463

4. 　摭續300　　粹597　　　存2.210
　　前7.28.1　明223　　　甲3659
　　後1.22.5　續6.13.12　戩40.11
　　續存628　　鄴2.42.1　　乙2392
　　續5.12.6　集31981

5. 　乙306　　　集19739

　　以上五類以第一、二類字形最爲常見。第一類字形右向，第二類字形左向，第三類爲變體，第四類爲繁體。而第五類的寫法已經與兩周金文的 〈伯寶卣〉、〈未距悍〉、〈頌簋〉諸形相同；參考容庚《金文編》12.31。

甲骨文的乍字主要作 ⩊ 。 ⩘ 則爲乍字的繁體，由以下的「
乍邑」、「乍寢」、「乍🜨」等相同文例互較可證（註⑩）。

(1)〈鐵220.3〉　　貞：王🜨邑，帝若？

　　〈丙　86〉　　貞：王🜨邑，帝若？八月。

(2)〈前4.15.5〉　　Ⅾ尹貞：🜨王寢于Ⅾ？

　　〈戩25.13〉　　甲午貞：其令多尹🜨王寢？

(3)〈後上22〉　　乙亥貞：唯大庚🜨🜨？

　　〈林2.17.9〉　　貞：其业🜨🜨？

乍字在殷代已用爲制作意（註⑪），其形體則仍保留創字時的基本
結構。

　　我們認爲乍字的本義是製衣。它取象一件已完成交襟的衣服，
而其餘的領、袖部份正繼續縫製中。乍字從 ⩗，象上衣的交襟；上
從 ∨，象衣服的背幅；有增從 ⩘，象針線綴合形，強調縫製的動作。
吾人試取甲骨文的衣字和從衣的裘、律等字形，加以排比如下：

　　　衣

1. 　後1.31.1　　　　後1.20.3　　　　佚916
　　掇1.76

2. 　粹85　　　　　　甲1348

3. 　甲945　　　　　新3209

4. 　外216　　　　　珠993　　　　　　乙7766
　　徵11.96

5. 　乙6684　　　　乙2071　　　　　摭15
　　徵11.96　　　　拾14.11　　　　　乙811

衣，象領襟袖之形。《說文》衣部：「衣，依也。上曰衣，下
曰裳。」參照以上乍字的分類，衣字的甲骨寫法亦同樣可以分成五
類。其中以第一、二類字形最常見。第一類衣襟右向，第二類爲左

向，第三類爲變體，第四、五類皆爲繁體。根據河南安陽殷墟出土的玉人立像和侯家莊西北岡墓的跪坐人像，都可考見殷人上衣皆交領作 ⚎（註⑫），這和甲骨文的衣字作 夕 是完全相合的。

裘

夻 前7.6.3　　　　　夕 後2.8.8

裘，象衣形，襟外見皮毛。

褘

1. 夻 粹285　　　　　夻 粹140

2. 夻 粹368　　　　　夻 粹465　　　　　夻 金381

3. 夻 後2.38.5　　　　　夻 佚880

褘，字意不識，唯所從衣旁左右襟無別。第一類衣旁缺單袖，第二類衣旁有省左右二袖，第三類有省衣領。

以下吾人歸納十點乍字取象縫衣之形的論證，希望透過一些客觀的分析，可以確實追溯出乍字的本來面目。

1. 就字形結構言。互較上列甲骨文的乍和衣字，乍的基本形體是 丫，這和衣字習見的 夕 形下半的交襟部份是完全一致的。

2. 就位置經營言。乍字作 丩，復作 丫，左右向不拘，這和衣字作 夻、作 夕 的交襟左右無別是一樣的。

3. 就特殊字例言。乍字有美化作 丩〈後2.3.10〉、丩〈屯1463〉、丩〈戩40.11〉等形，這和衣字偶有作 夻〈甲945〉的下半彎曲部份是相同的。

4. 就偏旁言。乍字上面從 ∨、丫、丿，這和衣字的作 夻〈珠993〉、作 夻〈外216〉從 丿 是無別的；皆指衣背的中線接合位置，即相當《說文》衣部的 褘 字：「衣背中縫。」段玉裁注：「莊子作督，緣督以爲經。」

5. 就繁體言。乍字複增從 ⚹ 作 〈前7.28.1〉者，乃指針線連綴縫合處，強調製衣的意思。縫衣的位置有在衣背，如 〈摭續300〉、〈鄴2.42.1〉、〈明223〉，亦有在交領的地方，如 〈甲3659〉。這與衣字同樣有增從 ⚹ 作 〈徵11.96〉可以互相證明。上古縫衣的方法，除作左右連針，如 〈徵11.96〉、〈乙7766〉等衣字所示外，亦見有作交叉十字型的綴合，如 〈乙6684〉、〈摭15〉、〈續3.38.4〉、〈乙811〉等是。

6. 由褻字所從屬的衣旁分別作 、作 、作 、作 、作 諸形，可見古人製衣的程序宜由下而上，先下襟，次領項，最後才是雙袖。這和乍字截取衣形的下半部，解釋爲縫衣之始形是相合的。

7. 在《甲骨文編》附錄上112有 〈掇2.487〉、〈庫1180〉、〈庫1244〉、〈七W41〉諸形，前人未悉爲何字。今細審該字字形，偏旁從人從乍，顯然乍字與人有一定的關連。字或即作字初文。縫製衣裳本爲人所穿，這是一條有利於乍解辭爲製衣形的佐證。又，作的偏旁乍上增從 × 形，與衣之作 中間具 × 形正全同。

8. 就字義來看。乍字由製衣引申爲古文獻中的「始也」、「爲也」、「成也」、「造也」等用法，都是非常通順合理的。如《詩經・魯頌・駉》：「思馬斯作。」毛傳：「作，始也。」《詩經・鄘風・定之方中》：「作于楚宮。」孔疏：「作爲楚丘之宮也。」《周易》象上傳：「明雨作。」虞注：「作，成也。」《集韻》：「作，造也。」等是。

9. 甲骨文的乍字有寫作 ，見衣袖之形。這和褻字所從的衣旁作 形正合。本文在中國古文字年會發表時，香港中文大學的張光裕先生曾提問是否能找到乍字有帶衣袖的字證，當時吉林大學的林澐先生代辯：既爲未成的衣，自然不必有帶袖的形構，在坐諸君

對此亦無異議。返台後再審視乍字字形，未想竟能在新出土的小屯南地甲骨中發現此一具袖形的乍字，實一幸事。

〈屯1219〉　　☒高祖乙*☒*☒？

比較以下辭例，此條宜爲卜問先王作㞢之辭。

〈集31981〉　　乙亥貞：唯大庚乍㞢？

10.由甲骨文例看，卜辭亦有乍某衣的辭例，乍字顯然與製衣有關。乍字在殷代仍保留著其本義的用法，此實爲乍字釋爲製衣之形的堅實證據。

〈集27959〉　　壬戌卜，馬☒*袞*弗乍，王☒？

馬，或爲官名。*袞*字不識，但應爲重衣之形。辭意謂卜問是否作此種重疊的衣服。

總結以上十點，分別由字形、位置、字例、偏旁、繁體、互較、佐證、字義、文例來看，乍與衣字的關係顯然並不是巧合的。吾人因此推論乍字象一件還沒有完成的上衣，它的本義應爲製衣的意思（註⑬）。

第三節　乍的句型

一、卜辭中乍的句型

甲骨文的乍字多借爲作，爲也，起也。如：「乍邑」、「乍邙」、「乍冊」、「乍豐」均是。

〈丙86〉　　庚午卜，丙貞：王乍邑，帝若？八月。

「乍邑」，與《尚書・康誥》：「作新大邑于東國洛」之意同。

〈後下6.12〉　　乙亥卜，賓貞：乍大邙自上甲？

邙，即禦，祀也。大邙，即大祀。

〈人1881〉　　其乍豐，又征，受又？

乍由作意，復引申有興建、修治意。

〈戩25.13〉　甲午貞：其令多尹乍王寢？

寢，即寢。「乍王寢」，意即修建殷王後宮寢室。

〈丙71〉　　☒令尹乍大田？

〈人2363〉　　癸亥貞：多尹弜乍，受禾？

「乍大田」、「乍，受禾」的乍讀爲作，有開墾意。《周禮》：「稻人作田。」注：「猶治也。」

乍字又通用爲胙、祚、酢等字，獻肉報祭也。《說文》：「胙，祭福肉也。」《左傳》僖公九年：「王使宰孔賜齊侯胙。」《周禮》：「以脤膰之禮，親兄弟之國，先神錫福同受之意。」

〈粹1113〉　　☒卜，㲉貞：我其祀，賓乍，帝降，若？

賓，儐也，導迎鬼神曰儐。卜辭謂舉行祚祭，以迎鬼神。

乍用爲動詞，在第一期卜辭中的否定詞多用〝勿〞。如：

〈集32〉　　庚申卜，㲉貞：乍賓？

　　　　　　庚申卜，㲉貞：勿乍賓？

〈集13512〉　丁未卜，☒貞：勿乍大☒？

〈英588〉　　貞：今載王勿乍比望乘，伐下危？

亦有用〝亡〞，與〝㞢〞對文。如：

〈集536〉　　辛卯卜，內貞：王㞢乍☒？

　　　　　　辛卯卜，爭貞：王亡乍☒？

〈集3458〉　　庚申卜，㲉貞：我㞢乍☒？

　　　　　　庚申卜，㲉貞：我亡乍☒？

復偶有〝弗〞。如：

〈集12312〉　弗作王☒？

〈集14183〉　貞：帝弗乍王☒？

至第三期卜辭中，否定詞多改用〝弜〞。如：

〈屯2276〉　　其乍豐，又正？

　　　　　　　弜乍豐？

〈集29688〉　　弜乍，其每？

偶用〝不〞〝弗〞。如：

〈集27890〉　　叀小臣妥至，不乍自魚？茲用。

〈集27959〉　　壬戌卜，馬☑　弗乍，王☑？

第四期卜辭以後，否定詞都用〝弜〞。如；

〈屯2143〉　　弜乍豐？

〈集34609〉　　弜乍豐？

　　乍字句在甲骨文中的用法，共有三類。

(1)以「名詞＋乍＋名詞」爲常例，乃「主語＋動詞＋賓語」的常態句型。如：

〈集8〉　　　☑卜，貞：眔乍耤，不喪☑？

〈集13514〉　　辛卯卜，㱿貞：基方乍亯，其希？

〈集13491〉　　壬子卜，㱿貞：我乍邑？

〈集33209〉　　丁酉貞：王乍三自：右中左？

有在動詞前增語詞〝其〞。如：

〈集13503〉　　☑余其乍邑？

〈集14206〉　　壬子卜，爭貞：我其乍邑，帝弗右若？三月。

〈集14184〉　　貞：帝其乍我孽？

(2)有省主語，作「動詞＋賓語」的句式。如：

〈集13542〉　　甲子卜，爭貞：乍王宗？

〈集1404〉　　庚申卜，爭貞：乍大丁？

　　或作「其＋動詞＋賓語」。如：

〈集30295〉　　其乍亞宗？

〈屯2463〉　　☑卯卜，其乍方？

(3)乍字句復有用前置介詞〝于〟、〝在〟帶出〝乍某〟的地點。如：

　〈集34139〉　　甲辰☐在茲乍宗，若？

　〈屯2152〉　　　于☐乍☐宿，戈？

介賓語亦有列於句末。如：

　〈集13517〉　　丁卯卜，乍☐于☐？

二、金文中乍的句型

　　金文中「某乍某器」是一習見的文例。乍借為作，除有製作意（註⑭）外，更兼具持有、使用的意思。青銅彝器的使用方式，在殷代早期仍是以共用為主。殷商銅器有單獨鑄刻一圖形文字，正代表該部落公有彝器的氏族標誌（註⑮），如：☐、☐、☐、☐、☐等。然殷代金文亦有明示「某乍某器」的文例，可分為四大類：

1.某氏族作器公用。文例作「族徽乍器」。如：

　☐卣：「☐乍彝。」（註⑯）

2.某氏族為某人作器，彝器已兼具紀念和私有的意義。文例作「族徽乍某器」。如：

　乍季簋：「☐乍季障彝。」

　乍父己觶：「☐乍父己障彝。」

　婦姞鼎：「天黽乍姞婦☐彝。」

　乍父乙卣：「☐乍父乙彝。」

又移位作「乍某器。族徽」。如：

　公鼎：「乍公尊彝。☐。」

　王☐尊：「乍父丁尊。☐。」

　乍姎己觶：「乍姎己彝。中☐。」

又省作「族徽乍某」。如：

獸形父辛尊：「【圖】乍父辛。」

乍父丁瓢：「【圖】乍父丁。」

【圖】乍母辛觶：「【圖】乍母辛。」

又移位兼省文作「乍某。族徽」。如：

乍公【圖】榮盉：「乍公【圖】榮。【圖】。」

父己【圖】鼎：「乍父己。【圖】。」

又移位兼省文作「某乍。族徽」。如：

虡父丁觶：「虡父丁乍。【圖】。」

3.某氏族中的某自作用器。文例作「某乍器。族徽」。如：

吳盉：「吳乍寶盉。【圖】。」

4.某氏族中的某為某作器。其文例作「族徽。某乍某器」。如：

季鼎：「【圖】。季乍兄己隥彝。」

酓尊：「【圖】。酓乍父乙尊彝。」

亳父乙鼎：「『亞形中弔』。亳乍父乙尊彝。」

【圖】乍母辛尊：「『亞中其』。【圖】乍母辛彝。」

【圖】母辛簋：「『亞中【圖】』。【圖】旅乍母辛寶尊彝。」

【圖】尊：「【圖】。【圖】乍父丁隥彝。」

渣伯遂尊：「【圖】。渣伯遂乍厥考寶旅尊彝。」

又省作「族徽。某乍器」。如：

壬俯鼎：「鳥。壬俯乍隥彝。」

又省作「族徽。某乍某」。如：

【圖】天父乙簋：「『亞其【圖】』。【圖】乍父乙。」

【圖】卣：「『亞箕』。【圖】【圖】乍母癸。」

又移位作「某乍某。族徽。器」。如：

㝈尊：「冊㝈乍父乙。【圖】。寶尊彝。」

由殷商過度至兩周，彝器的持有和使用已漸由氏族的公用普遍推展至王侯貴族的私有。作器人物的階層大大地超越過去（註⑰），這與整體社會制度的更革，由封建的帝王政治下降至貴族政治，再轉變爲布衣卿相有著相當密切的關連。若干地主富豪和新興階層有機會參予各種禮儀活動，並有能力從事青銅彝器的鑄造和使用。

　　兩周彝銘「乍器」的句型變化遠較殷代複雜。除上述殷器具族徽文例以外，一般有如下七大類三二小類句型：

1. 某乍某器。句型爲「主語—動詞—間接賓語—直接賓語」，如：

　　矢伯卣：「矢伯隻乍父癸彝。」

　　♣鼎：「♣乍父冊己彝。」

　　辨簋：「辨乍文公己寶障彝。」

　　冉鼎：「冉乍父癸寶鼎。」

　　子卣：「子乍婦妃彝。」

　　魯侯鬲：「魯侯乍姬番鬲。」

2. 某乍器。句型爲：「主語—動詞—直接賓語」。如：

　　霸姞鼎：「霸姞乍寶尊彝。」

　　伯矩簋：「伯矩乍寶障彝。」

　　小臣鼎：「小臣乍尊彝。」

　　天尹鐘：「天尹乍元弄。」

　　伯盂：「伯乍寶尊盂。」

　　婦鷦瓠：「婦鷦乍彝。」

3. 某乍某。句型爲「主語—動詞—間接賓語」。如：

　　榮子盉：「榮子乍父戊。」

　　小子作父己卣：「小子乍父己。」

　　歆鼎：「歆乍父丙。」

4.某乍。句型爲：「主語—動詞」。如：

　　𣪊乍鼎：「𣪊乍。」

　　燚觶：「燚乍。」

5.乍某器。句型爲：「動詞—間接賓語—直接賓語」。如：

　　長鼎：「乍長寶障彝。」

　　父乙鼎：「乍父乙尊彝。」

　　乍姬簋：「乍姬彝。」

　　井侯簋：「乍周公彝。」

6.乍某。句型爲：「動詞—間接賓語」。如：

　　作己姜簋：「乍己姜。」

　　作父丁簋：「乍父丁。」

　　乍旅尊：「乍旅。」

7.乍器。句型爲：「動詞—直接賓語」。如：

　　作寶鼎：「乍寶鼎。」

　　曆鼎：「乍寶尊彝。」

　　保侃母簋：「乍寶簋。」

　　麥盉：「乍盉。」

　　以上文例一至七爲第一大類。由文例二至七皆爲文例一「某乍某器」的省文（註⑱）。文例二省略間接賓語，文例三省略直接賓語，文例四兼省雙賓語，文例五省略主語，文例六兼省主語和直接賓語，文例七兼省主語和間接賓語。

8.某其乍某器。句型爲：「主語—語詞—動詞—間接賓語—直接賓語」。如：

　　汲其簋：「^王夫汲其乍朕皇考惠仲皇母惠妦障簋。」

　　犀父己尊：「犀𤰫其乍父己寶障彝。」

9.某其乍器。句型爲：「主語—語詞—動詞—直接賓語」。如：

師𧪜簋：「師𧪜其乍寶簋。」

10.某乍其器。句型爲：「主語—動詞—代詞—直接賓語」。如：

瘐鼎：「瘐乍其鼎。」

11.某乍其某器。句型爲：「主語—動詞—代詞—間接賓語—直接賓語」。如：

白尊：「白乍其文考障彝。」

以上文例八至十一爲第二大類，句中增語助詞「其」。「其」字可置於主語之後，動詞「乍」之前，有強調主語的功能；「其」復有置於「乍」字後，用爲主語的稱代詞。

12.某用乍某器。句型爲：「主語—動詞$_1$—動詞$_2$—間接賓語—直接賓語」。如：

旍鼎：「旍用乍文公日乙寶尊彝。」

旍作父戊鼎：「旍用乍父戊寶尊彝。」

小子射鼎：「𦥔用乍父己寶尊。」

13.某用乍其器。句型爲：「主語—動詞$_1$—動詞$_2$—代詞—直接賓語」。如：

武生鼎：「武生毀用乍其羞鼎。」

14.某用乍器。句型爲：「主語—動詞$_1$—動詞$_2$—直接賓語」。如：

從鼎：「從用乍寶鼎。」

禽鼎：「禽用乍寶彝。」

15.用乍某器。句型爲：「動詞$_1$—動詞$_2$—間接賓語—直接賓語」。如：

陳侯因齊錞：「用乍孝武起公祭器錞。」

不嬰簋：「用乍朕皇祖公白孟姬障簋。」

*16.*用乍器某。句型爲：「動詞₁—動詞₂—直接賓語—間接賓語」。
如：

屯鼎：「用乍▨彝父己。」

滿簋：「用乍尊簋季姜。」

*17.*用乍器。句型爲：「動詞₁—動詞₂—直接賓語」。

雍伯鼎：「用乍寶彝。」

麥鼎：「用乍鼎。」

往鼎：「用乍寶障彝。」

曾姬無卹壺：「甬乍宗彝尊壺。」

*18.*用乍其器。句型爲：「動詞₁—動詞₂—代詞—直接賓語」。如：

鄭父鼎：「用乍乓寶障彝。」

*19.*某乍器用。句型爲：「主語—動詞₂—直接賓語—動詞₁」。如：

遺弔鼎：「遣叔乍旅鼎用。」

*20.*乍某器其用。句型爲：「動詞₂—間接賓語—直接賓語—語詞—
動詞₁」。如：

作父己鼎：「乍父己寶鼎其用。」

　　以上文例十二至二十爲第三大類。由文例十三至二十皆爲文例
十二「某用乍某器」的省文或移位（註⑲）。「用乍」，乃「用茲
金乍」之省，如舀鼎：「舀用茲金乍朕文考齊伯▨牛鼎」即爲不省
例。

*21.*某自乍器。句型爲：「主語—代詞—動詞—直接賓語」。如：

楚公鐘：「楚公▨自乍寶大▨鐘。」

邾旂士鐘：「邾旂士▨自乍龢鐘。」

番君鬲：「隹番君酌白自乍寶鬲。」

矢姬壺：「矢姬自乍壺。」

郜公鼎：「郜公平侯自乍障錳。」

戈弔鼎：「戴叔朕自乍餴鼎。」

22.某自乍其器。句型爲：「主語—代詞—動詞—代詞—直接賓語」。

如：

叡光簋：「叡光白自乍其寶簋。」

23.自乍器。句型爲：「代詞—動詞—直接賓語」。如：

攻吳王監：「自乍御鑑。」

郐王子鐘：「自乍龢鐘。」

伯家父簋：「自乍寶簋。」

嘉子易伯簠：「自乍寶簠。」

24.自乍其器。句型爲：「代詞—動詞—代詞—直接賓語」。如：

走鐘：「自乍其祅鐘。」

25.某自乍用器。句型爲：「主語—代詞—動詞₁—動詞₂—直接賓語」。

如：

伯䍐盉：「伯䍐自乍用鑄。」

26.用自乍器。句型爲：「動詞₂—代詞—動詞₁—直接賓語」。如：

封簋：「用自乍寶器。」

曾伯陭壺：「用自乍醴壺。」

27.用自乍其器。句型爲：「動詞₂—代詞—動詞₁—代詞—直接賓語」。

如：

郑尹求鐘：「用自乍其龢鐘。」

以上文例二十一至二十七爲第四大類。在動詞前增設第一人稱
代詞「自」。其中文例二十二至二十七皆爲文例二十一「某自乍器」
的省文或增繁。

28.某乍鑄器。句型爲：「主語—動詞₁—動詞₂—直接賓語」。如：

會肯鼎：「楚王會肯乍盥鼎。」

會肯簠：「楚王會肯乍鑄金簠。」

芮公鐘鉤：「芮公乍鑄從鐘之句。」

內公鼎：「內公乍鑄從鼎。」

29.自乍鑄其器。句型爲：「代詞─動詞₁─動詞₂─代詞─直接賓語」。如：

余𣄴盤：「自乍鑄其盤。」

以上文例二十八至二十九爲第五大類，以複合動詞「乍鑄」爲核心。文例二十九增代詞「自」和「其」。

30.某乍爲某器。句型爲：「主語─動詞₁─動詞₂─間接賓語─直接賓語」。如：

叔男父匜：「叔男父乍爲霍姬媵旅匜。」

31.某乍爲鑄器。句型爲：「主語─動詞₁─動詞₂─動詞₃─直接賓語」。如：

會肯盤：「楚王會肯乍爲鑄盤。」

以上文例三〇與三十一爲第六大類，以複合動詞「乍爲」爲核心。文例三十一復見三合動詞的句型（註⑳）。

32.某在某地乍某器。句型爲：「主語─介詞─地名─動詞─間接賓語─直接賓語」。如：

子𪒠觥：「子𪒠在屮乍文父乙彝。」

以上文例三十二自爲第七大類。

總括兩周彝銘中的七大類三十二分類「作器」文例，其句型皆由「某乍某器」加以衍生如下表，於此足見銘文書寫的靈活性和不固定性。

```
                   ┌某乍器
                   │某乍某
                   │某乍
                   │乍某器
                   │乍某
                   │乍器
                   │
                   │                    ┌某其乍器
                   │        某其乍某器 ─┤某乍其器
                   │                    └某乍其某器
                   │
                   │                    ┌某用乍其器
                   │                    │某用乍器
                   │                    │用乍某器
         某乍某器 ─┤       某用乍某器 ─┤用乍器某
                   │                    │用乍器
                   │                    │用乍其器
                   │                    │某乍器用
                   │                    └乍某器其用
                   │
                   │                    ┌某自乍其器
                   │                    │自乍器
                   │        某自乍器 ──┤自乍其器
                   │                    │某自乍用器
                   │                    │用自乍器
                   │                    └用自乍其器
                   │
                   │某乍鑄器—自乍鑄其器
                   │某乍爲某器—某乍爲鑄器
                   └某在某地乍某器
```

　　「作器」文例的特性歸納如下數點：

*1.*乍借爲作，屬動詞。

*2.*常態的「某作某器」句型爲：「主語—動詞—間接賓語—直接賓語」，但間有出現省文、增繁、移位或複合動詞等變異句型。

*3.*由「某作某器」的變異句型考見金文句法基本是承接甲骨卜辭的。

*4.*主語多爲人名、官名，罕見族徽。直接賓語爲彝器的通名或專稱，前附有修飾語，如：

　　　　伯盂：「伯乍寶尊盂。」

　　　　武生鼎：「武生毀用乍其羞鼎。」

　　　　曾伯陭壺：「用自乍醴壺。」

　　　　郮尹求鐘：「用自乍其穌鐘。」

　　的「寶」、「羞」、「醴」、「穌」等是。

*5.*文例中主、賓語皆可以省略，復有省雙賓語。動詞在句中的穩定性最強。

*6.*乍可複合爲「用乍」、「自乍」、「用自乍」、「自乍用」、「乍鑄」、「自乍鑄」、「乍爲」、「乍爲鑄」等。在「乍」字前有增設第一人稱代詞「自」或動詞「用」；在「乍」字後有增設動詞「用」、「鑄」或「爲」。

*7.*文例有增設語詞「其」，置於動詞「乍」的前面，有強調主語的功能。「其」或用爲代詞，置於動詞「乍」的後面。

*8.*文例有增設介詞「在」和地名，置於動詞「乍」的前面，強調乍器的地點。

第四節　結　語

　　本文主要分爲兩部份，第一部份解決了乍字本義的問題，建立乍爲製衣的說法；第二部份分析甲金文中乍字的用法，歸納句型有甲骨文三大類，殷金文四大類，兩周金文七大類三十二分類。

　　透過對乍字的研究，吾人認爲仍未解決的問題有三：

1. 〝乍〞與同類動詞〝用〞、〝鑄〞、〝爲〞等的用法有何差異？〝乍〞在複合動詞中多作爲前動詞，它與屬於後動詞的〝鑄〞、〝爲〞等字並列，有共同強化全句語意的功能，屬於遞進式的關係，然而彼此除了主從的意義外，還有何不同？爲什麼〝用〞字能靈活的在乍字句中移前、移後？（註㉑）

2. 〝乍〞在兩周金文斷代分期中的用法是否不同？前後期句型的差別又是如何？

3. 由〝乍〞字本義、用法的範例研究，可拓大整理金文常用字例的句型，從而歸納金文句法的普遍規律。這些問題，都有待好學深思者進一步的探討。

一九九〇年　　二月初稿

一九九〇年　　十月二稿

一九九〇年　十二月定稿

註　釋

①參見容庚《金文編》12.31。六五五頁。聯貫出版社。一九七一年一月台初版。

②參見周法高《金文詁林》下一八六三～一八六四頁乍字條引錄高田忠周《古籀篇》三十第十四～十五頁。中文出版社。一九八一年十月版。

③參見周法高《金文詁林》下一八六三～一八六四頁乍字條引錄林義光《文源》說。

④參見周法高《金文詁林》下一八六三～一八六四頁乍字條引錄郭沫若《金文叢考》二〇三頁〈釋亡乍〉。

⑤參見李孝定《甲骨文字集釋》第八卷二六三七頁作字條引錄郭沫若《甲骨文字研究》上冊釋作。中央研究院歷史語言所專刊之五十。一九七四年十月版。按：郭氏《甲骨文字研究》一九五二年八月重版已刪去此文。

⑥參見周法高《金文詁林》下一八六三～一八六四頁乍字條高鴻縉〈頌器考釋〉二十一頁。

⑦近聞中山大學的曾憲通先生曾有〈乍字探源〉一文，其結論是乍的「乜」形是鋤土的耒，而上面的「乚」形是土塊。唯細審甲骨、金文字的耒多作∮而乍字鮮從∮形，甲骨、金文的土作◎作土而從不作乚；其說恐仍待商。

⑧參見李孝定《金文詁林讀後記》四二七頁乍字條。中央研究院歷史語言研究所專刊之八〇。一九八二年六月版。

⑨參見李孝定《甲骨文字集釋》第十二卷三八一〇頁乍字條。

⑩參拙稿《殷墟甲骨文字通釋稿》四三九頁。文史哲出版社。一九八九年十二月版。

⑪甲骨文的乍字借用為作，為也。例如：

〈丙八六〉　貞：王乍邑，帝若？八月。

〈丙七一〉　囗令尹乍大田？

〈戩二五‧十三〉　甲午貞：其令多尹乍王寢？

⑫參考周錫保《中國古代服飾史》七～八頁所引圖二至圖五。丹青
圖書有限公司。一九八六年台一版。

⑬文成後讀近人康殷的《古文字學新論》，見書中的二四九頁已先
有釋乍為製衣之說，唯該文並無任何論證。

⑭金文中習見「某乍器」、「某為器」、「某鑄器」，其用義可以
作類比的互較。

⑮參考郭沫若《殷周青銅器銘文研究》上冊四篇。一九三〇年手抄
本；丁山《殷商氏族方國志》。台灣大通書局影印。一九七一年
十二月；容庚《殷周青銅器通論》第六章八十二～八十六頁。文
物出版社。一九八四年版。

⑯以下所用金文材料，皆引錄自周法高《金文詁林》乍字條。

⑰參拙稿〈兩周彝器題銘簡論〉第三節〈兩周彝器題銘人物考〉。
香港中文大學中國語文集刊第五期。一九九〇年三月。該文歸納
兩周時期擁有彝器的人物，包括帝王、諸侯、貴族、后妃、職官、
私人六類。

⑱金文中省文的用法早見於殷代甲骨文的變異句型，詳拙稿《殷墟
卜辭句法論稿》第三章〈對貞卜辭句型變異之一～省文〉，一七
二～二三八頁。學生書局。一九九〇年三月版。

⑲移位，指句子中因詞的移動而使句型結構發生更易的現象。移位
的方式包括移首、移尾、移前、移後四種。金文中動詞移位的用
法已見於卜辭，參拙稿《殷墟卜辭句法論稿》第四章〈對貞卜辭
句型變異之二～移位〉，二三九～二八三頁。

⑳複合和三合的動詞句式，其用法早見於卜辭，參拙稿《殷墟卜辭
句法論稿》第六章〈對貞卜辭句型變異之四～複合詞〉，三〇六
～三二八頁。

㉑我在《殷墟卜辭句法論稿》三〇九頁曾討論到：表達具體行動的

動詞，意義明確，在複合動詞中位置亦較固定；相反的，不具體的行動類動詞，表達的意義較空泛，在複合動詞中的位置亦較靈活。

甲骨引用書目簡稱表

1. 甲	小屯・殷虛文字甲編	董作賓	1948年
2. 掇	殷契拾掇	郭若愚	1953年
3. 續	殷虛書契續編	羅振玉	1933年
4. 乙	小屯・殷虛文字乙編	董作賓	1949年
5. 拾	鐵雲藏龜拾遺	葉玉森	1925年
6. 集	甲骨文合集	歷史所	1982年
7. 前	殷虛書契前編	羅振玉	1912年
8. 後	殷虛書契後編	羅振玉	1916年
9. 粹	殷契粹編	郭沫若	1937年
10. 屯	小屯南地甲骨	考古所	1983年
11. 摭續	殷契摭佚續編	李亞農	1950年
12. 存	甲骨續存	胡厚宣	1954年
13. 明	殷虛卜辭	明義士	1917年
14. 戩	戩壽堂所藏殷虛文字	姬佛佗	1917年
15. 鄴	鄴中片羽	黃　濬	1935年
16. 鐵	鐵雲藏龜	劉　鶚	1903年
17. 丙	小屯・殷虛文字丙編	張秉權	1957年
18. 林	龜甲獸骨文字	林泰輔	1921年
19. 佚	殷契佚存	商承祚	1933年

20.新	新獲卜辭寫本	董作賓	1929年
21.外	殷虛文字外編	董作賓	1955年
22.珠	殷契遺珠	金祖同	1939年
23.徵	簠室殷契徵文	王　襄	1925年
24.摭	殷契摭佚	李旦丘	1941年
25.金	金璋所藏甲骨卜辭	方法斂	1939年
26.庫	庫方二氏藏甲骨卜辭	方法斂	1935年
27.七Ｗ	甲骨卜辭七集	方法斂	1938年

釋叀

　　叀，第一、二期卜辭多作🜲，隸作叀；第三期卜辭以後多作🜲，隸作叀（註①）。叀字本義，眾說紛紜。據形比附，實無確證。或象束囊之形，字有作🜲《甲556》、作🜲《乙7808》、作🜲《甲108》、作🜲《乙7379》、作🜲《乙9071》、作🜲《庫1083》、作🜲《前4.12.6》、作🜲《乙7342》、作🜲《前1.18.4》、作🜲《佚931》、作🜲《甲2》、作🜲《戩9.2》、作🜲《拾2.12》，字形與束、東諸字相類（註②）。或象紡車下垂之形，上从𡳆爲絲繫，中从⊕屬絲穗，下从𠃊是線錘；爲專字古文（註③）。《說文》寸部：「專，一曰紡專。」卜辭中已借爲語詞，用法與《尚書》中的惠、惟相類（註④）。

　　叀字置於肯定句式前，是強調殷王動作的專用發語詞。以下僅就叀字的句型、用意、與于的對應關係三部份加以討論。

第一節　叀的句型

　　叀字用爲發語詞，其句型主要有五種：

1. 叀＋名詞＋動詞。如：

　　《鐵118.2》　貞：叀王征呂方？

　　《集5237》　庚午卜，爭貞：叀王饗�？

　　此屬「發語詞＋主語＋動詞＋賓語」的常態句型，例最普遍。

　　復有省略賓語，如：

　　《集33387》　己巳貞：叀王狩？

2.名詞＋叀＋名詞＋動詞。如：

　　《明2328》　乙卯卜，殼貞：王叀土方征？

　　《集6627》　己酉卜，殼貞：王叀北羌伐？

　　《懷1637》　甲子卜，王叀望乘从？

　　賓語「土方」、「北羌」、「望乘」移前，成「主—賓—動」
的變異句式（註⑤），例亦常見。

3.叀＋時間副詞＋動詞。如：

　　《集495》　壬戌卜，賓貞：叀甲子步？

　　《集34542》　己亥貞：叀庚酚？

　　有省動詞作「叀＋時間副詞」。如：

　　《集33715》　庚辰卜，叀辛日？

　　《集34338》　叀乙未？

　　復有於句首增名詞，作「名詞＋叀＋時間副詞＋動詞」。如：

　　《集5110》　貞：王叀丁亥出？

　　《集6949》　貞：王叀翌乙巳步？

4.叀＋名詞。如：

　　《掇2.125》　貞：父戊歲，叀羊？

　　《合430》　丙午用，叀七月？

　　《存1.1755》　叀大雨？

　　《集26030》　貞：叀白豕？

　　叀字後接名詞。名詞之前或增加修飾用語，如上引「七月」的
「七」為數詞，修飾「月」；「大雨」的「大」為形容詞，修
飾「雨」；「白豕」的「白」為形容詞，修飾「豕」。這類句
型多省主語、動詞，餘下賓語。例不多見。

5. 叀＋動詞。如：

《乙3177》　丁巳卜，亙貞：囚王固曰：叀出。

《集11613》　貞：叀令？

此類句型當爲「叀＋名詞＋動詞」，省略主語。《乙3177》的「叀出」即「叀王出」、《集11613》的「叀令」即「叀王令」的省文。句例最罕見。

第二節　叀的用意

卜辭中語詞「叀」有強調語氣的作用。本節嘗試透過征伐、田獵、祭祀等卜辭文例的互較，驗證叀字是代表殷王的特殊語詞。首先，由以下諸辭例發現「叀」的功用在突顯緊接的主語「王」，這正反映出叀字句的一般用法。

如：

1.《鐵118.2》　貞：叀王征呂方？

2.《粹1081》　乙巳卜，爭貞：叀王往伐呂方，受业又？

3.《摭續185》　叀王令侯歸？

復由習見的「叀王自作某事」一例，更明確的點出叀字句所要強調的主事者都是殷王本人。如：

1.《乙5323》　貞：叀王自往西？

2.《乙5408》　戊午卜，爭貞：叀王自往阱？十二月。

3.《佚726》　貞：登人，叀王自望戈？

4.《庫1685》　叀王自饗？

5.《前2.25.6》　囚叀王自征？十月。

6.《粹1184》　庚戌貞：叀王自征刀方？

「重」除了突出主語殷王外，亦有強調賓語的作用。在句型上往往將賓語移首，而省略主語「王」。試觀察下列三辭：

《寧1.283》　重匕眔？

《南輔83》　重匕眔🈵？

《南明734》　己丑卜，王重壬匕犬🈵？

🈵，讀如禽，即擒字。匕，即牝。互較三辭，第一辭省主、動詞，只剩下賓語。第二辭省主語，賓語移於動詞之前。第三辭不省主語，賓語移前，意謂卜問殷王於壬日擒獲牝犬否。三辭所強調的都是移前的賓語；主語均屬殷王，或省或不省。又如：

《鄴2.38.3》　重戍罝，🈵？

重王以戍罝，🈵？

互較此對貞二辭，第一辭省略的主語正是「王」無疑，賓語「戍」移首。意謂殷王派遣戍人用罝的方法捕獸，卜問是否有收獲。

吾人復比較以下諸辭，歸納出習見的「重某令作某事」一例，都是「重王令某作某事」的倒文，省略主語「王」。「重」在句中的功用顯然是突出殷王下達命令的對象。例：

1.《人2532》　重卓令◻？

《掇1.428》　貞：王于丁亥令卓◻？

互較以上二辭，《人2532》的「重卓令◻？」當為「重王令卓◻？」的倒文；省主語「王」。

2.《京4782》　重𝌆令◻？

《鄴3.43.9》　乙酉貞：王令𝌆途亞侯又？

互較以上二辭，《京4782》的「重𝌆令◻？」當即「重王令𝌆◻？」的倒文；省主語「王」。

3.《佚187》　庚戌卜，重𤰒令屮？

《寧1.596》　貞：王令𤰒◻？

　　互較以上二辭，《佚187》的「重□令□？」當即「重王令□□？」的倒文；省主語「王」。

4.《後下38.1》　貞：重多子族令从□□叶王事？

　　《前6.51.7》　貞：令多子族从犬眾□□叶王事？

　　卜辭中「令」的主語多爲「王」。互較以上二辭，並省主語。《後下38.1》的「重多子族令从□□叶王事？」當即「重王令多子族从□□叶王事？」的倒文。由《金534》的「貞：重王令隹寅？」一辭例亦可參證。

5.《粹915》　重□令省□？

　　《粹914》　癸巳卜，令□省□？

　　互較以上二辭，當並省主語「王」。《粹915》的「重□令省□？」當即「重王令□省□？」的倒文。

6.《甲868》　辛未貞：重□令即並？

　　　　　　　辛未貞：其令射□即並？

　　□、射□均人名。互較二辭，「重□令即並？」當即「重王令□即並？」的倒文，對貞二辭並省主語「王」。

　　此外，卜辭中常見的「重某呼作某事」一例，其句式亦是賓語移首而主語「王」省略，當即「王呼某作某事」的倒文。如：

1.《掇2.185》　貞：重子畫呼伐？

　　　　　　　貞：重自般呼伐？

　　　　　　　貞：重昌呼伐呂？

　　此版中諸辭對貞，卜問殷王應該在子畫、自般、昌三人中派遣那一位征伐呂方。三辭當爲「重王呼子畫伐？」、「重王呼自般伐？」、「重王呼昌伐呂？」的倒文，並省略主語「王」。

2.《丙3》　重子不呼阱？

　　　　　　重子商呼？

　　此對貞卜問殷王呼命子不抑或于啇設阱狩獵，當爲「叀王呼子不阱？」、「叀王呼子啇？」的倒文，句首均省略主語「王」。

3. 《撫續140》　　貞：叀◇呼伐呂？

　　　　　　　　貞：叀王往伐呂？

　　此辭卜問殷王征伐呂方，宜否起用◇作主帥，抑或由王親征。互較對貞二辭，一言呼伐，一言往伐，更能確證呼字句所省略的主語當爲「王」。「叀◇呼伐呂？」即「叀王呼◇伐呂？」的倒文。

4. 《乙7750》　貞：叀多子呼往？

　　　　　　　貞：叀王自往阱？

　　此辭卜問殷王呼令多子族抑或親往設阱狩獵。互較對貞二辭，一言呼往，一言自往，第一辭省略的主語自是「王」。「叀多子呼往？」當即「叀王呼多子往？」的倒文。

5. 《粹1155》　　叀成馬瞀呼，允王受有佑？

　　　　　　　王其呼，允受有佑？

　　互較對貞二辭，第一辭的「叀成馬瞀呼」當即「叀王呼成馬瞀」的倒文，省略主語「王」。

　　由以下文例的排比互較，亦見叀字句後有不省主語「王」而賓語移前的現象，叀字強調賓語。如：

1. 《佚527》　　囗卜，賓貞：王叀婦好令征人？

　　《乙2948》　　貞：王令婦好从侯告伐人？

　　人，即殷敵國人方。互較以上二辭，《佚527》的「王叀婦好令征人？」當即「王令婦好征人？」的倒文，賓語移前而主語「王」不省。

2. 《後上14.8》　　王叀𦥑田，湄日亡𢦗，囗？

　　《甲793》　　王其田叀盂，湄日囗？

　　𦥑，地名。互較以上二辭，《後上14.8》的「王叀𦥑田」當爲

「王田𤰉」的倒文，賓語移前而主語「王」不省。

「叀」字的用法，除了突顯殷王用爲主語一類句子中的主、賓語外，亦有用來强調此類特殊句型的句首時間副詞。如：

1.《乙3350》 叀辛令冢？

戊申卜貞：叀庚令冢？

叀己令冢？

2.《續5.23.7》 辛未卜貞：叀翌癸酉令方歸？

3.《粹928》 ☐王其射，叀翌日戊亡災？毕。吉。

4.《金493》 乙卯王卜在 師貞：余其𦣞𦔻，叀十月戊申𢦏？王占曰：吉。在八月。

5.《合430》 丙午用，叀七月？

6.《林2.14.6》 己亥卜，叀四月令衆步𢦏？

7.《卜245》 戊子卜，賓貞：叀今夕用三百羌于祊？

以上「叀某日」、「叀某月」諸辭例多省卻主語，然吾人據《粹928》、《金493》等辭已明確知道卜辭的內容皆屬殷王事，復由《林2.14.6》「叀某日令某人作某事」、《卜245》「叀某月行某祭」的詞意觀察，此類句式中的主語仍當爲殷商的統治者：「王」。

在祭祀卜辭中習見「叀某牲」一例，「叀」有强調祭祀時所用牲畜種類的功能。「國之大事，在祀與戎」，殷朝祭祀先公先王，主事者爲殷王，句中省略的主語當然亦是主祭的殷王。如：

1.《佚928》 叀羊，王受年？

2.《掇2.125》 貞：父戊歲，叀羊？

3.《南明424》 其桒于沈，叀牛用？

叀牢用？

4.《南明136》 叀白豕？

5.《寧1.231》 叀𤉲，王受又？

　　以上五辭的卒、羊、牛、牢、豕、䅀均屬祭牲，用以求佑於殷先祖與自然神，主語顯然爲「王」。由上下文的「王受年」、「王受又」可作佐證。

　　祭祀卜辭中復有「叀某先祖神祇」之例，其中的叀字強調祭祀的特定神祇，句型屬賓語移首，而省略的主語仍宜爲主祭的殷王。如：

1.《京4014》　　叀祖丁𠕋，用二牢，王受佑？

　　𠕋，即冊字繁體。《說文》：「冊，符命也。」辭中「叀祖丁𠕋」即「叀王𠕋祖丁」的倒文。省略的主語爲「王」，由文末「王受佑」可以互證。

2.《粹1》　　叀高祖夒祝，用，王受又？

　　此辭的「叀高祖夒祝」當即「王祝高祖夒」的倒文，省主語「王」。

3.《甲3916》　　貞：叀祖丁祝，用，王受年？

　　此辭的「叀祖丁祝」當即「王祝祖丁」的倒文，省主語「王」。由文末的「王受年」可以互證。

　　另在田狩卜辭中，「叀」亦用來強調不同的時間和地點，從而有要求選擇的意向（註⑥）。句中的主語仍爲殷王。如：

1.《甲3915》　　己巳卜，狄貞：王其田，叀壬亡災？

　　　　　　　　　己巳卜，狄貞：王其田，叀辛亡災？

2.《人2049》　　翌日戊王其田，叀𤉣田，弗每？

　　　　　　　　　叀𤆡田，弗每，亡𢦏，𡥄王𠦪？

　　　　　　　　　叀𤉣田，亡𢦏，𡥄王𠦪？

　　　　　　　　　叀𤆡田，亡𢦏，𡥄𠦪？

　　總上所論辭例：「叀王作某事」、「叀王自作某事」、「叀王

令某作某事」、「叀某令作某事」、「叀王呼某作某事」、「叀某呼作某事」、「叀某日令某作某事」、「叀某日」、「叀某月作某事」、「叀某月」、「叀某牲」、「叀某先祖神祇」等征伐、田狩、祭祀類卜辭，「叀」字都有帶出緊接其後的名詞的功能。然而無論它是作爲突出主語「王」的本身，抑或是強調移前的賓語，如先公神祇或受命大臣，以至修飾句首的時間和地望，叀字句的主語都是指殷王。這反映出「叀」字在甲骨文的用法可能有一特殊化、專門化的傾向—它代表著卜辭中對於時王稱謂的一種特殊的、專用的語詞。

　　叀字句的主語無論是省或不省，所指的都是「王」。例外的似乎只有求雨一類卜辭。如：

1.《存1.1755》　叀大雨？

2.《前6.44.5》　貞：叀雨？

3.《甲2085》　貞：叀雨？

　　這一類卜辭中，「叀」的功用固然是強調承接其後的大自然現象，句式簡省，似乎看不出其句意與殷王有任何的直接關係。但如與下引的《存2.134》等辭例相核對，即可發現「叀大雨」、「叀雨」都是卜求降雨的意思。句中省略了祭祀類動詞，而進行祭祀求雨的主祭者自然也可以解釋爲殷王。因此，這類卜辭與前述叀字句的專用意義是並沒有衝突的。例：

1.《存2.134》　貞：叀桼雨？

　　桼，屬祭儀。桼祭以求雨，句中省略的主語爲「王」。

2.《乙1228》　叀妵烄，屮雨？

　　烄，烹人以祭。妵，屬外族女名。此辭意即焚妵祭祀以佑降雨，句中省略的主語爲「王」。

第三節　叀與于

「叀」字屬於殷王專用的發語詞，它有置於時間副詞之前，屢與「于」同版相對。前人只釋二字爲語詞，但並未深入詮釋二字間的關係。今細審「叀」「于」在同版中的句式是一致的，只是「叀」在複合句中多用在主句之前，對於緊接其後的時間副詞具有強調的功能；而「于」則多用在副句之前，對於其後的時間副詞只是一般語氣的帶出作用。然而，二字的最大差異復在使用上意義的不同。「叀」後緊隨的時間副詞較接近於貞卜日，基本上所陳述的是現在型的句式；而「于」後緊隨的時間副詞較遠離於貞卜日，且有「于來某日」的用法，屬於未然型的句式。

時間副詞一般區分爲實指性（特定的日期）和稱代性（泛指的日期）兩類。今僅就這兩類時間副詞觀察「叀」「于」在用法上的分別，有如下三類：

（Ｉ）實指性時間副詞中先後的差異。

比較以下諸辭的干支，見「叀」修飾的特定時間較「于」接近貞卜日。如：

1. 《南2295》　　丁未貞：叀乙卯告 ？　（二）

　　　　　　　　于乙亥告 ？　（二）

　　　　　　　　于乙酉告 ？　（二）

　　　　　　　　于乙未告 ？　（二）

　　　　　　　　于乙巳告 ？　（二）

　，爲殷西地名。此辭干支的排列是丁未後八日爲乙卯，再廿日爲乙亥，再十日爲乙酉、爲乙未、爲乙巳。首句用「叀」修飾的乙卯距離貞卜的丁未日最近；次句以下都用「于」，所修飾的干支

距離貞卜日均較遠。

2.《南313》　丁巳卜，叀乙丑彡々伐？

　　　　　　丁巳卜，于來乙亥彡？

　　　　　　庚申卜，叀乙丑彡三羌、三牢？

　　　　　　庚申卜，于來乙亥彡三羌、三牢？

　　此版是由下而上順序連讀的牛胛骨卜辭，刻於骨側。諸辭的干支由丁巳至乙丑僅八日，至乙亥則多達十八日；由庚申至乙丑僅五日，至乙亥則多達十五日。由此可以比較出「叀」「于」在用法上的差別，前者是較接近於貞卜日。

3.《南639》　癸未貞：叀翌甲申彡？

　　　　　　于來甲午彡？

　　此辭在癸未貞卜，翌日甲申的發語詞用「叀」，同辭下一旬甲午的發語詞則改用「于」。

4.《集894》　貞：叀乙酉彡？

　　　　　　于來乙巳彡？

　　此辭言「來乙巳」，即指乙酉的下二旬。互較二辭，「叀」修飾的日期遠先於「于」。

5.《南424》　癸巳貞：叀甲午？

　　　　　　于乙未？

　　貞卜日癸巳與第一辭卜問的甲午相距僅一天，與第二辭卜問的乙未則相距兩天，可見「叀」修飾的日期比「于」為早。

6.《南593》　辛酉貞：其禘于祖乙，叀癸？

　　　　　　于甲禘？

　　此辭的「癸」即癸亥、「甲」即甲子的省略。其中「叀」修飾的日期早於「于」。

7.《南665》　癸酉貞：其又⊟于高祖？

　　　　　　　　叀辛巳酻？

　　　　　　　　于辛卯酻？

　　于支由第一辭的癸酉以迄叀字句的辛巳僅八日，以迄于字句的
辛卯則多達十八日。

8.《南1111》　戊午貞：柴于大甲、父丁？

　　　　　　　　戊午卜，叀庚柴？

　　　　　　　　戊午卜，于辛柴？

　　第二辭的庚即庚申，第三辭的辛即庚申的次日辛酉。「叀」的
用法先於「于」。

（II）稱代性時間副詞中先後的差異。

　　「叀」「于」之後緊接的時間副詞除屬於特定的干支外，亦有
泛指一日中的某段時間。叀句爲主，于句爲副。
如：

　　《南1443》　父己歲，叀莫酻，王受又？

　　　　　　　　　于夕酻，王受又？

　　此辭第一句用「叀」，修飾「莫」；次句用「于」，修飾「夕」。
莫即暮的初文，字或从隹作蒦。時間上暮稍早於入夜的夕（註⑦）。
由下引的「蒦往夕入」一辭，亦可見莫、夕二字的用法先後。

　　《南2383》　王其省盂田，不雨？

　　　　　　　　蒦往夕入，不冓雨？

　　又，卜辭中有所謂五種固定的祭典，其祭祀時間的順序是翌、
祭、䜌、劦、彡（註⑧）。由「叀」「于」修飾祭典的對象，亦見
卜辭先「叀」而後「于」的用法。如：

　　《粹442》　丁未貞：升歲，叀祭冓？

　　　　　　　　升歲，于劦冓？

（III）實指性和稱代性時間副詞的差異。

「叀」「于」修飾的時間，亦有明確與泛稱的分別。當卜辭中同時出現實指性和稱代性時間副詞時，則用「叀」修飾前者，用「于」修飾後者。如：

《南171》　癸未貞：叀乙酉祉方？

　　　　　癸未貞：于木月祉方？

木月，乃月名（註⑨）；此指較長的一段時間。「于木月」與「叀乙酉」對貞，由此可考見「叀」「于」二者用法上的差別。

附記：

這些年我一直在海外忙於撰寫《殷墟甲骨文字通釋稿》和《殷墟卜辭句法論稿》，與　先師的通信主要都是討論卜辭文例的問題。

先師過去曾在《中國文字》發表了許多歸納卜辭文例的文章，正啓迪我對於考釋文字首先注意文例的重要性。這份文稿是一九八七年撰寫《通釋稿》時的副產品，今略作整理如次，以紀念　先師對於這不肖學生的栽培。

註　釋

①叀，羅振玉《增訂殷虛書契考釋》中38頁混與崮字同，稍誤。孫詒讓《契文舉例》下17頁始隸作屾。參考李孝定先生《甲骨文字集釋》卷四1417～1433頁。

②束、東皆象布橐形，上下束結。束字作 𝌦《甲2289》、作 𝌨《卜403》，作 𝌩《甲3521》、作 𝌪《京2679》、作 𝌫《大簋》、作 𝌬《召伯簋》；東字作 𝌭《甲272》、作 𝌮《新4345》、作 𝌯《

撫續162》、作 《前6.32.4》、作 《父乙尊》。我以爲重字象束袋形，上象袋口，唯此說除形構類同外，迄今並無他証，只能聊備一說。

③此說从王獻唐遺著《說撻線》，文載《中國文字》34冊。

④參見唐蘭《天壤閣甲骨文存考釋》第卅片注；周法高先生《金文詁林》700頁引楊樹達說。

⑤卜辭中先置賓語的說法首見於楊樹達《甲文中之先置賓辭》。文見《積微居甲文說》卷下89～91頁。

⑥重字有選擇的意味。這方面日人伊藤道治在《有關語詞「重」的用法的問題》一文中已有論及。文載《古文字研究》第六輯251～262頁。伊藤氏又在《卜辭中虛詞之性格》一文歸納重字「意思上由強調性的提示變化到以選擇或代替爲目的的提示，而且進一步具有祈求的意味。」文見《古文字研究》第十二輯153～166頁。

⑦參考陳夢家《殷虛卜辭綜述》第七章《曆法天象》229～233頁。

⑧五種祀典的祭祀周期，參常玉芝《商代周祭制度》。中國社會科學出版社。一九八七年九月版。

⑨參見《小屯南地甲骨釋文》849頁。《南171》一版屬武乙卜辭。

釋勿、弜同字

　　勿，《說文》勿部：〝勿，州里所建旗。象其柄有三游。〞此就或體的〝旗〞字作說，而並非〝勿〞字本義。弜，《說文》弜部：〝彊也，重也。从二弓。闕。〞勿、弜分見於《說文》不同部屬中，一直被視為二字。今嘗試就甲骨中二者的形體和用法，考釋弜為勿的重文，二字本屬同字異構。《說文》中宜合併為一字。

　　勿，早期卜辭字形作 𢎛，或倒作 𢎛，左右向無別，或增繁作 𢎛。自胡小石（註①）、孫海波（註②）等隸作勿，用為否定副詞，諸家皆無異說。及唐蘭改隸作 弓（註③）。今仍從眾說作〝勿〞字。勿字本義並無定說，《甲骨文編》卷9.9：〝字形不可識。〞趙誠《甲骨文簡明字典》292頁釋勿：〝構形不明。〞早年郭沫若曾推論〝勿〞字本義，謂：〝勿乃笏之初文。古人于笏上書事以備忘，字正象其形。〞（註④）李孝定先生亦以為郭說為長（註⑤）。唯據《禮記》〈玉藻〉言：〝笏，天子以球玉，諸侯以象，大夫以魚須文竹，士竹，本象可也。〞執笏之禮，實始於周。且殷商考古迄今並未見笏，更無論據笏形以制一〝勿〞字。今疑〝勿〞字本取象弓之側形。字从 〃，象文飾（註⑥）；或示區別意，以別於弓字的 𢎛、𢎛 諸形。

　　殷墟卜辭〝勿〞、〝弜〞、〝不〞、〝弗〞四個否定詞之間的關係，其中以〝勿〞和〝弜〞、〝不〞和〝弗〞的用法是比較接近的，而〝勿〞〝弜〞和〝不〞〝弗〞兩組之間則有明顯的差別。這方面近人陳夢家、裘錫圭諸先生都已經論及（註⑦）。然而，陳夢

家先生提出〝勿在卜辭的否定詞裡應該屬于不、弗一組〞、裘錫圭先生又以爲〝勿〞〝勿〞二字是〝同一個詞的不同假借字〞，二者恐未爲定論。今就〝勿〞〝勿〞的形構、斷代、古音、對貞文例和句型等方面分析，詳細審定〝勿〞〝勿〞二字本屬同一字的前後期書體。其論證如下：

(一)就形構分析言

〝勿〞象弓形。細審〈集30757〉、〈集30588〉二辭的〝勿〞字作{，正象弓具弦的全貌；與弓字作{〈林2.26.4〉、作{〈甲2501〉相同。

〝勿〞象重弓形，其本義以王國維先生所釋最詳。王氏在〈釋弼〉一文道：

〝說文：「勿，彊也。从二弓。」又「弼，輔也，重也。从勿国聲。」案說文說此二字皆誤。勿爲柲之本字，既夕禮「有柲」注：「柲，弓檠弛則縛之於弓裡，備損傷。詩云「竹柲緄縢」，今文柲作柒。〞（註⑧）

王國維認爲〝勿〞字取象弓檠之形，正與〝勿〞字本義相類。裘錫圭先生復謂〝弓是發射之發的初文〞（註⑨），趙誠先生釋勿〝本象護弓的工具〞（註⑩），二說皆由弓形引伸。我認爲〝勿〞字本純象二弓並列，字形由〝勿〞的單弓重疊而成。甲骨重文每多簡繁互見之例，如：年作秂〈前7.15.3〉，作秂〈坊間3.19〉，皆用作黍年；卤作δ〈甲2040〉，作δδ〈乙1121〉，又作δδδ〈乙3290〉，疊體與《說文》籀文相同；妣作ᒌ〈甲3557〉，又作ᒌᒌ〈京都1822〉，同屬於妣某意；卩作ᘓ〈甲2451〉，作ᘓᘓ〈甲1034〉，皆用爲奴字；力作ᒪ〈甲211〉，作ᒪᒪᒪ〈甲395〉，俱屬祭名；木作ᚷ〈甲600〉，又作ᚷᚷ〈庫1672〉，同用爲方國和師旅屯駐地名。由此，可見若干甲骨文字一體、二體無別，足證〝勿〞、〝勿〞二否定詞

分从一弓、二弓，取象亦同。

（二）就卜辭斷代言

　　排比否定詞「勿」字字形的演變，大致是由第一、二期卜辭中常見的 ⟨形⟩，過渡至第二、三期的 ⟨形⟩、⟨形⟩，以迄第二期末始出現的 ⟨形⟩。

　　第二期的「⟨形⟩」字，日人島邦男氏的《殷虛卜辭綜類》誤收入⟨形⟩字下（註⑪），然⟨形⟩為尿字初文，與「⟨形⟩」字用法相異，宜分作二字。由以下辭例的用法證「⟨形⟩」實為「勿」字的異構。

　　　〈明2324〉　丙戌☑⟨形⟩隹我乞业，不若？

　　　〈前1.36.3〉　庚辰卜，大貞：來丁亥其叔，祊于大室？

　　　　　　　　　⟨形⟩祊西，饗？

以上第一辭的「⟨形⟩隹」之後緊接代名詞「我」＋動詞，用法全同於早期卜辭常見的否定句式「⟨形⟩隹＋我＋動詞」，當同隸作「勿唯」。第二辭的「大」為第二期卜辭貞人名，末辭「⟨形⟩祊西，饗？」疑即「勿祊于西，饗？」之省文，與前辭的「祊于大室」正反對貞。這與對貞中的「動詞？—勿＋動詞？」常態句型相合。此「⟨形⟩」字當是「⟨形⟩」的反書，即否定詞「勿」的異體。

　　第三期卜辭有「⟨形⟩」字，象弓具弦。例見〈粹424〉、〈燕234〉、〈甲2501〉、〈前4.42.2〉等（註⑫）。如：

　　　〈粹424〉　丙辰卜，囗貞：其賓☑？

　　　　　　　　貞：⟨形⟩賓？

就此辭與「勿」字常用的對貞句式：「其＋動詞—勿＋動詞」互較，可知辭中的「⟨形⟩」字當是「勿」字無疑。

　　綜合而言，⟨形⟩、⟨形⟩二形的主要結體皆从弓，由 ⟨符⟩ 而 ＝，或同為區別意的文飾；或視為弓的重文符號，此正可作為「勿」字由弓形過渡至重弓的「弜」字的證據。故根據 ⟨形⟩、⟨形⟩、⟨形⟩諸形的演變過程，亦可以說明「勿」、「弜」的先後關係。

(三)就古音言

勿、彡、彡、弜諸形都用作否定詞。在古音方面，〝勿〞、〝弜〞的聲母同屬雙唇鼻音。董同龢先生的《上古音韻表稿》分別擬測〝勿〞之古音爲mi̯wət，〝弜〞之古音爲bʲi̯wət，二字皆同屬入聲微韻，具通用的條件（註⑬）。

(四)就對貞文例言

第一期〝勿〞和第二期〝弜〞的用例多一致，句型亦相當，可見二字前後相承的關係。互較下列的〝勿虫〞與〝弜虫〞、〝勿率〞與〝弜率〞、〝勿用〞與〝弜用〞等文例，可見第一期的〝勿〞和第二期的〝弜〞用法全同。例：

(1)〈集945〉　貞：虫于河？

　　　　　　　勿虫于河？

〈集24644〉　貞：弜虫河？九月。

(2)〈集555〉　貞：衛致寇，勿率，用？

〈集25172〉　庚☒貞：歲☒叔？九月。

　　　　　　　貞：弜率叔？

(3)〈集1115〉　貞：王虫☐于唐：百長，勿用？

〈集25911〉　貞：弜用？七月。

　〝弜〞修飾的字例主要上承〝勿〞，例外的只有：征、致二字，而此二字可解釋爲第二期以後〝弜〞所新修飾的字例。下表諸字例在第一期卜辭的否定詞均配用〝勿〞，至第二期後則改用〝弜〞。於此可見〝勿〞〝弜〞用法上前後相承的關係。

	勿（第一期）	弜（第二期）
1.又	＋	＋
2.屮	＋	＋
3.征	＋	＋
4.率	＋	＋
5.用	＋	＋
6.彭	＋	＋
7.爰	＋	＋
8.先	＋	＋
9.賓	＋	＋
10.宰	＋	＋
11.舞	＋	＋
12.取	＋	＋
13.執	＋	＋
14.令	＋	＋
15.伐	＋	＋
16.𢎵	＋	＋
17.从	＋	＋
18.入	＋	＋
19.邲	＋	＋
20.祀	＋	＋

同時，第一期獨用〝勿〞，至第三期則完全轉用〝弜〞的字例亦不少，如：盼、片、祝、卒、立、酌、褒、狩、先、涉、省、戌、呼等字在否定句中分別先後獨用〝勿〞和〝弜〞，而沒有使用〝不〞〝弗〞〝亡〞等其他否定詞。這是〝勿〞〝弜〞屬於同一否定詞縱線發展的鐵證。

(五)由疊否定詞言

在第二期卜辭中，〝勿〞、〝弜〞同時與否定義的〝甾〞構成疊否定詞的用法：〝勿甾〞、〝弜甾〞，二者共同修飾祭祀類的字例。〝勿甾〞出現於第一、二期卜辭，〝弜甾〞則始見於第二期，而盛行於第三期卜辭，於此可見〝勿〞〝弜〞二字的關係密切。如：

〈集25020〉　甲戌卜，大貞：勿甾用三？

〈集25232〉　辛丑卜，大貞：歲弜甾囗牢、一牛？

(六)由對貞句型言

對貞卜辭多數是屬於正反句式，正辭每以〝叀〞作發語詞，而反辭則對應之以〝勿隹〞或〝弜隹〞。〝勿隹〞和〝弜隹〞之後多緊接前置賓語，二者的用法完全相同。對貞的關係分別是：

　　叀 n — 勿隹 n

　　叀 n — 弜隹 n

在時限上言，〝勿隹〞始見於第一期卜辭，而〝弜隹〞則主要出現於第三期卜辭。二者用法有上下相承的關係。由〝勿〞〝弜〞分別與虛字〝隹〞連用、與〝叀〞對應，亦可見二者關係的密切。

(七)就勿、弜同版通用言

動詞〝祀〞在第一期卜辭的否定式用〝勿〞，至第三期卜辭則有兼用〝勿〞〝弜〞。如：

〈甲3915〉　甲子卜，狄貞：王異其田，亡災？

甲子卜，狄貞：王〔〕祀田？

甲卯卜，狄貞：其祀？

甲卯卜，狄貞：弜祀祝？

此辭是屬於第三期的龜版，二組正反對貞中的否定句〔〕、弜同版並出，用法無異，此可作爲〝勿〞字字形演變由〔〕而〔〕而〔〕的實證（註⑭）。

　　㈧由複合句的用法言

　　卜辭的複合句式中，主句的否定詞絕多用〝勿〞或〝弜〞；副句的否定詞則多用〝弗〞〝不〞（註⑮）。互較下列諸辭例，可證〝勿〞〝弜〞的用法完全相同。

　　複合句中主句否定詞用〝勿〞例，如：

〈丙300〉　　貞：勿㱿，不若？

〈丙500〉　　己巳卜，爭貞：王往，若？

　　　　　　　貞：王勿往，不若？

　　複合句中主句否定詞用〝弜〞例，如：

〈甲2608〉　弜往田，不禽？

〈南1022〉　庚申卜，歲其膚？

　　　　　　弜膚？不。

〈六束32〉　弜舞，今日不其雨？

〈後下41、15〉　弜墾，弗受有年？

〈人2061〉　弜往，弗每？

　　㈨就修飾義類言

　　第三期卜辭中〝弜〞所修飾的義類甚廣，與第一期卜辭〝勿〞的用法相當，包括有：祭祀類的祁、用、裒、饗、即、祡、酈、祀、祝、告、曹、又、埶、卯、賓、即、薪、彡、爵、召等；田狩類的

狩、漁、网、逤、射、田、逐、涉等；王事類的令、呼、立、宿等；
氣象類的雨、夙、日等；農事類的墾、省、蓶等；出入類的征、至、
从、入等；攻伐類的執、先、戍等。由此，足見〝勿〞〝叟〞二字
用法的相承。

　　總結以上九點論證，〝勿〞〝叟〞的關係顯然並不是偶然的。
無論從形構、斷代、古音、文例、修飾義類、同版通用、複合句、
疊否定詞等用法來觀察，〝勿〞〝叟〞二否定詞無疑是卜辭中前後
期的同字異構，《說文》中宜屬重文。

註　釋

①參考胡小石《甲骨文例》下卷27頁。1928年7月。

②參見孫海波《甲骨文編》卷九386頁。1978年2月版。

③參見唐蘭《天壤閣甲骨文存考釋》26頁第21片。⼺隸作弓，無說。
　按：疑或欲與⼺字同亦隸作〝勿〞有所區別。

④參見郭沫若《殷契粹編》考釋3頁。日本：東京文求堂石印本。
　1937年5月。

⑤參見李孝定《甲骨文字集釋》卷九2972頁。臺灣：中央研究院歷
　史語言研究所專刊之50。1974年10月三版。

⑥⼺屬文飾，可省略而不影響字義。如卜辭的物作 ⿰ 〈甲284〉、
　作 ⿰ 〈續2、16、2〉；金文的易作 ⿰ 〈沈兒鐘〉、作 ⿰ 〈易鼎〉，
　揚作 ⿰ 〈頌簋〉、作 ⿰ 〈矢方彝〉，陽作 ⿰ 〈叔姬鼎〉、作 ⿰ 〈
　柳鼎〉，利作 ⿰ 〈利簋〉、作 ⿰ 〈利鼎〉，餘作 ⿰ 〈居簋〉、作
　⿰ 〈今鼎〉，參作 ⿰ 〈秩鐘〉、作 ⿰ 〈莆參父乙盉〉等是。

⑦參考陳夢家《殷墟卜辭綜述》第三章《文法》127～128頁。陳氏

謂：

　"毋和勿有命令祈望之義，命令祈望是有對方的，希望對方 "不要作什麼"，它們與弗、不之 "不是什麼" 是有分別的。"

又，裘錫圭在《古文字研究》第一輯〈說弜〉一文121頁中亦有相類似的論說：

　"弓、弜和不、弗的用法則有明顯的區別。粗略地說：不、弗是表示可能性和事實的，弓、弜是表示意願的。如果用現代的話來翻譯，「不…」、「弗…」往往可以翻成「不會…」，「弓…」、「弜…」則跟「勿…」一樣，往往可以翻成「不要…」。"

裘氏解釋 "勿" "弜" "不" "弗" 的異同，的確能分別否定詞的若干用法，只是其界說卻仍存有許多例外。如裘氏在〈說弜〉一文附註二中已指出例外的 "這類弓字、弜字似乎不能翻譯成「不要」，但是可能帶有說話者主觀願望的色彩。" 又在該文附註六中說： "這些所謂例外，有的實際上也許並非例外，也許是驗辭。" 這樣的解釋未免過於混淆。事實上，卜辭主要是用來占問吉凶，故有貞人的主觀意願也是理所當然的。況且若將某字的用義僅拘限於命辭之中，而未能涵蓋卜辭中的其他辭類，則其論說還是不夠週全的。特別是一些 "勿" "不" "弜" 同版共出的辭例，如果無法真正加以區別其作用的差異性而只訴諸例外，則仍未算釐清該些否定詞的用法。如：

〈丙514〉　貞：不唯禍？王固曰：吉！勿唯禍。

此版中 "不唯禍"、"勿唯禍" 並見，命辭的 "不唯禍" 是正反對貞的 "唯禍？不唯禍？" 的省略。這類對貞句式常見於卜辭中，如〈丙96〉： "唯又？不唯禍" 是。這些命辭所用的否定詞 "不" 都具備 "有沒有" 的含意，乃代表一種意願。而驗辭 "勿唯禍" 則可以解釋作 "不會有禍害" 的肯定意思，所用的否定詞 "勿"

〞自然代表一種事實。這和裘氏所提出的〝不〞表示可能性和事實、〝勿〞表示意願的說法是恰好相反的。

由是可知，就句式中的位置和修飾的對象來區別〝勿〞〝弜〞〝不〞〝弗〞，似乎比以〝主觀願望〞與否的界定來得明確。

⑧參見王國維《觀堂集林》卷六13頁〈釋弜內〉。臺灣：河洛書局景印版。1975年3月。

⑨參見裘錫圭〈說弜〉。文見《古文字研究》1輯121頁。中華書局。

⑩參見趙誠〈甲骨文虛詞探索〉文見《古文字研究》15輯290頁。中華書局。

⑪參考日人島邦男《殷虛卜辭綜類》5～6頁。臺灣：泰順書局景印版。1970年11月。

⑫孫海波《甲骨文編》卷九387頁有收錄勿字作 ⅋ 者。哈咈燕京社石印本。1934年10月。

⑬參考董同龢《上古音韻表稿》216頁〈微部入聲合口〉表。臺灣：《中研院歷史語言所單刊》甲種之21。1944年12月。

⑭屈萬里《殷虛文字甲編考釋》313頁〝 ⅋ 當是勿字。疑習書者所刻，故筆畫多所訛變。〞唯細審此版龜甲中除了 ⅋ 字之外，其他字形和整版句型都與習見的第三期康丁卜辭無異，似又非習刻者所書。是以，此版反而可以作爲勿字由 ⅓ 過渡到 ⅔ 的尚好例子。

⑮否定句中前置的主句用〝勿〞，其後副句則用〝弗〞或〝不〞，說參拙稿《殷墟卜辭句法論稿》第二章第四節〈說勿〉的〈乙〉一段。臺灣：學生書局。1990年3月。

殷武丁時期方國研究

——鬼方考

一、前言

自1899年甲骨卜辭出土於洹水之濱，成為研究殷史最重要的材料。惟出土甲骨多殘辭斷片，了無章緒。及至董彥堂就甲骨文的世系、稱謂、貞人、坑位、方國、人物、事類、文法、字形、書體等十個標準，提出卜辭的斷代分期，甲骨學才正式有全面而系統的研究。（註①）董氏的斷代分期是將殷墟出土的卜辭劃分為五個階段，根據殷代帝王世系的先後次序如下：

第一期　武丁卜辭

第二期　祖庚祖甲卜辭

第三期　廩辛康丁卜辭

第四期　武乙文丁卜辭

第五期　帝乙帝辛卜辭

斷代是建基於十個標準，其中由方國的征伐去驗証卜辭的分期，是甲骨斷代的一大方向。殷代的外族方國眾多，對於殷邊地的侵擾，更是無日無之。今謹就武丁一朝的方國加以申論，由卜辭所描繪的南征北討，印証古文獻中武丁的宏偉功業。通過方國的研究，吾人可以確定若干斷代的定點，並得以了解殷商的戰爭史實：

甲、殷初武丁時期，外患主要來自西面。反觀殷的東面自始未見有任何方國的干擾，可見殷人的勢力範圍本是以東土為根本。這與考古材料徵引鳥圖騰的商氏族是屬於山東龍山文化一支可以互証；

殷人積極向西拓展，進取中原黃河流域，也是其一貫政策。

　　乙、由武丁征伐諸方國的過程，可以了解外邦部族的強弱。許多方國僅遭受殷師旅幾回圍剿後，或淪爲殷邊田地，或再不復見於卜辭，顯然已經遭降伏或被驅散。由此，推知殷邊族雖衆，但大多仍是停留在部落階段，族勢弱小，未嘗具備完整的邦國組織。

　　丙、殷武丁曾經在同一地域討伐過不同的外族；復由方國來貢的貢品，可以反映出諸部落仍處於遊牧氏族的階段。方國逐水草而居，遷徙無常，財貨積聚困難，其勢力自然比不上已經進入農業社會的殷商。

　　丁、殷族征伐方國的手法不一。每當外族強頑，殷人多採取懷柔政策，先加以賞賜封冊，安撫其族衆，從而爭取備戰時間。接著是祈求鬼神降災於彼方，藉此增強征伐的信心，以打擊敵人的聲勢；最後才是一連串的征戰。如討伐呂方、土方、龍方、先方等大族是。反觀面對一些弱小方國，殷人每多直接派遣大軍以武力逼降；或由武丁親自用兵，以昭示王者霸業。如吞幷兂方、衛、禹等小邦是。

　　戊、殷人多主動出擊外族，以拓展疆域。而諸部族爲著與殷抗衡，曾有互結盟邦的現象。如呂方、土方、鬺方、敨方、召方等。

　　己、殷武丁降伏方國的手法，是先將戰敗的部落歸幷爲附庸，助殷守邊，繼而轉化爲殷邊田狩地區。其族衆往往在殷人武力與文化的薰陶籠罩之下，爲殷民族所同化。

　　庚、諸方國降服後，貢物自是不斷。主要以龜甲、畜牲、貨貝爲多，間亦有進貢若干侍女和農作物：如：井方、霝方、淵方、長方等。

　　辛、附庸方國除了納貢外，還需協助殷人對外征伐。少數有特長技能的族衆會被委任爲殷朝的官吏，如亘方幫助殷人整理甲骨，霝方爲殷人主持舞祭求雨。然而，絕大多數族人都淪爲奴僕和祭祀

時的犧牲品。

　　壬、若干附庸方國遭整族內徙，協助殷人開墾邊域和耕作。如殷人把需方族眾遷往殷南，拓展南方土地是。

　　癸、武丁卜辭中的方國地望，大致如下：

殷西北方國：呂方、土方、龍方、亘方、需方、御方、馬方、
　　　　　　　叡方、召方、印方、井方、湔方、爲方、兔、長。
　　　　　　　共十五個。

殷西方國：羌方、祭方、戈方、𡚡方、凵方、亞、坙、嶽並、
　　　　　　衛、先。共十個。

殷西南方國：基方、周方、兒方、豸方、𢀛方、冊方、興方、
　　　　　　　𠃊方、蜀、缶、猶、秦、奧。共十三個。

殷南方國：旁方、兒。共二個。

殷東南方國：佣、歸。共二個。

二、說「方」

　　殷虛卜辭泛稱殷邊的外邦方國爲方。前人多誤釋爲某一外族的專稱，例如：郭沫若認爲方即土方（註②）；又說是方夷（註③）。孫詒讓認爲方即方人，亦即彭人（註④）。楊樹達認爲方即大方，亦即《白虎通》〈號篇〉的大彭，《後漢書》〈東夷傳〉的方夷（註⑤）。陳夢家認爲方即方方，地處山西南部（註⑥）。然而，卜辭的「方」，由武丁以迄帝辛，遍見五期卜辭，如〈乙3422〉的方屬於武丁期，〈河573〉的方屬於祖甲期，〈屯1252〉的方屬於康丁期，〈屯63〉的方屬於武乙期，〈屯485〉的方屬於文丁期，〈前2.8.5〉的方則屬於帝乙、帝辛期。顯然，任何外邦部族，對殷

人而言都可直呼作「方」。殷邊遊牧部落眾多，出沒無常，殷人未必能夠一一識辨。況且，外族來犯，邊防將領以告急為首務，是以只探得其入侵方向，便匆匆回朝示警，俾使殷王早日出兵抗禦。故史官卜問戰爭的吉凶，仍未確知何族來犯，往往只泛稱之為「方」。

今復由地望的考訂，證明卜辭用「方」為方國的泛稱如次：

〈集6728〉　貞：方允其來于沚？

沚地位於殷西，此辭的方當在殷的西面。

〈菁5〉　☒來艱自北：方侵蚇。

蚇地處於殷北，此辭來侵的方的位置自亦在殷的北面。

〈集6716〉　辛☒卜，貞：方不出于唐？

唐和外邦井方見於同一卜辭，位於殷的西北。可見此辭出現的方也應在殷的西北面。

〈集6782〉　方𡉚周？

周族在殷的西南，此辭敦伐周人的方當位於殷的西南一帶。

〈集6788〉　☒亥卜☒曰：方其𡉚見尤？允其方☒亦東☒。

此辭辭意殘缺，但既稱「方𡉚見尤」，復言「亦東」，可信此辭的方或曾活躍於殷東。

卜辭的「方」，縱則由武丁一直延續到帝辛二百多年；橫則可以披靡於殷的北面、西北、西面、西南以達殷的東境，幾乎遍及殷商的四周邊地。這樣的一個外族，在有殷一代是絕無僅有的。

〈粹1285〉　方、奠並受祐？

奠為物祭，此言方則指外族俘虜淪為人祭者。此辭中的方和奠，都是殷人用祭的貢品。

卜辭中又有「四邦方」，更明顯的點出「方」只是一個外族的泛稱。

〈續3.13.1〉　余其障遣告侯田冊叔方、羌方、䩉方、𩰚方，

余其从侯田甾戔四邦方？

四邦方，即四邦之方，此所言方乃指𢧵、羌、𣪊、[illegible]四個部族。

三、鬼方即吕方考

殷墟甲骨卜辭記載的吕方，是武丁時代一個重要的西北遊牧部族；文獻、彝銘稱之爲鬼方（《周易》）、爲鬼戎（《竹書紀年》）、爲𩲡方（《盂鼎》）、爲𩲡[illegible]（《梁伯戈》）。彼此稱謂雖異，其實是屬於同族異名。王國維《觀堂集林》〈鬼方、昆夷、玁狁考〉和董彥堂《殷曆譜》（閏譜）已有提及，今復補充若干論証如次：

㈠用刻辭、文獻互証。

根據卜辭斷代的分析，武丁一朝馳騁中土的外族不下數十，其中以吕方爲患最烈。現存記載吕方的卜辭多達四百八、九十片，俱集中於武丁時代（註⑦），其間標示吕方來犯的月份凡三十三見：

月份	一	二	三	四	五	六	七	八	九	十	十一	十二	十三
次數	3	1	1	4	9	0	3	2	1	3	3	1	2

或言觀望敵蹤，或書攻伐吉凶，或稱封册以誘敵酋，或道擒執以示武功。單是卜問“伐吕方”此行能否獲勝的，便有兩百多條。遭受吕方蹂躪的殷西邊鄙，所見亦有數十處：沚、[illegible]、㞢、双、角、臬、弋、[illegible]、[illegible]、[illegible]、吕、[illegible]、[illegible]、[illegible]、[illegible]、[illegible]、卓、衣、奠、苗、示[illegible]田、豐等。由吕方涉地的遼闊和殷人的關注，足見殷吕雙方有著長期的接觸。如果就吕方出現的月次和這近五百片的占卜事例來觀察，殷、吕的對立至少應是長達兩三年的事。及武丁以後的卜辭便再無任何吕方的記載，顯示該族經過武丁多次圍剿，已不復成爲

中土的外患。

　　反觀文獻中的武丁時代，外族爲禍最烈的只有西邊鬼方。《易經·既濟》爻辭稱引武丁征伐鬼方，"三年克之"，在事例上恰正可與卜辭的呂方份量相當。

(二)由曆法証。

　　根據殷曆考訂武丁伐呂方的時間，與文獻全同。武丁時曆法屬於歲終置閏，一年共有十三月。

　　　《新綴334》　　癸巳卜，爭貞：旬亡囚？四日丙申允业來艱
　　　　　　　　　　　自西。𠂤告曰："呂方戈𤞤、𤝔、方、
　　　　　　　　　　　𤞚四邑。"十三月。

　　此辭是十三月癸巳卜。根據董彥堂《殷曆譜》（閏譜）推算武丁的曆譜，在十三月中有癸巳日的只有武丁十五年丁卯朔和二十九年乙亥朔兩個月。然而，若就十五年丁卯朔推算，則卜辭中癸巳四天後的丙申日已經是在十六年一月，不再屬於十五年十三月中的日子；這顯然和《新綴334》的內容不合。故此，這條卜辭只能夠置於武丁二十九年十三月乙亥朔的癸巳十九日。是時呂方的勢力正盛，接連摧毀了殷西四邑。

　　　《前5.13.5》　　乙酉卜，爭貞："往復从臬執呂方？"一月。
　　稽諸《殷曆譜》，武丁二十九年以後的一月有乙酉日的，只有三十二年一月癸亥朔乙酉二十三日，此言從臬地往返執拿呂方，當屬於武丁三十二年的事。是時呂方戰敗，屢遭殷人拘執俘虜，族勢顯然是一蹶不振了。

　　　《金527》　　　己丑卜，𣪊貞："令𢆶來曰：𢆶𢓊伐呂方？"
　　　　　　　　　　七月。
　　七月己丑卜。考諸武丁三十年七月壬寅朔，三十一年的七月丙申朔，

均沒有己丑日。唯獨三十二年七月庚申朔的己丑三十日與卜辭相合。是知在武丁三十二年間，呂方已無力與殷抗衡。

　　由以上諸辭曆法的合算，自武丁二十九年底呂方始來侵擾，殷西土地備受威脅，武丁遂有積極攘夷的行動。彼此用兵一直延續到三十一年，殷人始能全面摧滅呂方軍力，拘擄其族衆。三十二年復命殷將領乘勝追討。從上述的干支定點，可以考訂出武丁克服呂方的時間，前後恰需時三年。

　　呂方爲禍甚巨，固爲武丁一朝大事。然而史籍並沒有任何記錄。反觀文獻一再強調武丁屢次用兵的邦國，單只見鬼方一族；而且克敵時間亦同是三年。《易經・既濟》爻辭："高宗伐鬼方，三年克之，"《易經・未濟》爻辭："震，用伐鬼方，三年有賞於大國。"又，《竹書紀年》引錄武丁三十二年"伐鬼方"，亦當三年之事。呂方、鬼方爲患殷商的時限相同，顯然並不是巧合。

㈢由卜辭地理証。

　　殷民族的活動範圍是在現今陝西、河南省境內的黃河流域。安陽殷墟的發現，更提供了許多殷民的定點。呂方的位置，吾人亦可透過卜辭的比較得以論定。

　　呂方大致位於殷族的西面。《庫502》："☑呂方于西？"《鐵133.2》："☑呂☑衛☑隹西土？"衛，讀如還（註⑧）。此卜問征伐呂方之後，大軍自西返京一事。《㲉26》："癸未卜，㱿貞：'旬亡☑希。其虫來婕？'乞至☑允虫婕自西。暑戈告曰：'呂方圍於我奠。'"婕，即艱字；有災禍意。卜辭謂呂方出沒殷西，正與文獻的鬼方相同。《竹書紀年》載王季伐「西落鬼戎」；《後漢書・西羌傳》稱殷武丁征「西戎鬼方」，都點出鬼方的大致方向。

　　《菁2》　　　丁酉允虫來婕自西。沚䵎告曰："土方圍於我東

畾，哉二邑。呂方亦侵我西畾田。"

《菁6》　　九日辛卯允业來婕自北，蚁敏告曰："土方侵我
　　　　　　田十人。"

《菁6》謂北方有災難，是由蚁地傳來的消息，是知蚁地位於殷都
安陽的北面。土方來艱於北面的蚁和西面的汕二地，其族的活動範
圍當在殷的西北。汕爲殷西附庸，《菁2》謂土方進犯汕地的東鄙，
可見汕地處於土方的西面。而呂方同時入侵汕的西邊，則其地望當
更在諸方以西。

《菁5》　　囗四日庚申亦业來嬉自北，子瞽告曰："昔甲辰
　　　　　　方圍于蚁，俘人十业五人。五日戊申方亦圍，
　　　　　　俘人十业六人"。六月在囗。

卜辭屢稱蚁人在北方來告艱，謂土方侵我田若干。蚁地顯然是
土方入侵目標，《菁5》述子瞽來稟告某方國圍攻蚁地，此"方"
當是土方省稱。據子瞽所言：庚申前四日丁巳的時候，蚁人已曾到
殷都示警，報告在甲辰日遭受土方的攻擊，俘人十五：現今庚申日
蚁地復來告，有艱自北，謂在戊申日又遭土方俘人十六。由甲辰至
丁巳總共十四天；戊申至庚申合計十三天：則由蚁地南奔至殷都安
陽告急的行程，需時十三、四天。《詩經·六月》："我服既成，
於三十里。"箋："日行三十里，可以舍息。"《周禮·遺人》：
"三十里有宿，宿有路室。"今按平均日行三十里計算，蚁地南距
殷都約四百里。土方勢力既位於蚁地稍西，大致在現今的山西北部，
寧武附近。呂方位置復在土方西面，約在陝西北部，綏遠以南；相
當於古文獻中的"圖水流域"。圖水出漢代上郡白土縣西，東入黃
河，今總稱無定河，位於陝西北部；正是文獻中的鬼方盤踞所在。
《竹書紀年》武乙三十五年述周王季伐鬼戎而俘翟王；《春秋》、
《世本》皆謂狄族，隱姓；鬼方，隤姓。可反映出鬼，狄本是同源

異名。狄族發源於圖、洛兩水間，洛水即陝西以北的洛河。

　　由上文分析，見卜辭中呂方出沒的地望，與文獻的鬼方全合；俱在現今的陝西北部。

(四)、由部族間的關係証

　　吾人由其他部族與呂方、鬼方分別在卜辭與文獻的共同接觸事例，亦可考見二者本屬同一族的異稱。

　　羌人是殷西遊牧部族，屢見於文獻和卜辭，在武丁時並遭受殷人和鬼方的侵害。《粹1170》：“羌其圍沚。”《前6.60.6》：“令沚㞢羌方。”由羌人和殷西附庸沚族的相互剿伐，是知羌族當處於殷西，與呂方比鄰。《柏33》：“呂弗亦圍羌。”正是呂方侵羌的實錄。又，彳、㲽是武丁時西邊附庸，亦當恃殷人的勢力犯羌。《新綴328》：“卜執羌人。”《前4.50.2》：“㲽獲羌”。《庫179 4》：“㲽來致羌芻。”來致，即來納貢。羌人遭受殷、呂兩方面的圍剿，遂淪爲兩族的俘虜和人牲。《續2.23.6》：“癸亥卜，侑土，袞羌一，小宰俎。”由卜辭反映出羌族將遭滅亡的困境，比照文獻《竹書紀年》述武丁“克鬼方，氐羌來賓”，吾人才能了解鬼方爲殷平定之後，羌人馬上主動來朝，企求苟安的客觀狀況。

　　從卜辭的殷、呂方爭奪羌人和文獻的殷、鬼方力求賓服羌族互相參看，事例顯然是一致的。羌族正是吾人論證呂方、鬼方同族的尚好橋梁。

(五)、由出土金文証。

　　青銅器盂鼎出土於陝西岐山鳳翔府郿縣，其上刻載有盂伐鬼方獻俘一事（註⑨）；又，梁伯戈上刻有“魃方”諸字（註⑩）。梁

即今陝西韓城縣。兩地望都能夠和卜辭的呂方相吻合，雖謂彝器出土地區與鑄刻者的活動範圍無必然關係，但亦可以作為二者相連的旁証。

總括上文，由刻辭、古文獻、曆法、地望和部落的關係等互証，可以論定卜辭的呂方相當於文獻的鬼方。

四、卜辭中的鬼方史

呂方是殷武丁時代的西北外族，慓悍善戰，雄踞於陝西北部。由於遊牧氏族逐水草而居，出沒無常，加以西北大漠的天險，殷人始終不敢貿然用兵；對於呂方的犯境，亦只能堅壁穩守，遂坐就呂方的壯大。呂方不斷拓展族勢，入侵殷邊地不下數十處，並聯同土方，鬵方、叙方等襲殷。

《菁2》　　丁酉允业來嬉自西。沚訂告曰：“土方圍於我東啚，哉二邑；呂方亦侵我西啚田。”

《續3.10.1》　辛丑卜，爭貞：“日呂方盟於土囗，其辜呂？”允其辜。四月。

《京1230》　丙亥卜，殼貞：“曰：呂方以鬵方辜呂？”

《存1.35.1》　囗呂囗其以叙方囗。

辜，即敦字；卜辭敦伐連用，有攻擊意。以，通作與；有聯合、率領的意思，謂呂方聯同鬵方、叙方犯殷。殷武丁雄才大略，是繼承成湯之後一明主，《詩經·玄鳥》：“商之先後，受命不殆，在武丁孫子。”然而，外族驕橫的氣焰，在武丁時代已達至頂峰。武丁即位初年，實施懷柔政策。卜辭中屢見殷王親自燕饗呂方、土方，賞賜無數，無非是希望釋其南下牧馬的野心，從而換取殷民族的休

養生聚。

　　《存1.549》　　　☒貞，"呂出，王饗？"十一月。

　　《存2.293》　　　☒沚𡚬再冊呂☒其𢾭𦥑。

　　《京1242》　　　☒冊晉呂☒。

再冊、冊晉，相當於金文的冊命，有封冊賜命之意；參見師虎毀、頌鼎。沚為殷西要塞，屢為呂方東侵的目標；殷王賞賜呂方，也是在沚地進行。𦥑，乃與沚相鄰的殷地；卜辭謂呂方受封冊而復災　，顯見呂方的頑劣和殷王的委曲求存。

　　呂方無視殷王的封贈，反而恣意搜略殷邊鄙地，企圖拓展其放牧範圍。卜辭記錄呂方出沒於殷地，有所圖謀的"呂出"凡五十七見。如：

　　《續3.10.2》　　壬子卜，𣪠貞："呂方出。隹我屮作禍？"

　　《前5.17.7》　　乙巳卜，賓貞："屳呼告呂方其出？"

稱述呂方來犯而問吉凶的"呂來"、"呂至"共十六見。如：

　　《佚21》　　乙丑卜，𣪠貞："曰呂方其至於豕土，其中屮𠬝？

　　《續3.1.3》　　己卯卜，𣪠貞："呂方不至於屳？"

　　《續3.8.5》　　貞："呂來？"

　　《前4.24.1》　　辛丑卜，𣪠貞："呂方其來逆伐？"

記載呂方進攻某地的"呂𢾭"有十三次。𢾭，王國維讀為敦；即敦伐字。《宗周鐘》：「王𢾭伐其至。」如：

　　《金531》　　丁巳卜，韋貞："呂方其𢾭𠂤？"十一月。

　　《佚51》　　貞："呂方弗𢾭沚？"

記載呂方災及某地的"呂𢦔"共二十見；圍攻某地的"呂圍"凡十二見。如：

　　《戩45.15》　　呂允𢦔卪？

　　《前7.8.1》　　己巳卜，𣪠貞："呂方弗允𢦔刂？"

《漢城大學藏甲》　　癸未卜，永貞："旬無禍？"七日己丑長
　　　　　　　　　　　双化呼告曰："呂方圍於我奠豐。"
　　　　　　　　　　　七月。

《存1.550》　　戊寅卜，賓貞："今秋呂方其圍於畫。"

又，殷人守邊，發現呂方而示警的"望呂"、"見呂"亦多達十八
見。如：

《續1.13.5》　　☑貞："登人五千，呼見呂方？"

《鐵13.4》　　呼望呂方出？

由上述卜辭的眾多貞問，可見呂方出沒頻繁，深為殷人患，殷武丁
見懷柔不足以平服呂方，遂展開一連串的討伐活動。殷王首先命令
附庸分兵進剿呂方的盟族，以冀孤立呂方的勢力。

《方218》　　令婦好從伐土方？

《庫1599》　　沚𢆉伐土方？

《庫310》　　☑登婦好三千，登旅一萬，呼伐羌？

《續3.9.5》　　☑戍其獲圍土方？

《前4.50.2》　　𠂤獲羌？

《通462》　　甲戌卜，賓貞：在易，牧獲羌？

殷人復祈求鬼神降災呂方。禱告的對象有自然神的河、岳；先公先
王的上甲、報乙、示壬、成湯、太丁、太甲、祖乙；先臣的伊尹。
從無數求神"崇呂方"的卜辭，反映出殷人對於呂方的重視和畏懼。
自武丁二十九年開始，殷人頻頻貞問與呂方的成敗禍福，可知殷、
呂的戰事已經掀起。卜辭中，記錄殷人徵集族眾，主動"伐呂方"
的總共一百七十七次；"征呂方"的有十九次；"圍呂方"的有五
次。三年漫長的戰爭，決定了農業、遊牧兩大集團的盛衰，在這四、
五百片征伐卜辭中表露無遺。三年中，殷王登召群眾多達兩萬人次，
可概見戰事的激烈。

《續2.10.3》　　囗貞："登人三千，伐呂方，受坐又？"

《續1.13.5》　　囗貞："登人五千，呼見呂方？"

《金524》　　丙午卜，㱿貞："勿登人三千，呼伐呂方，弗
　　　　　　　　其受坐囗？"

登，有召集意。卜辭習言"登人"，即徵召軍隊。武丁也曾親征呂
方，卜辭凡二十二見。如：

《後上17.2》　　乙巳卜，爭貞：重王往伐呂方，受坐又？

《後上16.1》　　貞：重王往伐呂，受坐又？

武丁並調派殷西附庸將領 卓、ㄐ、言，多臣、多卯等分兵圍剿呂方。

《金525》　　乙丑卜，㱿貞："令ㄐ來。日：ㄐ𡦦伐呂方？
　　　　　　　　"在十月。

《掇2.185》　　囗貞："重言呼伐呂？"

《簠征5》　　乙巳卜、爭貞："呼多臣伐呂方，受囗？"

其後土方四散，𩏢方、𠦪方請降，羌人來賓。呂方與殷人征戰三年，
在武丁三十二年終於遭受挫敗。《易經·既濟》謂："高宗伐鬼方，
三年克之。"《漢書·西羌傳》亦稱："武丁征西戎鬼方，三年乃
克。"信為實錄。呂方從此一蹶不振。不復見於武丁以後的卜辭（
註⑪）。一直到殷末周初，呂方趁中原鼎沸之際，再次發展為顯赫
大族，進犯中土（註⑫）。

註　釋

①詳參董作賓《甲骨文斷代研究例》。中央研究院歷史語言所專刊
　之五十。

②參見郭沫若《卜辭通纂》513片釋文。

③參見《卜辭通纂》555片釋文。

④參見孫詒讓《周書斠補》。

⑤參見楊樹達《積微居甲文說》頁63〈釋方〉。中華書局。

⑥參見陳夢家《卜辭綜述》頁270。中華書局。

⑦參見日人島邦男《殷墟卜辭綜類》呂字條。

⑧詳參唐蘭《天壤閣甲骨文字考釋》頁49。

⑨參羅振玉《三代吉金文存》卷四，頁451。洪氏出版社景印。

⑩參《三代吉金文存》卷十九，頁2017。

⑪目前所見呂方卜辭，僅〈文637〉一片不屬於武丁卜辭：「丁酉卜，出貞：👤 👤 呂方？」此卜問祖庚時殷將領👤擒獲呂方事。呂方經武丁一朝的三年窮追力勦，於祖庚之世已輕易見俘，不復為殷邊患。又，島邦男《殷墟卜辭研究》呂方條例舉第三、四期卜辭各一片（〈續5.31.6〉、〈乙113〉），唯細審原拓殘字片語，實難斷定為三、四期甲骨。

⑫《竹書紀年》載殷武乙三十五年，「周王季伐西落鬼戎，俘二十翟王。」《史記・周本紀》謂「太王居邠，狄人侵之。」文獻稱鬼戎、翟、狄，皆是鬼方於周的別稱。說詳王國維〈鬼方、昆夷、獫狁考〉、拙稿《中山國古史・彝銘考》，台大中研所一九八四年碩士論文。

由小屯南地甲骨看殷代官制

　　殷商的官制，最早見載於《尚書・酒誥》。周成王敍述殷朝輔相的職官有：「越在內服，百僚、庶尹、惟亞、惟服、宗工，越百姓里居。……越尹人祗辟。……太史友、內史友，越獻臣百宗工。」周因於殷，其官制乃承殷遺制而加以擴充。《尚書・洛誥》：「監我士、師、工，誕保文武受民，亂爲四輔。」士，屬文官；師，屬武官。周朝官制當可以此二類粗分，其詳細官序則見於《尚書・立政》：「立政：任人、準夫、牧，作三事，虎賁、綴衣、趣馬、小尹，左右攜僕，百司庶府，大都、小伯、藝人、封臣、百司，太史、尹伯、庶常吉士，司徒、司馬、司空、亞旅。」在一九七三年安陽的小屯南地出土了四千多片甲骨卜辭，這批材料提供了大量殷代的官名，它不單印證了大部份《尚書・酒誥》所描述的殷官稱謂，更讓我們瞭解殷周間官制承襲的問題。

　　今謹就文官、武官二大類二十二小類，分述小屯南地甲骨所見的殷商官制如次。文官、武官的劃分只是因爲陳述的方便，事實上由辭例可見許多殷官是兼具文、武的職責。

　　文官：尹（多尹、三尹、右尹、小尹）、小臣（多臣、多臣人、
　　　　　小耤臣、小丘臣、小馬羌臣）、史（我史、王史、大史、
　　　　　西史、女史、婦史）、亞（多亞）、巫、卜（分左中右）、
　　　　　多奠、冊、工（多工、宗工、百工、我工、某地工）、
　　　　　牧（分左中右）、多田、春、宁。
　　武官：師（分左中右）、旅（分左中右）、戍（分左中右、族

戍、五族戍）、射（多射、六射）、犬（多犬）、衛、
馬（分左中右、多馬、族馬、三族馬）、馬其先（先馬）、
封人。

（一）尹

　　〈屯2342〉　口丑貞：王令𠂤尹口取祖乙，魚、伐，告于父丁、
　　　　　　　　小乙、祖丁、羌甲、祖辛？

　尹作𠂤，《說文》：「治也。」《尚書‧益稷》傳：「正也。」
尹爲治理國政之官，《詩經‧崧高》有尹吉甫，及周代諸官之長，
權極高。然而，卜辭中的尹官顯然還沒有一人之下的地位。《尚書
‧顧命》有百尹，傳：「百官之長。」相當於卜辭所習稱的「多尹」。
卜辭又有「右尹」、「三尹」、「小尹」，當爲尹官中的一種。

　　〈集23683〉　丙寅卜，大貞：重叶又保，自右尹？十二月。

　　〈集32865〉　癸亥貞：三尹即于西？

　　〈屯601〉　令小尹步？

　尹的職掌有：

　(1)傳達王令。

　　〈通▽3〉　戊子卜，㚔貞：王曰：余其曰：多尹其令二侯：
　　　　　　　上絲眔𠂤侯其囚周？

　(2)管理農耕。

　　〈丙71〉　囚令尹乍大田？

　　〈人3363〉　癸亥貞：王令多尹墾田于西，受禾？

　　〈集33209〉　癸亥貞：多尹弜乍，受禾？

　(3)主祭事。

　　〈甲751〉　囚元簋，重多尹饗？

　　〈集16220〉　囚尹屰，曹十宰？

(4)掌出使。

〈後下38.1〉　☐貞：「叀☐尹令从𦥑、蜀，叶 王事？」

(5)營建宮室

〈集32980〉　甲午貞：其令多尹乍王寢？

卜辭稱尹的，有：尹午〈甲3576〉、尹𢌲〈後下43.2〉、尹𢎥

〈掇2.29〉、尹司〈乙7900〉

㈡小臣

〈屯2744〉　☐呼小臣？大吉。

　　小臣作𦣎𦥑。古文獻亦多見小臣。《楚辭・天問》：「成湯東巡，有莘爰極，何乞彼小臣而吉妃是得。」王逸注：「小臣，謂伊尹也。」《墨子・尚同》：「昔者堯有舜，舜有禹，禹有臯陶，湯有小臣。」金文〈叔尸鎛〉亦謂：「伊少臣隹𣪘」。少臣，即小臣。此言伊尹輔佐成湯而號小臣，是知「小臣」非後世所指一般卑下的臣子。殷末吉金中有許多殷王賞賜小臣而鑄造的器皿，如：小臣邑斝、小臣𢧐卣、小臣舌鼎、小臣餘尊。《儀禮・大射禮》注：「小臣，師正之佐也。」卜辭中小臣執掌繁重，當是殷王室內朝舉足輕重的要職。小臣所司，主分八目：

(1)掌中室祭祀。

〈甲624〉　丁巳卜，叀小臣口以勾于中室？茲用。

(2)冊管卜事。

〈庫1634〉　☐卅屯。小臣𤔲。

〈集1823〉　小臣入二。

〈前7.7.2〉　☐乞自𠀳，卅屯。小臣中示。𤔲。

(3)掌殷王出入車馬、持革侍衛。

〈續3.32.4〉　戊戌卜，王其⿰言⿱馬⿰小臣⿰東⿱革囚？

〈菁1〉　甲午王往逐⿰象。小臣叶車馬硪馭。

(4)掌殷王出令。

〈前4.27.2〉　囚弜改其獲。小臣⿰令。王弗每？

〈粹1161〉　囚叀小臣牆令呼从受又？

(5)率眾農作。

〈前4.30.2〉　囚貞：叀小臣令眾黍？一月。

〈集13〉　囚小臣令囚黍囚？

(6)從殷王田狩、設阱。

〈甲1033〉　癸巳卜，貞：其令小臣麇囚？

(7)掌出使。

〈甲7830〉　庚午卜，王貞：「其呼小臣刺、从在⿱？」

(8)掌征伐。

〈粹1152〉　囚來告大方出伐我師。叀馬小臣囚？

〈簠征5〉　乙巳卜，爭貞：「呼多臣伐呂方，受囚？」

〈集36481〉　囚小臣牆比伐擒危美人二十人四囚？

《周禮》卷七述小臣職責正與卜辭相印證：「內小臣掌王右之命，正其服位。后出入則前驅。若有祭祀賓客喪紀則擯詔后之禮事，相九嬪之禮事，正內人之禮事，徹后之俎。后有好事于四方，則使往；有好令於卿大夫，則亦如之。掌王之陰事陰令。」是知《周禮》言小臣職司有八目：一掌王之私命；二掌正服；三掌出入爲前驅，統領車馬；四掌祭祀禮事；五掌宮廷禮事；六掌王之飲食；七掌出使；八掌代令公卿大夫。俱與甲骨卜辭所述相約。

卜辭復有「多臣」，或即眾小臣之合稱。主征伐。

〈集613〉　乙巳卜，爭貞：呼多臣伐呂方，受⿱囚？

〈集6834〉　翌乙丑多臣弗其戋缶？

多臣又从殷王田狩。「多臣」又稱「多臣人」。

〈集21532〉　癸亥子卜，多臣人呼田羌？

小臣中掌管農事耕作的，稱「小耤臣」。

〈集5603〉　己亥卜貞，令吳小耤臣？

管理山丘的，稱「小丘臣」。

〈集5602〉　囗小丘臣？

管理諸馬羌的，稱「小多馬羌臣」。

〈集5719〉　丁亥卜貞：重羽呼小多馬羌臣？十月。

卜辭中的小臣，主要出現在五期斷代的第一、三、五期中。第一期以小臣爲名的有叶〈菁1〉、𢆶〈集5576〉、妥〈集5578〉、鬼〈集5577〉、中〈前7.7.2〉、从〈南南2.29〉，屬於第三期的有：口〈南明760〉、盧〈南明760〉、刺〈甲624〉、牆〈粹1161〉、𣐈〈甲1267〉、宮〈甲3913〉、𡊍〈甲278〉、𥎦〈甲914〉，屬於第五期的有：𩰫〈林2.25.10〉、𦭂〈前2.2.6〉、吉〈前4.27.3〉、𩰫〈續3.32.4〉、𦧑〈前4.27.2〉。待考的有𣥑〈庫1634〉。

卜辭見小臣有孕生子，顯然小臣之官有屬女性。

〈集585〉　戊午卜，小臣嘉？十月。

〈屯附22〉　貞，小臣娩，嘉？

(三)史

〈屯2580〉　囗史其又于囗？吉。

〈屯2260〉　丁卯卜，貞：王其令𤔲登眾于北？

　　　　　己卯卜，貞：重大史？

　　　　　囗卯卜，貞：小史？

史作𠱢。《說文》：「記事者也。从又持中；中，正也。」史

官職責有四：一，掌管書冊，《周禮・天官・序官》：「史，掌書者之官。」二，掌管禮儀，《周禮・條狼氏》：「大史、小史，主禮事者。」三，主天文，《後漢明帝紀》注：「大史，掌天文之官也。」四，主祭祀，《後漢書・臧洪傳》注：「史者，祝史也。」殷代史官爲王朝所獨有，又稱「王史」。

　　〈甲427〉　　勞執呼歸克饗王史？

　　〈集20345〉　己未卜，王史出？

復稱「我史」。

　　〈集3481〉　癸未卜，㞢貞，寅尹保我史？

　　〈集6771〉　我史弗其伐方？

　　〈集6226〉　貞匄令我史步？

史官又有大，小之別。「小史」見於南地甲骨，屬第四期卜辭。史官復有西史〈集5636〉、女史〈集2397〉、婦史〈集21975〉諸專稱。殷史官的職司有：

　(1)徵召人民。

　　〈林2.11.16〉　辛亥卜，爭貞：登眾人立大史于西奠　玫☒月。

　(2)主祭事。

　　〈六中248〉　☒卜，出貞：大史其酹☒告于血室。十月。

　　〈集30884〉　于伴史酹，王受有祐？

　(3)冊書史事。

　　〈鄴1.33.5〉　☒呼鳴从　。史　。

　(4)主出巡。

　　〈集20345〉　己未卜，王史出？

　　〈集9465〉　☒呂方☒史步？

　卜辭引錄史官的名稱有：史　〈存1.1108〉、史　〈明984〉、史

品〈鄴1.33.5〉、史旨〈集5637〉、史 ⺕〈集20228〉、史 卓〈集16131〉、史春〈集17078〉、史旅〈集20088〉、史 ♈〈集24432〉。

(四)亞

　　〈屯2174〉　多亞柰？

　　〈屯340〉　丙寅口：叀亞 ⿱虫 以人　？

　　亞作 ✛，象墓室形。由亞字與鬼、祝、宗、奠等連言可證。今考古挖掘的殷周墓室，都屬亞形。

　　〈合206〉　屮干亞？

　　〈前4.18.3〉　囚貞:亞多鬼夢亡疾？四月

　　〈集13597〉　翌乙屮于亞？

　　〈乙8723〉　囚祝亞三 ⿰禾卜 殻？

　　〈後下27.1〉　其乍亞宗？

　　〈南明443〉　丙戌卜，戊亞其陵其豐？

卜辭又言「某先祖亞」，即指祭祀于某先祖墓室的意思。

　　〈文312〉　甲午卜，王馬 ⿰⿱屮⿱黑 其邲于父甲亞？

　　〈屯2775〉　孱亞于父？

字引申爲官名，掌管諸王墓室，並主祭獻鬼神。《儀禮‧特牲饋食禮》：「亞獻尸。」卜辭復有「多亞」之官，主墓室祭奠；見〈屯2174〉。

　　〈寧2.16〉　庚辰卜，令多亞 ⿰弓犬 ？

　　〈集30296〉　丁丑卜，其祝王，入于多亞？

　　〈甲2464〉　乙巳卜，尤貞：亞旁以羌其邲？用。

卜辭復見殷王令亞官統率眾人出巡、田狩。

　　〈集35〉　丁未卜貞：叀亞以眾人步？二月。

　　〈集29374〉　叀亞田省？

甲骨文引錄亞官的名稱有：亞 各〈粹1178〉、亞雀〈乙3478〉、亞 舟〈甲3913〉、亞般〈鄴3.44.4〉、亞旁〈甲2464〉、亞束〈集22130〉、亞 妹〈集5682〉。

(五)巫

　　〈屯4566〉　癸酉，巫帝在 分 ？

　　巫字作 十。《說文》：「巫祝也。女能事無形，以舞降神者也。象人兩褎舞形。」玄應《一切經音義》卷三：「事鬼神曰巫。」《公羊傳》隱公四年注：「巫者，鬼神禱解以治病請福者也。男曰覡，女曰巫。」《左傳》僖公廿一年：「巫，主祈禱請雨者。」巫官的職司主要是人神間的橋樑，透過巫官的禱告，俾使上蒼能夠瞭解下民所需，降福澤以去不祥。所謂：「國之大事，在祀與戎。」殷人尙鬼神，巫官在殷代社會地位甚高。卜辭中，巫官主要的職司是行禘祭鬼神，祈求豐年。

　　〈寧1.26〉　庚戌卜，巫帝一羊一豕。

祈求的對象爲鬼神河岳，目的是止息風暴和降雨。

　　〈京2926〉　癸巳☑巫寧☑土、河、岳☑？

　　〈後下42.4〉　癸酉卜，巫寧風？

　　〈集34138〉　辛酉卜，寧風巫九豕？

　　〈外410〉　☑出☑巫不☑大雨？

卜辭中所見巫官的名稱均从女旁，如：巫 妹〈鄴1.38.6〉，巫妹〈拾11.11〉、巫 妟〈集5650〉、巫 舞〈集21568〉；或皆屬女性，與文獻言「女曰巫」相互吻合。

(六)卜

　　〈屯930〉　☑入商，左卜 見 曰：「弜入商。」

　　卜作 卜。《說文》：「灼剝龜也。象灸龜之形；一曰象龜兆之

縱衡也。」《禮記・檀弓》上有卜人，掌龜卜。《左傳》閔公元年有卜偃。殷商軍旅多爲左中右的編制，卜官亦有左中右之別。〈屯930〉的「左卜[illegible]」即謂左卜官名[illegible]；又稱卜[illegible]。〈前8.14.2〉：「丁丑卜，王貞：令[illegible][illegible][illegible]于卜[illegible]，叶朕事？」一辭可證。

殷卜官隨殷王師旅出入，占問此行征戰的吉凶。置於左軍者爲左卜之官；列於右軍者爲右卜之官。如〈集28974〉：「右卜。」卜辭復有「王旗卜」的例子。王居中軍，「王旗卜」當屬中卜。中卜之官有由殷王自任，王親自卜問是役戰果，稱之爲「自卜」。

〈存1.1644〉　甲子卜，王旗卜？茲用。日旗。

〈前5.5.7〉　甲子卜,王旗卜,大旗？

〈粹1211〉　戊子卜，王在自彭卜。

〈存1.1594〉　丁丑王卜曰：隹余其亡征？

〈集39416〉　己未王卜。

〈粹1253〉　☐其自卜，又來禍？

殷卜官名有卜[illegible]〈屯930〉、卜[illegible]〈人2529〉、卜邻〈合470〉、卜戌〈合470〉、卜[illegible]〈乙9086〉、卜[illegible]〈乙9086〉、卜子〈粹1255〉、卜巫〈天52〉。

㈦多奠

〈屯2933〉　甲子貞：令多奠☐衛☐？

多奠作[illegible][illegible]。《說文》：「奠，酒器也。周禮六奠，以待祭祀賓客之禮。」《周禮・牛人》：「喪所薦饋曰奠。」奠引申爲主祭祀、主喪禮之官。卜辭中多奠主司登獻犧牲、舞祭迎送鬼神的儀式。

〈乙4973〉　☐貞：勿呼登牛多奠？

〈合282〉　癸酉卜，㱿貞：令多奠依舞[illegible]？

〈集11177〉　丙午卜，賓貞：呼省牛于多奠？

〈集110〉　奠入十。

〈集151〉　奠入二。

〈集5096〉　奠入廾。

(八)冊

〈屯2768〉　冊入。

冊作卌。《說文》：「符命也。諸侯進受於王者也。」《廣雅·釋詁》四：「書也。」冊，或即作冊之官，管理殷王書文及諸侯進策。晚殷金文有乍冊般鷹、乍冊豐鼎。「冊入」多刻於龜版的右甲尾，作為冊官整理外邦來貢龜甲的記錄。

〈南259〉　☒卜爭☒冊☒呼☒入。

〈甲3868〉　己卯☒曹入☒。

〈集9357〉　冊入。

唯細考幾十萬片卜辭中迄今並未見冊官之名，卜辭又多「冊用」、「冊至」、「冊祝」等複合動詞的用法，此「冊入」的冊仍可能作動詞用，有登錄意。詞簡仍未審。〈集5658〉：「乍冊西。」西字他辭並無用作人名例，於此仍宜釋為方向。唯殷金文中已有冊官，姑置此以存疑。

(九)工

〈屯2148〉　弜乎帚𡥔工，其乍尤？

　　　　　　☒帚𡥔工于雍己☒？

工作𢀜。《考工記》總目：「審曲面埶以飭五材，以辨民器，謂之百工。」百工之官，屬於低級官吏，令彝：「舍三事令，眔卿、𡩜寮，眔諸尹，眔里君，眔百工。」百工名列諸官之後，當為基層

官員。卜辭習稱「多工」，有直屬於殷王，又稱「我工」。

　　〈集32976〉　己酉貞：王其令火☒我工？

又作「宗工」；或示殷宗廟中的工官。

　　〈集19〉　　☒戌卜，☒登眾☒宗工？

　　〈集20〉　　庚☒貞：登☒宗工？

地方亦有工，如「東單工」、「北工」。

　　〈屯4325〉　☒東單工？

　　〈集7294〉　貞：令在北工登人？

卜辭見殷王曾貞問工官的吉凶。〈粹1284〉：「甲寅卜，事貞：多工亡尤？」多工，或又稱「百工」；始見於小屯南地甲骨。

　　〈屯2525〉　癸未卜：又☒百工？

工官有協助整理外邦貢物。

　　〈天42〉　丁巳祝示五屯。工　。

又見工官進貢羌人。

　　〈集230〉　　☒亥工來羌？

殷王室有工官，附庸諸侯亦有工官一職。由卜辭見殷王曾徵召諸侯的工官助狩。

　　〈甲1167〉　庚寅卜，爭貞：令☒眔☒工圍，㞢禽？

卜辭引錄殷工官名的有工☒〈天42〉。此外，☒、☒、自、光、犬征等皆屬武丁時管理百工的官員。

　　〈集5628〉　壬辰卜貞：叀☒令司工☒？

　　〈集4089〉　貞：☒亡其工？

　　〈集4246〉　貞：自亡其工？

　　〈集4484〉　貞：光其工？

　　〈集4632〉　己巳卜，㱿貞：犬征其工？

㈩牧

〈屯2320〉　甲辰卜，在屮，牧征徵又☒邑☒？在盡。弘吉。
　　　　　　癸酉卜，戍伐。右牧🦴戕人方，戍又找？弘吉。

牧作🦴。《說文》：「養牛人也。」《詩經·靜女》傳：「牧，田官也。」由〈屯2320〉言右牧，是知牧官當亦有左、中、右之分。牧官職司有四：

(1)開墾外邦土地。

卜辭言「牧啓某方」、「牧啓某邑」；見〈屯2320〉。啓即田啓，有開墾外邦侵地，拓展邊田的意思。

〈人280〉　甲午卜，翌☒弜田啓，允啓，不往？

〈屯2320〉戍征、牧啓同辭。前者主司帶兵作戰，戍守邊域；後者主司開墾屯地，放牧生畜。此見殷人拓邊的方式是先由戍官攻佔土地，繼而由牧官開發，鞏固邊疆。

(2)放牧種植。

〈存1.775〉　☒呼牧于朕鶭☒？

(3)負責入貢。

〈集243〉　貞：牧來羌，用于☒？

〈集281〉　庚子卜貞：牧以羌，延于丁☒用。

〈乙7191〉　牧入十，在鮫。

(4)圍捕人牲。

〈英598〉　牧獲羌？

〈遺758〉　甲戍卜，賓貞：在易，牧獲羌？

卜辭中牧官的名稱有：牧🦴〈屯2320〉、牧征〈屯2320〉。

㈪多田

〈屯1460〉　☒王叀多田☒？

多田，作𤰝田，相當文獻的甸人。《左傳》成公十年杜注：「甸人，主爲公田者。」《儀禮・士喪禮》：「甸人，有司主田野者。」多田之官，掌管殷王田地，殷王嘗代其卜問吉凶。〈京4563〉：「多田亡𢦧？」多田亦隨王征伐外邦；與多伯連用。

〈甲2395〉　☒成王卜貞：「今𦂥巫九𦥑☒从多田于多伯征盂☒𢦧🄲告于茲大邑☒？」

〈集27893〉　☒以多田伐有封，迺☒。

㈩舂

〈屯880〉　王其呼眔舂戍受人，重🄰土人眔𠂤人，又𢦧？大吉。

舂作👆，《說文》：「擣粟也。从廾持杵以臨臼。」《後漢明帝紀》注：「舂者，婦人犯罪，不任軍役之事，但令舂以食徒者。」卜辭中的「眔舂」，相當於《周禮》的舂人；掌管米糧之官。

〈集9336〉　舂入☒。

〈集26898〉　𢐡祀，眔戍舂受人，亡𢦧？

〈集26898〉　王其呼眔戍舂受人，重🄰土人眔祀人，有𢦧？

㈪宁

〈屯2438〉　丁未卜：令宁豆𦥑𣥏或？

宁，作𡆥。《說文》：「辨積物也。」宁、貯乃古今字。卜辭習言「多宁」，乃負責祭祀之官；屬文職一類。

〈屯2567〉　壬申貞：多宁以鬯𥎋于丁，卯重□□？

丁亥貞：多宁以鬯又伊尹🄲示？茲用。

〈屯2567〉　癸酉貞：乙亥酓，多宁以鬯☒于大乙☒？

〈佚415〉　　癸丑貞：多宁其征又 ⺈ 歲于父丁？

宁官除主祭先公先臣外，有負責整理貢物、儲存龜甲的工作。

〈集6647〉　宁入。

〈南坊3.19〉　宁 ⚞ 入。

〈京189〉　☒宁 ☒ 入。

卜辭中宁官的名稱，有：宁豆〈續5.24.5〉、宁 ⚞ 〈南坊3.19〉、宁 ☒ 〈京189〉、宁 ⏚ 〈前4.33.7〉。

以上殷官十三類，統皆文職。

(凷) 𠂤

〈屯340〉　重 𠂤 般以人？

𠂤作　　，即師字。《說文》：「二千五百人爲師。」《公羊傳》隱公五年注：「天子六師，方伯二師，諸侯一師。」此乃秦漢的觀念，殷代師官統率人數若干迄今不可考，但相信是以百人爲單位。〈乙751〉：「登射三百。」〈前3.31. 2〉：「左右中人三百。」〈粹1150〉：「眔一百。」左右中的眔人是以一百人作爲編制單位，師旅成員主要是眔，當亦以百人爲基本單位。卜辭統稱「𠂤人」，其官長曰：「𠂤某」，如：𠂤 ☒ 〈後下14.18〉、𠂤 ☒ 〈乙3522〉、𠂤貯〈掇2.78〉、𠂤般〈集2537〉、𠂤 ☒ 〈續5.4.3〉等。師分左右中三師，與旅、戍組織相同；師官可能各自分率一師。《尚書‧洪範》鄭注：「師，掌軍旅之官。」

〈粹597〉　丁酉貞：王作三𠂤：左、中、右。

師官的職司有：

(1)主征伐外邦。

〈金410〉　☒貞：重 𠂤 般呼伐☒？

〈撝續1.47〉　☒貞：勿令 𠂤 般取☒于彭、龍？

〈金596〉　丁巳卜𣪊貞：自獲羌？

(2)協助殷王狩獵。

〈外107〉　戊寅卜𣪊貞：勿呼自般从𡧃？

(3)協助農耕。

〈佚615〉　丁未卜，王勿令自禾，朕邗？四月。

(4)協辦王事。

〈集5468〉　癸酉卜𡆥貞：自般叶王事？

(5)代殷王出巡邊地或出使。

〈集5566〉　癸酉卜，𡆥貞：令自般涉于河東？

〈懷956〉　丁巳卜𣪊貞：呼自般往于長？

(6)捍衛殷土。

〈前4.31.5〉　癸丑卜𣪊貞：自往衛，亡禍？

殷王有親率師旅征伐，稱「朕自」。

〈遺392〉　壬辰☒文☒朕自☒征☒？

又稱「我自」，即我師。

〈集27882〉　☒來告大方出伐我自，叀馬小臣☒？

又稱「王自」，或即「中師」。

〈集7354〉　☒巳卜，𣪊貞：王自于曾？七月。

諸侯附庸亦有軍隊稱師，如：𠷎侯自、雀自、犬自、𣲖自、缶自、吳自，殷王有權隨時徵召使用。

〈南坊3.87〉　☒貞：令𠷎侯自☒？

〈鐵226.1〉　戊子卜，令發往雀自☒？

〈金374〉　庚戌卜，王其从犬自，叀辛亡𢦔？

〈前6.55.7〉　☒卜亘貞：呼登𣲖自？

〈寧3.138〉　☒屮令☒缶自☒？

〈集5811〉　☒午卜，賓貞：呼涉吳自？

㈓旅

〈屯2701〉　癸酉卜，旅从🔲方于🔲？

旅作🔲。《周禮‧小司徒》：「五人爲伍，五伍爲兩，四兩爲卒，五卒爲旅，五旅爲師，五師爲軍。」《說文》：「旅，軍之五百人。」一旅比一師人數少，旅官職權當亦小於師官。《禮記‧檀弓》上注：「旅，下士也。」《周禮‧宰夫》：「旅，掌官常以治數。」小屯南地甲骨見左、右旅，是知旅亦有左右中之分。

〈屯2328〉　翌日，王其令右旅🔲左旅🔲見方，戋？不🔲眾。

〈屯2350〉　🔲王其以眾合右旅囗囗旅🔲于隹，戋？在🔲。吉。卜辭復有「王旅」，相當於「中旅」。《左傳》成公十六年：「楚之良在其中軍王旅而已。」

〈鐵90.1〉　🔲卜，王旅🔲？
又稱「我旅」。

〈集1027〉　己未卜，㱿貞，缶其🔲我旅？
由〈屯2350〉言殷王以眾結集於右旅及左旅，又從〈屯2328〉的左、右旅分兵攻伐見方，卜問應否置眾增援，可以推知旅乃軍制單位，其成員爲眾。旅官主司用兵。

〈庫310〉　辛巳卜貞：登婦好三千，登旅萬，呼伐🔲？

〈集20088〉　庚申卜，王，叀余令伯🔲史旅？

此爲第一期武丁骨版。伯🔲史或爲旅官，受殷王令統率旅眾。然則，統轄旅眾者有爲史官兼任。

〈懷1640〉　庚寅貞：敦缶于蜀，戋右旅？

此言右旅，詞簡未審所指爲殷師右旅，抑或敦伐對象缶族的右旅。如屬後者，則於殷商之際，外族已同樣具有三旅的軍備。

㈔戍

〈屯2651〉　戊辰卜：戍執圍殺方，不往？

戍作 🈂️。《說文》：「守邊也。」《史記・陳涉世家》索隱：
「戍者，屯兵而守也。」戍是鎮守邊疆的武官，其下亦編列左右中
三支，分別統率眾人作戰。

〈屯2320〉　中戍有𢦔？

左戍有𢦔？

〈屯2320〉　癸酉卜，戍伐，又牧🈂️𢦔人方，戍又𢦔？弘吉。

右戍不雉眾？

中戍不雉眾？吉。

左戍不雉眾？吉。

此屬第三期卜辭。雉，置也，陳也；此卜問三戍是否需要列陣殺敵。
殷復有「五族戍」之官，或爲邊域諸戍之長，掌管殷王直屬的王眾。
「五族戍」有戍官五名，🈂️、🈂️、🈂️、🈂️四人曾執掌其職。

〈鄴3.39.10〉　☑丑卜，五族戍弗雉王眾？

〈鄴3.38.2〉　戍🈂️弗雉王眾？

戍□弗雉王眾？

戍🈂️弗雉王眾？

戍🈂️弗雉王眾？

戍🈂️弗雉王眾？

五族其雉王眾？

戍官守邊，主司討伐外患，捍衛邊土。

〈屯728〉　🈂️呼戍衛，其悔？

〈屯728〉　王其呼戍徝衛，弗悔？

〈甲807〉　☑戍及馭方，𢦔？

〈京4371〉　☑戍厶伐，又𢦔？

〈屯942〉　王叀戍🈂️令从☑？

〈屯2651〉　戊辰卜，戍執圍殺方，不往？

復見戍官舞祭以求雨。

〈集30028〉　重戍呼舞，有大雨？

卜辭引錄戍官的名稱有：一期的征〈甲3510〉、☒〈集6〉，三期的☒〈屯942〉、☒〈屯2185〉、多〈屯2367〉、執〈屯2651〉、☒、☒、☒、☒〈鄴3.38.2〉、永〈屯1008〉、岳〈屯3107〉、☒〈甲522〉、再〈誠474〉、☒〈後下22.16〉、厶〈京4371〉。

(七)射

〈屯7〉　☒多射☒馬☒于☒？

多射作☒、☒，〈屯2417〉又首見「六射」之官，相當《儀禮・大射儀》的射人，屬武官，主箭射。射以百人爲單位。〈集5760〉：「丙午卜，永貞：登射百，令☒☒？」卜辭習用「三百射」，或亦分左中右三組。

〈集24391〉　癸未卜，王曰貞：有兇在行，其左射☒？

〈乙751〉　☒登射三百。

〈乙7661〉　☒勿令☒以三百射？

〈丙76〉　癸卯卜爭貞：王令三百射☒？

射官職司征戰。

〈甲1167〉　癸酉卜爭貞：令多射衛☒？

〈續3.43.3〉　乙酉卜☒貞：射☒獲羌？

〈京1275〉　貞：射伐羌？

射的部眾或稱「戈人」。

〈英2416〉　重戈人射？

〈集33002〉　重戈人射？

有由馬官統領諸射。

〈集33995〉　壬申卜，令馬即射？

卜辭中的射官有第一期的 ※〈集5749〉、吳〈集5763〉、先〈集5767〉、※〈集5766〉、宁〈懷962〉、倗〈集13〉，第四期的 ※〈集32022〉，※〈英528〉。

㈥犬

〈屯2329〉　丁未卜，翌日戊，王其田□，重犬言从，亡哉？
擒。吉。

　　　重 ※，犬 ※ 从，亡戋？擒。弘吉。

犬作 ※，《周禮・秋官・序官》有犬人，或相當於司寇之官。《周禮・小宗伯》注：「司寇主犬。」卜辭習稱「多犬」。犬官的職司：

(1)助殷征伐。

〈集6946〉　貞：犬追亘，虫及？

〈續2.24.1〉　囗貞：多犬及異、長囗？

(2)捍衛殷地。

〈集5665〉　己酉卜，亘貞：呼多犬衛？

〈集5048〉　己巳卜，王，呼犬捍我？

(3)隨殷王田狩。

〈卜52〉　囗戊卜貞：令犬从田于京？

〈乙5329〉　壬戌卜𣪘貞：呼多犬网麀于 ※？八月。

〈集27919〉　乙未卜，在盂，犬告有鹿？

(4)祭祀鬼神。

〈集32030〉　辛亥卜，犬从以羌一，用于大甲？

(5)管理來貢甲骨。

〈集17599〉　囗二十屯，※ 示。犬。

卜辭引錄的犬官，有：第一期的犬从〈屯1009〉，第三期的犬言、

犬 🖾〈屯2329〉、犬口〈集28316〉、犬光〈寧1.396〉。

㈨衛

　　〈屯4521〉　☒衛來？

　　衛作🖾。《說文》：「宿衛也。」《左傳》文公七年服注：「衛，從兵也。」衛爲殷王近身的侍衛武官，又稱「王衛」。

　　〈乙7479〉　☒亘貞：☒王衛。

衛官亦主司征伐，乃隨殷王出征。

　　〈佚148〉　壬☒內貞：☒衛其☒來圍我于茲🖾？

　　〈續5.15.9〉　☒貞：呼衛从🖾北？

　　衛亦有成於京畿以外，殷王有事則「呼入」。

　　〈集28012〉　王其呼衛于🖾，方出于之，有🖾？

衛衆間有負責墾田。

　　〈集20741〉　丁面卜，扶，衛田？九月。

　　〈集9614〉　癸酉卜，🖾貞：勿衛年？

㈩多馬

　　〈屯4029〉　☒多馬☒弜令☒衆☒？

　　多馬，作🖾，相當於文獻的司馬。《儀禮・大射禮》注：「司馬，於天子政官之卿。」又：「司馬，師正之佐也。」多馬，屬武官，協助殷王征伐外邦。

　　〈集32994〉　「丙申卜，王令遘以多馬？」

　　〈集27943〉　「甲辰☒多馬☒衛比☒？」

　　〈集7350〉　甲午卜，亘貞：登馬呼🖾☒？

昇平時復助殷王田狩。

〈丙76〉　　囗呼多馬逐麐，獲？

〈粹943〉　　囗叀多馬呼射，禽？

〈屯693〉　　囗卜，其呼射豕，叀多馬？吉。

馬的編制亦分左右中三部，每部百人。

〈集5823〉　　丙申卜貞：肇馬左右中人三百？六月。

(三)馬其先

〈屯8〉　　馬其先，王其每，雨？

　　　　　馬叀翌日丁先，戊，王兌从，不雨？

　　馬其先，作𤰇，即部隊先行，屬於先鋒、探子一類武官，或爲「多馬」一支，又作「其先馬」。《後漢書・劉寬傳》注：「先馬，導馬也。」《漢書・百官公卿表》上注引如淳：「先馬，前馬也。」

〈粹1154〉　　戊申卜，馬其先，王兌从囗？

馬其先復爲殷王田狩的先導。

〈京4471〉　　庚午卜，貞：翌日辛王其田，馬其先擒，不雨？

〈拾6.5〉　　其先馬，不遘雨？

〈屯8〉　　馬弜先，王其每，雨？

(三)封人

〈屯2964〉　　囗叀射囗封人囗？

〈屯3398〉　　囗畜封人？

　　封人，作𡉚，或即守邊之人，相當於《左傳》的封人。《周禮・地官》：「聚土曰封。」《左傳》隱公六年：「潁考叔爲潁谷封人。」杜注：「封人，典封疆者。」封人乃鎮守邊邑的長官，掌

管疆界。

以上殷官九類，統皆武職。

　　上述殷卜辭中職名並行排列的例子非常多，一般是同類並排的，如：戍自、戍射、戍馬、戍衛、馬衛、多馬衛、多犬衛、射衛、多射衛等皆屬武官並列形式，尹工、祝工、亞臣、田亞、宁史等皆屬文官並列形式，復有文、武官名並列的變列，如先武後文排列的犬亞、馬亞、多馬亞、衛祝、馬小臣；先文後武排列的工衛、亞走馬、春戍等是。卜辭亦見三職官並排，如：犬祝亞、射佣衛、衛射亞是。殷職官的排列次序，似乎並沒有主從尊卑之分別，由射衛，又倒作衛射可證。由文武官的前後疊用，顯見職名並行之間亦沒有任何特殊的關連。

　　卜辭中屢見「多某官」例，如多亞、多尹、多臣、多田、多犬、多馬、多奠、多工、多射，推知「多某官」屬於一種官職的單位，其中成員不只一人，如多尹中有右尹、有三尹、有小尹是。「多某官」亦有由二單位並列的例子，如多馬衛、多射衛、多犬衛、多馬亞、多田亞。此外，卜、牧、自、旅、戍、馬諸官在對外征戰時皆區分為左中右三部，可見殷官職的性質多分別自成一小集團，隸屬殷王，掌管殷人對外、對內的不同事務。

小屯南地甲骨釋文正補

　　一九七二年十二月下旬，河南安陽小屯村村南公路旁發現了若干卜骨。一九七三年三月下旬至十二月初，安陽考古發掘隊便進行了兩次大規模的探方工作，在村南發現了大批甲骨；這是近年來甲骨出土量最多的一次。

　　根據中國社會科學院考古所在一九七九年三月編錄的《小屯南地甲骨》，統計刻辭甲骨的總數共五〇四一片：其中卜甲七〇片，卜骨四九五九片，牛肋條四片，未加工的骨料八片。後經綴合整理，得四五八九片；書末附錄有一九七一年多小屯西地出土的卜骨和一九七五至一九七七年在小屯村繼續搜集的甲骨二三片。總數達四六一二片。

　　一九八三年十月，考古所出版了《小屯南地甲骨》釋文。釋文平實可信，唯處理若干斷片殘文的釋讀稍嫌保守，未能充份依據辭例筆勢一一補足。今特檢讀拓本一遍，徵諸他辭，補列甲骨二二九片釋文如下。冀使原釋文能夠達致盡善，還洹水甲骨的本來面目，使學者有可用可靠的一手材料，亦聊盡研契者之責而已！

凡例

(一)、本文編目號碼與原釋文同。

(二)、本文體例：先錄原釋，繼列筆者今正，末或附按語加以申論。佐證辭例多引《屯南》為主，曰：圖某作某。《屯南》無證，

則兼采他書卜辭。

(三)、正補引用書目簡稱表。

1. 佚　《殷契佚存》　　　　　　　　　　　　　商承祚
2. 南明　《戰後南北所見甲骨錄》　　　　　　　胡厚宣
3. 人　《京都大學人文科學研究所藏甲骨文字》　貝塚茂樹
4. 甲　《殷墟文字甲編》　　　　　　　　　　　董作賓
5. 粹　《殷契粹編》　　　　　　　　　　　　　郭沫若
6. 海　《海外甲骨錄遺》　　　　　　　　　　　饒宗頤
7. 前　《殷虛書契前編》　　　　　　　　　　　羅振玉
8. 金　《金璋所藏甲骨卜辭》　　　　　　　　　方法斂
9. 存　《甲骨續存》　　　　　　　　　　　　　胡厚宣
10. 鐵　《鐵雲藏龜》　　　　　　　　　　　　　劉　鶚
11. 丙　《殷虛文字丙編》　　　　　　　　　　　張秉權
12. 菁　《殷虛書契菁華》　　　　　　　　　　　羅振玉
13. 合　《殷契文字綴合》　　　　　　　　　　　郭若愚
14. 文　《甲骨文錄》　　　　　　　　　　　　　孫海波
15. 乙　《殷虛文字乙編》　　　　　　　　　　　董作賓
16. 京　《戰後京津新獲甲骨集》　　　　　　　　胡厚宣
17. 通　《卜辭通纂》　　　　　　　　　　　　　郭沫若
18. 南誠　《戰後南北所見甲骨錄》　　　　　　　胡厚宣
19. 庫　《庫方二氏藏甲骨卜辭》　　　　　　　　方法斂
20. 寧　《戰後寧滬新獲甲骨集》　　　　　　　　胡厚宣
21. 鄴　《鄴中片羽》　　　　　　　　　　　　　黃　濬
22. 明　《殷虛卜辭》　　　　　　　　　　　　　明義士
23. 續　《殷虛書契續編》　　　　　　　　　　　羅振玉
24. 掇　《殷契拾綴》　　　　　　　　　　　　　郭若愚

25. 撴續　《殷契撴佚續編》　　　　　　　　　　李亞農
26. 集　　《甲骨文合集》　　　　　　　　　　　郭沫若

(四)、□　表示卜辭間殘缺一字。

　　　☑　表示卜辭間殘缺字若干。

(五)、正補草於1985年年底，復定稿於1986年3月。稿成，乃見1985
　　年8月姚孝遂、蕭丁二先生合編的《小屯南地甲骨考釋》一
　　書，由中華書局出版。唯該釋文所考定文字與原釋文及本正
　　補互有出入者不少，見仁見智，本稿似乎仍有參考的價值，
　　故不復修訂，景印行世。一得之愚，就正於學者方家。覽者
　　排比三篇釋文，核諸原片，當能董理《屯南》釋文的眞面目。

正補

16　原釋：重❈祝？

　　今正：重❈祝？

　　　按：第二字作❈，即❈，隸作盥。置龜於皿中，以祭祀先
　　　　　祖。《佚233》：「庚子貞：告壴于大乙六牛，重盥
　　　　　祝？」《南明534》：「重盥祝？」

20　原釋：☑王受又？

　　今正：（貞）：王受又？

　　　按：王受又，即王受祐。此爲卜辭常見辭例。

27　原釋：乙☑酚☑小乙☑日☑？

　　今正：乙☑酚☑小乙☑日又☑？

　　　按：句末缺文或爲十日又一，十日又二等辭例。

34　原釋：☑（散）又歲于祖乙，茲用，乙□？

今正：☒（祭）（戠）又歲于祖乙，茲用？

乙丑☒？

按：戠，从言戈，示發號出兵也。《說文》古文信作 ⚏，
可證字從言省。朱駿聲《說文通訓定聲》143頁：「
戠，兵也。」征伐卜辭中多見大軍出發前，殷王賓祭
先祖，求此行征戰無禍。卜辭有言「祭戠」。圖174：
「☒申卜，祖辛祭有戠☒牛，茲用？祭戠？」《集
23000》：「☒祖辛祭戠牛，亡尤？」本版中另一辭
謂：「☒（祭）戠又歲于祖辛，茲☒？」亦可以互較。

38　原釋：丙子貞：令□ ⚏ 召方幸？

今正：丙子貞：令比率召方幸？

按：⚏，或釋比，或釋從。从二人緊密相隨。《說文》：
「比，密也。」段玉裁注：「其本義謂相親密也。餘
義：偏也，及也，次也，校也，例也，類也，頻也，
擇善而從之也，阿黨也。」卜辭中「令比」、「令某
比」辭例習見。如：

《集3310》　貞：叀☒令比亞侯？

《集5450》　貞：叀☒尹令比 ⚏ 蜀協王事？

96　原釋：☒雨？

今正：☒貞：雨？

按：《集250》：「戊寅卜，爭貞：雨其 ⚏？」《集11865
》：「貞：其雨？」《集12887》：「貞：不雨？」
諸例卜雨句型皆同。

102　原釋：☒尹 ⚏ 田于☒？

今正：☒尹 ⚏ 田于（京）？

按：京，或釋亭，象高台。《詩·定之方中》：「景山與

京。」屈萬里《詩經釋義》：「京，高丘也。」卜辭習言「阝京」、「殷京」、「𠂤京」，乃指諸地之高台，用作祭神地或田狩休憩處。字在此辭中作專有名詞，屬耕地名。又見《人2363》：「乙丑貞：王令𢀜田于京？」

106　原釋：叀□□從，亡𢦏？

今正：叀（鄉）□從，亡𢦏？

按：鄉，象二人圍𠿠而食，即饗字。眔獻食於神曰饗，意與即字同。卜辭多言殷王親饗於神祇。《集31040》：「甲戌貞：叀鄉？吉。」

197　原釋：庚☒舞☒？

今正：庚（子）☒舞☒？

按：同版亦見「庚子卜」辭例。

202　原釋：其尞于☒牛，雨？

今正：其尞于☒（二）牛，雨？

220　原釋：癸巳卜：又羌一牛？茲用。

　　　叀枚☒？

今正：癸巳卜：又羌甲一牛？茲用。

　　　叀枚舟？

按：羌甲，即殷先王沃甲。又羌甲，意謂求祐於祖先羌甲，例見《甲583》：「☒己卜，又☒羌甲一牛？茲用。」枚，又作　　，卜辭借爲外族名；又習言「枚舟」，或指外族之舟，或讀如「微舟」，閉舟而行也。《粹1060》：「癸巳卜，复枚舟？」《戩4.7》：「弜从枚舟？」

223　原釋：庚戌貞：㘱以☒？

今正：庚戌貞：🔲以（牛）☒？

　　按：以，《說文》：「用也。」卜辭有用牲祭祀意。圖9：
　　　　「己酉貞：🔲以牛，其用自上甲三牢，盥？」

231　原釋：庚戌卜：叀今夕☒？

今正：庚戌卜：叀今夕㞢🔲亡☒？

　　按：㞢，讀如有、侑。《集16955》：「己亥貞：夕㞢🔲？」
　　　　《集1375》：「今日㞢于成，三犾？」

243　原釋：壬辰🔲：🔲令☒？

今正：壬辰🔲：🔲令🔲馬☒？

　　按：馬，卜辭有用爲方國名，後淪爲殷附庸，助殷征伐。
　　　　《集7480》：「貞：勿令多馬☒？」《集5711》：「
　　　　貞：令多馬圍于北？」圖243：「壬辰，令馬？」

247　原釋：（1）丁酉🔲：王🔲🔲🔲？

今正：（1）丁酉🔲：王☒？

　　　　（2）丙☒？

257　原釋：庚申卜：王其🔲，叀翊日辛？

今正：庚申卜：王其屯，叀翊日辛？

　　按：🔲，即🔲，隸作屯，乃迍字省，或作迍，有巡行的意
　　　　思。49圖作🔲。翊，即翌字。《集13604》：「貞：
　　　　祖乙若，王不屯？」《前2.20.5》：「甲午卜，翌日
　　　　乙王其迍于向，亡戋？」

260　原釋：☒來丁卯☒勹牛尊☒？

今正：☒來丁卯☒勹牛奠☒？

　　按：🔲，从双手，隸作奠；象獻酒以祭。《說文》：「酒
　　　　器也。从酋，廾以奉之。」《周禮·六奠》：「犧尊，
　　　　象尊，箸尊，壺尊、大尊、山尊，以待祭祀、賓客之

禮。」卜辭用本義，乃祭儀。勹，即鬣黑字。

263　原釋：☒秋僖☒？

　　今正：☒（告）秋僖☒？

　　　按：卜辭習言「告秋」例。《粹2》：「☒戌貞：告秋僖
　　　　　于高祖夒？」《集33226》：「壬戌貞：告秋僖于高
　　　　　☒？」圖1095：「☒貞：其告秋于上甲？」

272　原釋：弜☒其每？

　　今正：弜（轟）☒其每？

　　　按：轟，又作遘。《說文》：「遇也。」又即覯字，《爾
　　　　　雅·釋詁》：「見也。」卜辭習言「轟雨」。每，讀
　　　　　如坶，牧也；卜辭多曰：「田其每」，即養牲於野田。
　　　　　《集28680》：「壬王弜田其每，其轟大雨？」

354　原釋：☒今日上甲☒大丁、大甲☒？

　　今正：☒今日上甲，（大乙）、大丁、大甲☒？

　　　按：由殘字見乙字痕跡，上甲之後，大丁之前，據殷世系
　　　　　當為大乙，故補。《集1246》：「☒上甲、大乙☒？」
　　　　　《集27137》：「☒大乙，大丁、大甲其乍餗☒？」
　　　　　《集27149》：「王其又大乙、大丁、大甲，重乓歲
　　　　　公？」

386　原釋：☒雨？

　　今正：☒（日）雨？

　　　按：圖154：「辛丑卜，今日雨？至壬雨。」《集33273》：
　　　　　「今日雨？」

425　原釋：☒重茲介？

　　今正：☒重茲宗？

　　　按：介，即宗字。《說文》：「尊祖廟也。」段玉裁注：

「《禮記》：別子爲祖，繼別爲宗。…示，謂神也；
宀，謂屋也。」參441圖，宗亦作𠈇。圖2272：「辛
未貞：重上甲即宗于河？」

444 原釋：□□卜：甲□至乙□（雨）？

今正：□□卜：甲午至乙（巳）（雨）？

456 原釋：茲☒？

今正：（重）☒茲☒？

476 原釋：☒（沈）☒？

今正：☒（沈）（牛）☒？

按：沈，象投牛於水中；字與卯祭、俎祭對文。卜辭中作
爲祭河的用牲方法。「沈牛」爲習見辭例。《掇1.550
》：「辛未貞：柔禾于河，袞三牢，沈三牛，俎牢？」
《存2.182》：「貞：袞于土三小宰，卯二牛，沈十
牛？」

485 原釋：☒𤓳☒？

今正：☒伐方，禍？

按：方，泛指方國。甲骨文習言「伐方」，如《甲556》：
「重王出伐方？」《懷1641》：「辛巳卜，重生九月
伐方？八月。」

532 原釋：其乂大乙乡？

今正：其丿大乙乡？

按：丿，圖78作𠂆，圖496作𠄌，圖503作丿，皆丿字倒書；
繁體作𠂤，作彡，作𢆶，今隸作彝，祭名。卜辭中見
彝卜彤同辭。《集21796》：「☒卜，乡祖乙，其彝，
王受☒大吉。」《集31092》：「☒彝乡日，王弗每？」

535 原釋：☒（歲）☒？吉。

今正：☒（歲）（牛）☒？吉。

按：歲，祭名。卜辭習言「王賓歲」、「王賓某祖妣歲」，
或倒文作「某先祖歲王其賓」、「歲其賓」，或省言
「歲于某先祖」、「某先祖歲」。《海2.12》：「☒
貞：父丁歲牛☒？」《鄴3.39.7》：「丁丑卜，伊尹
歲三牢？茲用。」

554　原釋：大吉

今正：☒（步）☒？大吉。

按：卜辭習言「王步亡災」、「王步于某地」。《集5210
》：「☒貞：翌☒王步☒小吉。」

565　原釋：庚辰卜：剛大甲𢼸又羌□？

今正：庚辰卜：剛大甲，重又自𦏵□？

按：𦏵，從又在後持羌，示追捕羌人以祭。卜辭言祭獻先
祖大甲，求佑殷師能追獲羌人。《集4251》：「貞：
自其业（侑）☒？」《集32020》：「辛酉卜，其用，
自以羌于父丁？」

603　原釋：癸亥貞：乞酚☒祝在☒？不用。

今正：癸亥貞：乞酚☒祝在八☒？不用。

按：或即：「在八月。」的殘文。《集25353》：「貞：
重叔祝？五月。」

606　原釋：（1）庚☒？

（2）弜冄？

（3）其冄在后？

（4）其高（𤔲）？

（5）庚辰卜：其禣方以羌，在升，王受冬？

今正：（1）庚（辰）☒？

（2）弜舁？

（3）其舁在后？

（4）其高？

（5）庚辰卜：其禳方以羌，在升，重王受又＝？

按：●字當爲●的殘文，即重字，接下詞「王受又佑」。圖2279：「重戊午王受又佑？」。「其高」，乃「其舁在高」的省文，與「其舁在后」相對。高與后在卜辭可用爲對文，如「高祖」、「后祖」是。舁，從双持豆，字有祭獻意。《說文》作舁：「禮器也。」卜辭多見用舁載禾黍以祭祖。字增示作禳，復合米、來作●、●。

625　原釋：重在 ●，犬壬從，亡戈，●？吉。

今正：重在 ●，犬人從，亡戈，●？吉。

按：●，從人立於土上，當仍釋作人；如望作●、作●；封作●，作●；字無別。犬人，即犬族部眾；或指犬官。《集27926》：「王重犬从，亡戈？」《集28656》：「王重犬从☒日亡戈？」

632　原釋：乙巳卜：其●于祖丁，重今丁（未）（●）？

今正：乙巳卜：其示于祖丁，重今丁（未）（示）？

按：●，即示字，與《說文》古文相類。由卜辭辭例亦見示、●同一字。卜辭言「征示」，又作「征●」；「其示」、又作「其●」，可證。

663　原釋：丁亥阱□？允。

今正：丁亥阱？允（●）。

按：●，讀如禽，即擒字。圖923：「丁未卜貞：戊申王其阱，●？」《集28375》：「☒阱☒戈？●。」

670　原釋：☒𠇷☒戈？

　　今正：☒（派）☒戈？

　　　按：字與圖667「王派」的派字同。

699　原釋：丁亥卜：翌日戊，□重□田，湄日☒？大吉。

　　今正：丁亥卜：翌日戊□重迋田，湄日☒？大吉。

　　　按：𠇷，隸作迋，或作迚，有巡察、屯駐的意思；又見圖
　　　　　660。卜辭多見「王迋某地」、「王迋某方」，「迋
　　　　　田」此為首例。

701　原釋：在□。

　　今正：在产。

　　　按：产，象鹿首，《說文》無字。卜辭用為殷屯兵、納貢、
　　　　　祭祀地名。《集940》：「夫入二，在产。」《集7814
　　　　　》：「己卯俎牝在产。」

714　原釋：（1）辛己卜，妣壬卯，重羊？
　　　　　　（2）☒？

　　今正：（1）辛己卜：妣壬卯，重羊？
　　　　　　（2）☒雨？

723　原釋：（5）☒帝不降永？

　　今正：（5）☒（戌）帝不降永？

　　　按：按：缺文與（6）：「☒來戌帝其降永？在祖乙宗，
　　　　　十月卜。」相對貞。又由同版（3）：「辛酉貞：于
　　　　　來丁卯又父丁歲？」互較，知「來戌」意即「翌日壬
　　　　　戌」。

760　原釋：☒乡☒？

　　今正：☒（重）☒乡☒？

　　　按：《集30990》：「貞：重祼乡日射，亡災？吉。」

764　原釋：□乙□？

　　今正：□（隹）乙□？

　　　按：隹，讀如唯。卜問乙日事。如《前3.21.3》：「帝隹
　　　　　癸其雨？」《簠天37》：「隹庚茲雨？」

789　原釋：□□卜：□不雨？

　　今正：□（丑）卜：□不雨？

　　　按：《集12974》：「丁丑卜，翌戊寅不雨？允不雨。」
　　　　　然「不」字旁連一縱畫，未悉是否骨紋。若否，當釋
　　　　　作「隹」字，讀若唯。如《集20658》：「壬寅卜，
　　　　　王貞：年虫隹雨？」於文意亦可通讀。

804　原釋：癸□？

　　今正：癸□（彔）□？

　　　按：字見圖459。

811　原釋：□丁三□？

　　今正：□丁三（牛）□？

　　　按：丁字象方櫃正形，示藏宗廟主之處，側形作冖，讀如
　　　　　祊。即《說文》䃾字：「門內祭，先祖所旁皇也。」
　　　　　卜辭習言祭祀「祊宗」、「祊示」或「某先王祊」，
　　　　　後接祭牲。《集34430》：「□又歲□丁一牛？」《
　　　　　集1960》：「貞：翌丁亥柰于丁二牛？」

816　原釋：□戈？

　　今正：□焚□戈？

　　　按：焚，從火燒林。《說文》：「燒田也。」卜辭用本義，
　　　　　見殷人已懂得焚林逐獸而獵之法。《人2052》：「重
　　　　　又西焚，亡戈？擒。」

821　原釋：癸酉貞：旬亡田？

今正：癸酉貞：旬困困？

按：卜辭「旬亡困」誤刻亡為困字。困，象卜骨，用以占
吉凶，隸作凹，今作咼。卜辭假為禍字。《說文》：
「害也，神不福也。」

827　原釋：（1）囜？

（2）甲辰貞：今日柴禾自上甲十示又三？

（3）囜（岳）囜（炊）囜龶囜雨？

今正：（1）（癸）囜？

（2）甲辰貞：今日柴禾自上甲十示又三？

（3）囜（岳）囜（炊）囜龶囜（柴）雨？

按：柴，象植物生長茂盛貌，乃柴字省體，俗體作拜，假
為祓，稽首以祭；謂雙手持禾拜祭，以求豐年足雨。
「柴雨」與「柴禾」對文。卜辭亦習言求雨於先祖鬼
神。《金523》：「乙丑卜，于大乙柴雨？」《佚986
》：「囜未卜，柴雨自報甲、大乙、大丁、大甲、大
庚，大戊、仲丁、祖乙、祖辛、祖丁十示，率牡？」

835　原釋：丁囜伐囜？

今正：丁（巳）囜伐囜？

按：與丁日所配地支有六：卯、丑、亥、酉、未、巳，獨
巳字與本片丁字下殘形相合，故補。

856　原釋：辛亥貞：又歲于大甲，茲用，口酚五牢？

今正：辛亥貞：又歲于大甲，茲用，（丿）酚五（牢）？

按：丿即毖，卜辭用為五種固定祭名之一。毖祭與祭儀酚
常疊用，如圖423：「酚劦自上甲？」圖900：「酚丿
于囜？」《集1210》：「貞：王于毖酚于上甲入？」
《集1654》：「庚子卜，爭貞：毖其酚于祖辛？」

862 原釋：（1）癸亥貞：王其夒🐾？
　　　　　（2）二。
　　今正：（1）癸亥貞：王其夒🐾？
　　　　　（2）二
　　　　　（3）☒（衛）☒？

869 原釋：☒旬方☒？
　　今正：□（令）旬方☒？
　　　按：旬，从貝在束中，或隸作賴。卜辭用爲附庸方國進貢
　　　　　的成束貨貝，與貢骨、貢甲連用。字又用爲方國及人
　　　　　名。《集4090》：「癸丑卜，賓貞：叀旬令目🐾薛？」

900 原釋：己酉貞：辛亥其酌♩于☒？
　　今正：己酉貞：辛亥其酌♩于上甲？
　　　按：例見圖856。

907 原釋：☒亦☒方？
　　今正：☒不亦☒方？
　　　按：卜辭多「不亦」運用的例子，如《存1.156》：「貞：
　　　　　不亦雨？」《鐵10.3》：「貞：呂方不亦出？」

918 原釋：□□貞：王令旁☒（方）幸？
　　今正：□□貞：王令旁（方）幸？
　　　按：旁方，殷南方國名；始見武丁卜辭。旁字下無缺文。
　　　　　卜辭言殷王命令旁方爲殷執奴役之事。幸爲執字省，
　　　　　《文631》：「庚午卜，賓貞：旁方其執？」

920 原釋：癸丑貞：王令剛🐾侯？
　　今正：癸丑貞：王令剛甯侯？
　　　按：🐾爲🐾的省文，當隸作甯。即寢字。《說文》：「臥
　　　　　也。」段玉裁注：「引申爲宮室之偁。」又見圖1050：

　　　　「辛巳貞：其刚于祖乙帝？」圖2869：「其刚⊿帝，
　　　　三羌？」

925　原釋：⊿貞⊿？

　　　今正：⊿（寅）貞⊿？

934　原釋：（1）⊿小示⊿？

　　　　　　（2）⊿從亞⊿？

　　　今正：（1）⊿卜，小示⊿？

　　　　　　（2）⊿從亞（疾）⊿？

　　　按：小示即小宗。亞疾又見圖502、1573。《粹367》：「
　　　　己未貞：王其告，其從亞疾？」

938　原釋：（1）令⊿？

　　　　　　（2）不雨？

　　　今正：（1）今（雨）？

　　　　　　（2）不雨？

　　　按：令字作🦴，上從倒口；絕不從今。原釋誤。《集11874
　　　　》：「貞：今雨？」

942　原釋：弜⊿龍⊿？吉。

　　　今正：弜⊿龍⊿累⊿？吉。

　　　按：龍，卜辭為方國名，位於殷的西北，與羌人鄰接。晚
　　　　期卜辭見淪為殷西耕地。

969　原釋：（1）弜又尞？

　　　　　　（2）⊿？

　　　今正：（1）弜又衷？

　　　　　　（2）⊿牛⊿？

994　原釋：癸亥貞：王其伐𠂤🐛，告自大乙？

　　　今正：癸亥貞：王其伐𠂤羊，告自大乙？

按：ᡝ，當爲羊字。羊首二豎畫爲骨紋。卜辭言殷王伐祭
以羊，於🐛地。祭祀的對象是由大乙開始。此用羊祭，
與下文言用牛祭告上甲等十一示可相對照。

997　原釋：乙酉卜：犬來告又鹿，王往逐？

　　今正：乙酉卜：犬來告又鹿一，王往逐？

　　按：據《殷虛文字丙編》所收錄296條具數詞和名詞的卜
辭，其中屬於〝數一名〞的佔267見，屬於〝名一數
〞的則僅佔45見。二者用法上的差別與所修飾的義類
有關。〝數一名〞的語序多見於祭祀用牲數、記日月
旬數和祭祀先公鬼神數的卜辭；而〝名一數〞的語序
獨多用於記載狩獵數的卜辭。如：《集10308》：「
☒狩，獲擒鹿五十又六。」《集10910》：「☒屮獲
鹿一豕一。」

998　原釋：弜☒？

　　今正：（1）弜☒？

　　　　　（2）☒𢦏☒？

　　按：𢦏，象捕獸網器，有柄，即畢字。《說文》：「田网
也。」卜辭的用法有二：一、附庸族名，始見於第一
期；二、用爲動詞，讀如禽，即擒字，卜辭習言「阱
禽」、「射禽」、「狩禽」、「田禽」、「逐禽」。

1010　原釋：乙亥卜：王其眾☒？

　　今正：乙亥卜：王其（登）眾☒？

　　按：圖149：「王登眾，受☒？」圖4489：「丁未貞：王
令𢀠登眾，伐在河西沚？」登眾，即徵召眾人，以從
事作戰和徭役。

1062　原釋：丙寅貞：又𢀢，尞小宰，卯牛一？茲用。不雨。

今正：丙寅貞：又于𧘂，袞小宰，卯牛一？茲用。不雨。

1070　原釋：☒犬☒王其匕，☒？

今正：☒又☒，犬☒王其匕，☒？

1077　原釋：庚戌☒：辛亥☒眾☒西北☒？

今正：庚戌☒：辛亥☒眾（𠂤）（伐）西北☒？

　　　按：圖935：「辛未卜：𠂤以眾𠂤☒？」；圖1099：「壬
　　　　　戌貞：𠂤以眾𠂤伐召方，受又？」句型與本版卜辭相
　　　　　類。

1092　原釋：辛巳卜：王其奠元眾𠂤𡧍，在孟奠，王弗□羊？大吉。

今正：辛巳卜：王其奠元眾派𡧍，在孟奠，王弗□（義）？
　　　　　大吉。

　　　按：義，地名。圖4197：「戌派☒于義☒立又☒？」圖
　　　　　2179：「丁丑卜，在義田，來執羌？」《掇2.49》：
　　　　　「☒丑用于義☒？」

1150　原釋：☒執（來）☒？

今正：☒（貞）：執（來）（羌）☒？

　　　按：來，象麥莠之形。卜辭多借作往來，未來，來貢之來。
　　　　　「來羌」為習見卜辭。圖725：「貞：迻來羌，其用
　　　　　于父丁？」《集244》：「貞：用來羌？」

1178　原釋：☒自泉☒？

今正：☒（步）自泉☒？

　　　按：卜辭習言「王步自某地于某地」，如：《集24238》：
　　　　　「乙酉卜，行貞：王步自轟于大，無災？在十二月。」
　　　　　《集33147》：「乙丑貞：今日王步自彎于𧍙？」

1183　原釋：（1）☒弗☒？

　　　　　（2）☒日戊☒隻☒？

今正：（1）☒弗☒？

（2）☒隻☒？

（3）☒貞☒日戊☒？

　　按：隻，讀如獲，多用於田狩卜辭。《集28459》：「丁
　　卯卜貞：翌日戊王其田，獲，亡災？

1187　原釋：☒茲☒？

今正：（1）☒弘☒？

（2）☒茲☒？

　　按：圖295：「弜弘，若▨▨一牢？二牢？茲用。」

1193　原釋：☒旬☒？

今正：☒（未）☒旬☒？

　　按：旬，似虫屈曲。《說文》：「徧也。十日爲旬。」段
　　玉裁注：「日之數十，自甲至癸而一徧。」卜辭習言
　　「卜旬」，多在癸日問卜下一旬十天內是否有禍，並
　　求先公先王賜祐。《乙8496》：「癸未卜貞：旬？十
　　月。」《金334》：「癸未王卜貞：旬亡畎？在三月。」

1203　原釋：一

今正：（1）一

（2）（歷）

　　按：歷，即歷；貞人名。

1211　原釋：☒小宰☒？

今正：（己）☒（壬）小宰☒？

1229　原釋：□亥貞：甲子（酢）桒？在▥，□月卜

今正：□亥貞：甲子（酢）桒？在▥，（九）月卜。

1239　原釋：☒（其）乎叩☒？

今正：☒（其）乎叩（以）☒？

按：以，《說文》：「用也。」《集5785》：「貞：呼子
畫以先新射？」《集7426》：「貞：呼及以？」《集
14647》：「☒未卜，韋貞：呼☒河以啓？」

1300　原釋：□辰貞：□𦥯□禾？

今正：（甲）辰貞：□𦥯□禾？

1312　原釋：☒彫☒？

今正：☒（咸）彫☒？

按：《丙33》：「貞：王咸彫登勿𡧛翌日上甲？」

1348　原釋：□寅卜：☒？

今正：□寅卜：☒（步）☒？

1356　原釋：□□貞：□亡田？在□。

今正：□□貞：□亡田？在（高）。

按：高，象宗廟之形，爲祭獻之所。卜辭引申爲祭獻意。
字又用爲子名、地名。《後上12.9》：「乙卯卜，㱿
貞：今日王勿往于高？」

1401　原釋：☒貞：☒？

今正：（1）☒貞：☒？

（2）☒（貞）：☒？

1406　原釋：字殘不識。

今正：☒（來）☒？

1433　原釋：☒（未）☒？

今正：（辛）（未）☒？

1442　原釋：姒癸于入自夕□彫？

今正：姒癸于入自夕（福）（彫）

按：圖261：「今入自夕𣂪彫，又正？」圖4240：「叀入

自夕▢酒？」禧，又作禱，象雙手持酒尊，獻於示前。
或省示。有奠酒以祭意。隸作福。《說文》：「祐也。」
《禮記・少儀》：「爲人祭曰致福。」卜辭用爲祭儀。

1476 原釋：▢亡田？

今正：▢（貞）：（旬）亡田？

1528 原釋：▢王▢？吉。

今正：▢王（桼）▢？吉。

按：桼，祭名。《集1489》：「▢酉卜，王桼小甲？」

1540 原釋：▢七羌于▢？

今正：▢入七羌于▢？

按：入，納、進也。卜辭習見「入羌」以祭或役事。《菁
1》：「己卯要子寅入俎羌十？」《甲3510》：「癸
巳卜，賓貞：令眾人▢入羌方▢墾田？」

1552 原釋：▢亡田？

今正：▢（貞）：（旬）（亡）田？

1556 原釋：字殘不識。

今正：▢（先）▢

1603 原釋：甲□貞：▢自▢？

今正：甲（申）貞：▢自▢？

1679 原釋：字殘不識。

今正：▢（肖）▢？

1693 原釋：字殘不識。

今正：▢（雨）▢？

1725 原釋：字殘不識。

今正：▢禾▢？

1748 原釋：▢▢▢？

今正：☒ 🧍（夒）☒？

按：《金399》：「丙寅貞：又于 🧍 夒小宰，卯牛一？茲
用。不雨。」

1781　原釋：字殘不識。

今正：☒（𦎫）祀☒？

按：《人1886》：「其𦎫祀盥其☒又☒？」𦎫，从双爿，
隸作牂。《說文》：「扶也。」卜辭有扶立意，習言
「牂某王於某宗」，意即設置新宗入於祭廟，以配祀
先王。字又假為戕，有勦伐意。《說文》：「傷也。」

1784　原釋：字殘不識。

今正：☒（𠱛）☒？

按：𠱛，隸作𠱛，為各字倒文；來也。引申為獲得的意思。
《合205》：「弗𠱛𤎩？獲豕二。」

1786　原釋：字殘不識。

今正：☒（它）☒？

1791　原釋：字殘不識。

今正：☒（貞）☒？

1807　原釋：字殘不識。

今正：☒雨☒？

1834　原釋：字殘不識。

今正：☒（五）☒？

1836　原釋：字殘不識。

今正：字殘，上從艸；或即莫字，作🌿，作🌿。

1844　原釋：字殘不識。

今正：字殘；或為「亞」字。

1855　原釋：字殘不識。

　　　今正：☒（𠘧）☒？

　　　　按：字象薦几之形，諸點示血水，从几聲，即釁字。《說
　　　　　　文》：「以血有所刉涂祭也。」意即割牲用血以釁也，
　　　　　　乃祭禮一種。此從于省吾說。

1858　原釋：字殘不識。

　　　今正：字殘，下從卩；或爲令字。

1888　原釋：字殘不識。

　　　今正：☒以（牛）☒？

　　　　按：此片圖版倒置。圖9：「己酉貞：𢀛以牛其用自上甲，
　　　　　　三牢 釁？」

1913　原釋：字殘不識。

　　　今正：☒（重）☒？

1918　原釋：☒酉人三☒？

　　　今正：（癸）酉人三☒？

1924　原釋：☒牢☒？

　　　今正：☒卅牢☒？

1938　原釋：字殘不識。

　　　今正：☒（爿）☒？

　　　　按：字象床形，隸作爿。卜辭用爲地名。《集32982》：
　　　　　　「戊戌貞：侑敊于爿，攸侯叶 𡆥？」

1948　原釋：字殘不識。

　　　今正：☒（屯）☒？

1966　原釋：字殘不識。

　　　今正：字殘；或「疾」字。

1969　原釋：字殘不識。

　　　　今正：字殘；或京，或高，或㐭字。

1977　原釋：字殘不識。

　　　　今正：☒（寅）☒？

2034　原釋：☒宜☒？

　　　　今正：☒俎一☒？

　　　　按：字象置肉於薦几之上，且亦聲。字由　而　而俎，隸
　　　　　　作俎。《說文》：「禮俎也。从半肉在且上。」《國
　　　　　　語・楚語》韋注：「俎，即胙。」胙，祭福肉也。卜
　　　　　　辭用本義，習稱「俎牛」、「俎豕」、「俎羊」、「
　　　　　　俎牢」、「俎羌」。《後上24.4》：「丁卯卜，丙，
　　　　　　奈于河十牛，俎十牛？」

2035　原釋：字殘不識。

　　　　今正：（1）☒（王）（入）☒？

　　　　　　　（2）☒（取）☒？

2036　原釋：（1）☒？

　　　　　　　（2）□辰酓☒？

　　　　今正：（1）（辛）☒？

　　　　　　　（2）□辰酓☒？

　　　　　　　（3）☒（五）☒？

2048　原釋：字殘不識。

　　　　今正：☒于 ☒？

　　　　按： ，即兕字，篆文作 。地名，乃殷王田狩區；又作
　　　　　　 、 、 。《文726》：「甲午卜，王在十二月在
　　　　　　 卜？」《粹1194》：「其 于 ？」

2052　原釋：字殘不識。

　　　　今正：字殘，上半從鹿首。或爲湄；或爲麇。

2080　原釋：□□卜：☒于父甲其𠬞從☒？

　　　今正：□□卜：☒于父甲其見川，從☒？

　　　按：見，《說文》：「視也。」卜辭用本義，有監視、朝
　　　　　見、審察意。字復借爲獻，《集8327》：「見于河？」
　　　　　《英1165》：「貞，呼往見于河，业來☒？」

2084　原釋：☒丙？

　　　今正：☒（妣）丙☒？

　　　按：妣丙，乃成唐之妃。《乙472》：「丙申卜，貞：王
　　　　　賓大乙奭妣丙翌日亡尤？」

2107　原釋：丁巳卜：岳至，王其☒？吉。

　　　今正：丁巳卜：岳至，王其延？吉。

　　　按：延，從止出於彳間，有冒出，趨往意。《說文》引爲
　　　　　徙字或體；另有延字，形義與此亦同。《爾雅·釋詁
　　　　　》：「延，進也。」卜辭用爲綿延漸出意，習言「延
　　　　　雨」、「延風」、「延啓」，乃卜問當時氣候是否持
　　　　　續有雨，有風或繼續放晴。延有出意，與往、步、这，
　　　　　田等字合用爲同義疊詞，復引申有巡視意。《庫1240
　　　　　》：「癸酉卜，王大延？」《集5213》：「丁丑卜，
　　　　　㱿貞：王延步？」《集28342》：「王其延至于𡥈，
　　　　　亡戈？」

2132　原釋：☒？

　　　今正：☒（屰）（𣴎）☒？

　　　按：𣴎，從貝藏於筐盧中，貝亦聲。讀爲敗，潰毀也。《
　　　　　爾雅·釋言》：「覆也。」《禮記·孔子閒居》：「
　　　　　四方有敗」注：「謂禍災也。」《乙8171》：「貞：
　　　　　邛方不其𣴎？」《前6.40.5》：「☒屰𣴎☒？」

2145　原釋：□酉卜：令伊☑（伐）☑？

　　　今正：　酉卜：令伊☑（從）（伐）☑？

　　　　　按：王令某征伐，乃卜辭習用語。《乙8306》：「☑㳄𠂤
　　　　　　　從伐☑受☑？」

2164　原釋：丙☑？

　　　今正：丙寅☑？

2194　原釋：己酉卜：☑？茲用。

　　　今正：己酉卜：（叀）茲用？

2229　原釋：茲□三羽矢☑？

　　　今正：茲（雲）三羽矢☑？

　　　　　按：《乙3294》：「貞：茲雲其降其雨？」《集13386》：
　　　　　　　「庚寅貞：茲雲其雨？」

2237　原釋：☑（舞）☑？

　　　今正：☑（舞），（今）☑？

　　　　　按：《甲2858》：「己巳卜，舞？今日從。」

2239　原釋：☑今日☑（舞）☑？

　　　今正：☑（舞），今日（從）？

2245　原釋：☑雨☑？

　　　今正：☑（名）雨☑？

　　　　　按：(Ͱ、(Ͱ、(Ͱ通用，隸作明，或作名。《說文》：「明，
　　　　　　　照也。」字有亮、日晝意。卜辭與昃字對文。《乙
　　　　　　　6419》：「翌其明雨？」《佚188》：「王固☑明雨？」
　　　　　　　《集6037》：「不其明雨？」

2283　原釋：己丑立雨？

　　　今正：己丑大雨？

　　　　　按：卜辭有立中、立人、立事、立黍等例，但鮮見立雨；

於詞意亦不通。立雨乃大雨之誤。《集21025》：「
☐九日辛亥旦大雨自東，少☐？」《集27219》：「
己丑卜，今夕大雨？」

2293　原釋：第（9）段辭「其用自」後面當有祖先之名，似是契
　　　刻者漏刻。

　　　今正：本骨版由（1）至（8）段辭都是記歲祭於大乙一事，
　　　第（9）段辭「辛己貞：犬侯以羌其用自？」當為「
　　　辛巳貞：犬侯以羌其用自大乙」之省文，非漏刻。

2316　原釋：𩇕

　　　今正：𩇕

　　　按：全版僅一字。即「寅」字。卜辭的寅有作為「寅尹」
　　　省，用為人名，或相當於文獻的「伊尹」。

2321　原釋：弜田其雨？

　　　今正：弜田，其亡雨？

　　　按：《集12843》：「己亥卜，我𡧛，亡其雨？」《集
　　　13002》：「乙未卜，龍，亡其雨？」《集12852》：
　　　「☐炇，亡其雨？」卜辭習言「亡其雨」，本辭例「
　　　其亡雨」則僅此一見。

2340　原釋：☐卯牢，王受又？

　　　今正：☐（羌），卯牢，王受又？

　　　按：羌，用為人牲。圖4552：「☐羌，卯三牢，王受又？」

2382　原釋：字殘不識。

　　　今正：（炇）

　　　按：字從人置於火上，象用人祭。

2389　原釋：戊☐。

　　　今正：（來）（戊）☐？

2390　原釋：（1）□□卜，貞：☒？八月。

　　　　　　（2）□卯卜，□：☒？二古。

　　　今正：（1）□□卜，貞：☒ 鬧（田）？八月。

　　　　　　（2）□卯卜，□：☒？上吉。

　　　　　　（3）☒尹☒？

　　　按：《鐵151.1》：「丙戌卜，賓貞：子商其鬧田？」尹，

　　　　　人名；屬祖庚祖甲時貞人。今考釋誤置於武丁時期。

2406　原釋：重父甲冊用，王受又？四吉。

　　　今正：重父甲冊用，王受又？吉。

　　　按：卜辭未見「四吉」之例。本版四字距吉字頗遠，且字

　　　　　形亦比諸吉字要大，當不是同一時間書寫。四字應爲

　　　　　兆序，與吉字無涉。

2419　原釋：字殘不識。

　　　今正：☒（疾）☒？

2438　原釋：☒令☒沚或？

　　　今正：□（申）卜☒令☒（𥎦）沚或？

　　　按：由同辭的甲辰、丙午、丁未推算，知申上的天干應爲

　　　　　戊。

2572　原釋：字殘不識。

　　　今正：（佳）☒？

2574　原釋：翌☒？

　　　今正：☒立于☒？

　　　按：《京3725》：「王立于上？」《粹144》：「重商方

　　　　　步立于大乙，戋羌方？」

2584　原釋：甲戌卜：于丁丑☒其彡彫☒？

　　　今正：甲戌卜：于丁丑☒其彡彫禳☒？

按：《通163》：「癸卯子卜貞：酚禮祖乙二牛？」護，
象雙手持隹，獻祭於宗廟。卜辭用爲祭儀，見於彤、
叠、酚等祭典中，其所用祭品有眾、虎、鷹、牛、人
牲及貨貝。

2614 原釋：☒旬☒？

今正：☒（今）旬☒？

按：卜辭習見「今旬」辭例，如：《集12480》：「☒骰
貞：自今旬雨？」《集12485》：「☒今旬其雨？」

2626 原釋：戊午貞：酉柒于岳，尞三豕，卯☒？

今正：戊午貞：酉柒禾于岳，衷三豕，卯☒？

2648 原釋：（1）卯☒于☒？

（2）卯眾大乙？

（3）☒？

今正：（1）卯☒于☒？

（2）卯眾大乙？

（3）☒（牢）☒？

2650 原釋：□□卜：□匜子白☒？

今正：□（丑）卜：☒匜子白（馬）？

按：白馬，《集9176》：「貞：𩵋不我其來白馬？」《集
9177》：「甲辰卜，骰貞：奚不其來白馬五？」《集
945》：「貞：𝄞呼取白馬以？」

2696 原釋：字殘不識。

今正：☒（其）☒？

2764 原釋：字殘不識。

今正：☒晨☒？

2828 原釋：柒年于☒臣重豚☒又大雨？

今正：枼年于㝬☑臣重豚☑又大雨？

　按：⿱，隸作㝬；殷田獵地名。《甲2591》：「戌寅卜，
　　　王貞：从㝬？」

2831　原釋：字殘不識。

今正：☑卅☑？

2918　原釋：□子貞：秈目亡☑隹☑戠不若？

今正：□子貞：秈目亡⿴，不隹☑戠不若？

2947　原釋：☑（來）☑？

今正：☑（來）（㫚）☑？

　按：《前4.45.1》：「☑疾虎允☑來㫚，㞢☑事壴。五月。」
　　　㫚，卜辭用爲名詞，字與冊、袐同，習稱「冊㫚」、
　　　「㞢㫚」、「爯㫚」、「來㫚」，有書冊告祖之意，
　　　屢見於祭祀卜辭中。

2971　原釋：巳☑？

今正：巳卯☑？

　按：原釋逐字寫作⿱，言：「殆爲逐字之異構。」細審拓
　　　片，逐字實作⿱，下从止；並不作⿱。此乃逐字正寫。

3046　原釋：□申貞：☑夕☑（自）上甲六☑？

今正：□申貞：（生）月☑（自）上甲六☑？

　按：⿱，此讀爲月。《庫1139》：「癸未卜貞：生月又雨？」
　　　《合442》：「☑亘貞：生月多雨？」卜辭多言「生
　　　月」，即「姓月」。姓，雨止無雲也。字亦通作晴、
　　　作暒，意亦通。觀察「生月」時多卜問雨否，意謂某
　　　月天晴，問卜會否降雨。《掇2.1》：「丙午卜，韋
　　　貞：生十月雨？其唯雨。」《乙3331》：「貞：生三
　　　月雨？」

3058　原釋：曶妣巳，重及？

　　　今正：曶妣己，重奴？

　　　　按：🐾，用手執人，人膝跪以從。《甲骨文編》釋及，此
　　　　　　釋及，均不合辭意。從🐾從🐾可通，字當隸作奴僕之
　　　　　　奴，古文奴亦從人。殷有用人祭之習，奴隸爲其主要
　　　　　　來源之一。男曰奴，女曰妾，此乃漢人習稱。《說文
　　　　　　》：「男有罪曰奴，奴曰童，女曰妾。」唯殷代奴乃
　　　　　　男女從僕之統稱，多言「屮奴」、「冊奴」、「用奴」
　　　　　　以祭鬼神，用奴牲數一次有多至十人。殷用人牲與牛、
　　　　　　羊、禾、黍合祭。《乙4521》：「祭未卜，邠余于祖
　　　　　　庚：羊、豕、奴？」字又作🐾。然及字都作🐾，從手
　　　　　　追人；與本片字形異。

3064　原釋：戊子卜：其又歲☒？

　　　今正：戊子卜：其又歲？（吉）。

　　　　按：《存1.1939》：「丁卯卜，尤貞：歲，重吉？」

3144　原釋：☒（禘）☒？

　　　今正：☒（祖）□（禘）☒？

　　　　按：《寧1.178》：「丁酉貞：其卲祖乙禘？」

3178　原釋：☒五示？

　　　今正：☒（上甲）五示？

　　　　按：《庫1053》：「☒卜，用疾 🐾自上甲五示？」《集
　　　　　　248》：「翌乙酉屮伐于五示：上甲、成、大丁、大
　　　　　　甲、祖乙？」

3184　原釋：☒卜：☒九☒雨？

　　　今正：☒辰卜：□（登）九□（烄）雨？

　　　　按：烄，象用人牲焚祭之形。烄祭主要目的是求雨。《甲

637》：「戊戌卜，隹炊風雨？」《合309》：「貞：
炊，㞢雨？」《存1.109》：「甲子卜貞：炊于見，
㞢从雨？」

3203　原釋：☑羽日乙☑？吉。

今正：☑翌日乙（亥）☑？吉。

按：《爾雅·釋言》：「翌，明也。」《尙書》言翌日皆
訓明日。字形由甲骨的☒而☒而☒而金文的☒（小盂
鼎）而篆文的☒。卜辭翌字除稱迷來日、下一日外，
更有泛指二、三日後，有指五、六日後，復有特例言
五十二日、六十日後事者。字又用爲祭名，持羽而舞
祭。

3220　原釋：☑高祖☑？

今正：☑高祖（夒）☑？

按：卜辭稱高祖名的只有三：高祖夒，高祖王亥和高祖上
甲。

3245　原釋：☑卂☑行用☑方？

今正：□（重）卂☑行用☑方？

按：《鄴3.43.7》：「重卂伯☒呼☒☒方、☒方、☒方？」
卂，屬地名或族稱。

3274　原釋：弔☑？

今正：弔召？

按：召，祭名。弔，否定詞，字與勿同。《京4270》：「
弔召小乙？」《甲523》：「弔召？」

3283　原釋：☑歲重☑？

今正：☑（貞）：歲重☑？

按：《存1.1939》：「丁卯卜，尤貞：歲重吉？」

3289 原釋：☑奠少方☑？

今正：☑奠㞢方☑？

按：中間一字當作㞢，字下橫畫是骨紋。㞢方，即㞢方，
其族與望乘、興方、羌人、基人、多馭、攸等殷西諸
地見於《綴217》同辭；始見武丁卜辭。《乙6382》：
「己酉卜，㱿貞：㞢方其㞢𡇬？」

3293 原釋：☑（令）☑

今正：☑（令）自☑？

按：《明705》：「貞：王令自般？」

3299 原釋：☑在☑？

今正：☑在徉☑？

按：字殘，當作徉，或作徉；地名。《前1.48.2》：「☑
令邟于徉？」

3303 原釋：☑于（馭）□雨？

今正：☑（禾）于（馭）☑雨？

按：馭，从㚒反手持戈，示暗襲意，即《說文》撲字：「
挨也。」卜辭有背後突襲意。字又用為農地名。《鄴
1.35.3》：「癸未貞：栔 禾于馭？」《續1.51.5》：
「壬辰卜，其栔年于馭？」

3326 原釋：字殘不識。

今正：☑鮌☑？

按：《說文》：「鮌，鮌魚出東萊。」相當於鱷字，今俗
作鯨；海大魚也。卜辭借為殷附庸族名，其酋封為伯。
《南明472》字作鮌。

3370 原釋：☑占☑？

今正：☑占☑？

　　　　按：字旁橫畫乃骨紋。ㄎ，方國名；始見於武丁卜辭。

3386　原釋：字殘不識。

　　　今正：☒（禩）☒？

3414　原釋：字殘不識。

　　　今正：字殘；或示字，或从「示」偏旁。

3473　原釋：字殘不識。

　　　今正：字殘；从子。

3482　原釋：字殘不識。

　　　今正：☒赴☒？

　　　　按：ㄔ，从又在後追捕羌人；字又見圖565。

3531　原釋：字殘不識。

　　　今正：☒（王）（田）☒？

　　　　按：《集24228》：「☒王田于麥☒？」《集29084》：「
　　　　　丁丑卜，狄貞：王田，不冓雨？」

3532　原釋：字殘不識。

　　　今正：字殘，从示。

3533　原釋：☒尞☒？

　　　今正：☒尞（于）☒？

　　　　按：尞，象堆木柴於火上燃燒，諸點示火燄上騰以告於神
　　　　　祇，屬祭儀一類。《說文》：「柴祭天也。」古文獻
　　　　　作燎。《呂氏春秋·季冬紀》高注：「燎者，積聚柴
　　　　　薪，置璧與牲於上而燎之，升其煙氣。」卜辭尞告的
　　　　　對象十分廣泛，有自然神如上帝、帝雲、河、岳、土；
　　　　　殷先公先王及妣考，如契、夒、王亥、報甲、示壬、
　　　　　祖乙、太甲、丁、高妣己；功臣如伊尹；四方神等。
　　　　　入周後，尞才成為祭天地之專祭。《續2.4.11》：「

貞，袞于帝雲？」《外57》：「乙酉貞：又袞于報甲、
大乙、大丁、大甲□？」

3543 原釋：殘存二字，作) 1 形。

今正：□豕十□？

按：十字旁一豎爲骨紋。

3558 原釋：□（貞）：其 彳□ 人？

今正：□（貞）其 彳□（卯）人？

按：卯，借爲劉。《爾雅・釋詁》：「劉，殺也。」《方
言》、《尚書・盤庚》、《詩經・武勝》、《左傳》
皆訓爲殺。卜辭習言「卯若干牲」於某祖，意亦爲剖
殺牲□。晚期卜辭復用爲地名。

3565 原釋：丙子卜：彳 以□ 彳于丁，卯牢？

今正：丙子卜：彳 以（羊）□ 彳于丁，卯牢？

3568 原釋：又□？

今正：□（受）又□？

按：又，讀如祐。卜辭習言「王受又」。

3590 原釋：（1）□？

　　　　（2）□已□？

今正：（1）□（高）□？

　　　　（2）□（祀）□？

按：字殘，上從 ♠，當屬高、京、亳、郭、臺類字。

3605 原釋：自□南□？

今正：□（貞）：□自□南□？

按：《乙2704》：「貞：屮來自南？」

3606 原釋：□戊辰□不？

今正：□（卜），戊辰□（桒）不□？

按：《佚215》：「☐酌桒不雨？」

3628　原釋：☐圉☐？

今正：☐𡆥☐？

按：字作，即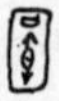，；意與執同，卜辭用爲動詞。

3635　原釋：除序數一外，其餘字殘泐不清。

今正：☐（貞）：（旬）☐？

3641　原釋：（丁）卯卜：又設☐？

今正：（丁）卯卜：又設，（明）（既）☐？

按：《合481》：「丙申卜，㱿貞：☐？王固曰：酌隹㞢，其㞢設。乙巳明，雨，伐，既雨，咸伐不雨。」設，《說文》：「施陳也。」卜辭泛指祭祀時陳設的祭物。

3671　原釋：字殘不識。

今正：☐（用）☐？

3680　原釋：（1）癸☐☐？

（2）（癸）未卜：☐（賁）于河☐？

今正：（1）癸（酉）☐𢷎☐？

（2）（癸）未卜：☐（𢷎）于河　？

按：字，从二手，从木；或从。隸作𢷎。象雙手持農作以祭鬼神。字又作，作；復增繁作；或省作。假作祓字，示稽首以祭，求上天降豐年。卜辭屢言「祓舞」求雨。俗體作拜，《詩經甘棠》：「勿翦勿拜。」《後下7.8》：「貞：于河桒年？」

3689　原釋：乙☐？

今正：（叀）☐乙☐？

3699　原釋：（其）☐？

今正：（其）（雨）☒？

3738　原釋：☒牢卯六☒？

今正：☒牢，卯六（牛）☒？

3760　原釋：（1）☒？

（2）亡去，其雨？

今正：（1）（辛）☒？

（2）亡去，其雨？

3826　原釋：☒五示五☒？

今正：☒五示五（羊）☒？

3850　原釋：有二殘字，不識。

今正：☒（苗）☒？

3880　原釋：□憗

今正：（馭）憗。

按：即馭釐。馭，《廣雅・釋詁》二：「進也。」馭釐，
即進福，殷人每於祭祀先祖妣時祈福。《合52》：「
庚戌卜，尤貞：妣辛歲，其馭釐？」

3901　原釋：巳未卜：☒沈？

今正：巳未卜：☒（其）沈？

按：《合40》「貞：其沈？」

3910　原釋：（癸）☒？

今正：（癸）（酉）☒？

3916　原釋：☒宗☒？

今正：☒（大）宗☒？

按：卜辭中，大宗、小宗為習用語，又作大示、小示。《
金120》：「☒在大宗卜。」

3925　原釋：☒五牛☒又四☒獻？

今正：☒（于）衞☒（十）又四（羊）☒五牛？

按：衞，殷祭祀地名。《續1.51.3》：「貞：㞢于衞三豕？」

3931　原釋：字殘不識。

今正：（庚）☒？

4020　原釋：庚寅卜：其又☒？

今正：庚寅卜：其又（妣）（辛）☒？

按：妣辛，爲武丁妻，康丁祖母。

4025　原釋：（1）方出至于茲□？

　　　　　（2）不至？

　　　　　（3）☒？

今正：（1）方出至于茲（𠂤）？

　　　　（2）不至？

　　　　（3）☒（戈）☒（𠂤）？

按：方，爲方國泛稱。

4062　原釋：☒（𡥜）☒？

今正：☒（𡥜）☒（羌）☒？

按：𡥜，當屬𡥜字繁體。卜辭用爲殷將領名，主率眾征伐。

《甲896》：「壬戌貞：王逆𡥜以羌？」

4071　原釋：□□卜：其又歲于（高）☒？

今正：□（辰）卜：其又歲于（高）☒？

4101　原釋：（1）癸（卯）☒？

　　　　　（2）☒？

今正：（1）癸（卯）☒？

　　　　（2）☒（重）☒（疾）☒？

4139　原釋：字殘不識。

今正：（丁）□（卜）☒？

4146 原釋：□一，父□□□？

今正：□重□□一，父□？

按：□，从皿，隸作血，字形與□類同。卜辭習稱「血室」，

為獻薦牲血之所。字又用為動詞，即用牲血祭祀鬼神

也。《掇1.367》：「重□？」《庫1988》：戊寅卜，

□牛于妣庚？」

4178 原釋：（4）宜卯三牢又□？

（5）其五牢又□？

今正：（4）俎卯三牢，又自？

（5）其五牢，又自？

按：本片刻辭草率，或為初習者所書：五作□，牢作□作

□，自作□。

4193 原釋：□亥□？

今正：（癸）亥□？

4196 原釋：□卜：往□？

今正：□卜：往□（沁）□？

按：《甲270》：「□未□魚□沁？」沁，為殷漁獵地區。

4247 原釋：字殘不識。

今正：字殘，从倒止。

4268 原釋：字殘不識。

今正：□（禳）□？

4296 原釋：□寅□？

今正：（丙）寅□？

按：□，隸作丙；唯與一般丙字字形作□稍異。

4304 原釋：癸巳貞：戌大乡□其奏餗？

今正：癸巳貞：大戌乡□其奏餗？

按：彡，祭名；卜辭並無大彡之例。彡祭前面均列所祭先
公先王名字。《南明435》：「丁卯貞：大丁彡亡屮？」
由拓片亦見爲殷先祖「大戊」二字合文。

4321 原釋：甲戌貞：其又歲☒茲用，乙亥☒？

今正：甲戌貞：其又歲□羌？茲用，乙亥。

4414 原釋：示，字不識，疑爲先祖或神祇名。

今正：示，象古文亥（ ）；或爲殷先公「王亥」之省體。

4437 原釋：王乞☒？吉。

今正：王乞（酉）☒？吉。

按：《存2.919》：「乙酉王☒乞酉，余步从☒？」《南
上9》：「酉乞自☒。」

4473 原釋：字殘不識。

今正：字殘，从止。

4526 原釋：☒又占？

今正：☒又口？

按：口字上「卜」爲骨紋。又口，即祐口，謂求鬼神擗除
口疾。《集31895》：「☒口从茲又？」《合123》：
「貞：疾口，邘于妣甲？」《乙8889》：「甲戌卜，
亡口？」

4575 原釋：

今正：☒馬☒？

按：字筆畫雖簡，但由豎耳、鬃毛、長尾等特徵，仍可辨
識爲馬字。卜辭用作本義或借爲方國名。

4583 原釋：午庚，王又☒？

今正：庚午，王又☒？

按：☒，即☒；隸作曶。殷西北方國名。武丁時降爲附庸，

助殷開拓南域；參拙稿：《武丁時期方國研究》。

4585　原釋：☒白東☒。

今正：☒（从）白東☒？

按：「从白東☒？」又見圖1094。白，讀如伯。☒，即擒字。

4586　原釋：辛酉（卜）：柰☒？

今正：辛酉（卜）：柰（禾）☒？

按：《撫續2》：「辛未貞：柰禾于岳？」

附22　原釋：☒貞：寅☒？

今正：☒（殷）貞：寅（亡）☒？

按：寅，从矢。卜辭用爲人名，習稱「寅尹」，主要見於第一、二期甲骨，又作「寅☒」，晚期卜辭又稱「伊尹」；相當於《詩》、《書》、《殷本紀》所稱誦的成湯重臣「伊尹」。據古韻寅屬眞部字，伊屬脂部字；脂，眞二部對轉。☒，从人亦聲，古音與尹字同屬眞部。「寅尹」有省作「寅」。《卜753》：「貞：奴于寅？」《乙2472》：「貞：于寅告？」

附23　原釋：☒（王）（占）☒來☒？

今正：☒（王）（占）☒來（告）☒？

小屯南地甲骨釋文正補圖錄

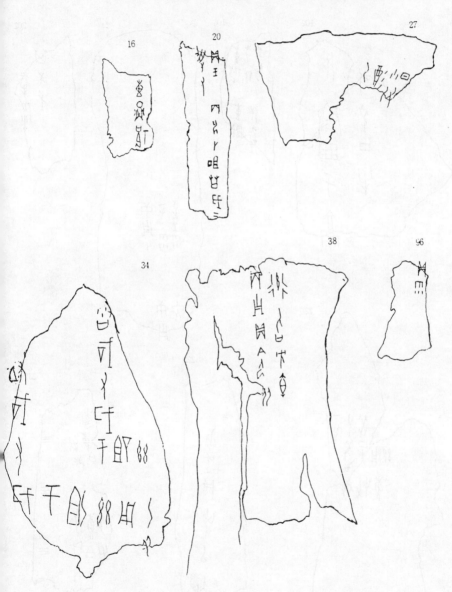

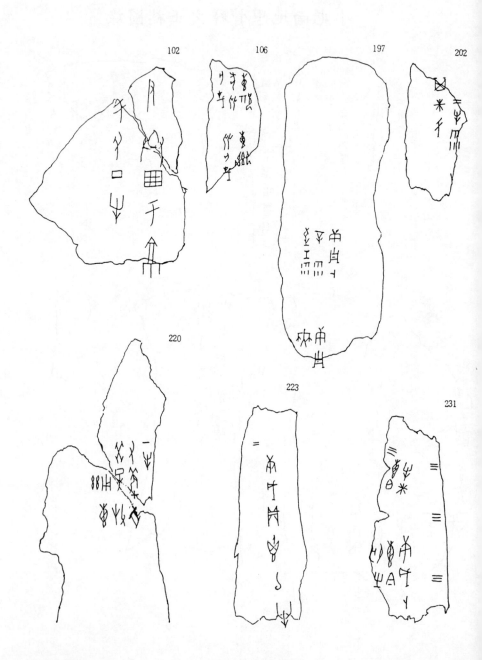

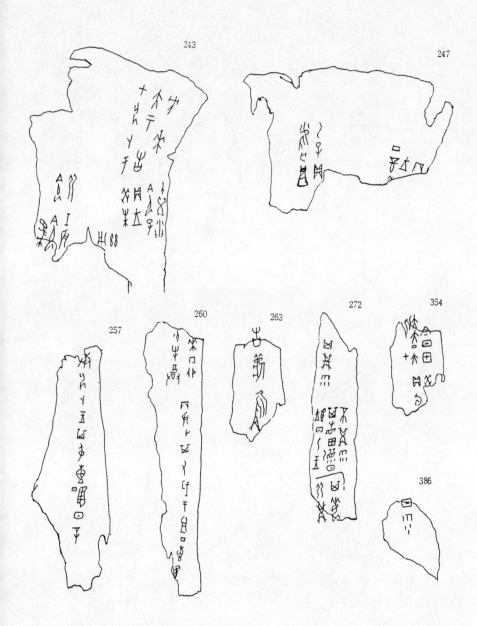

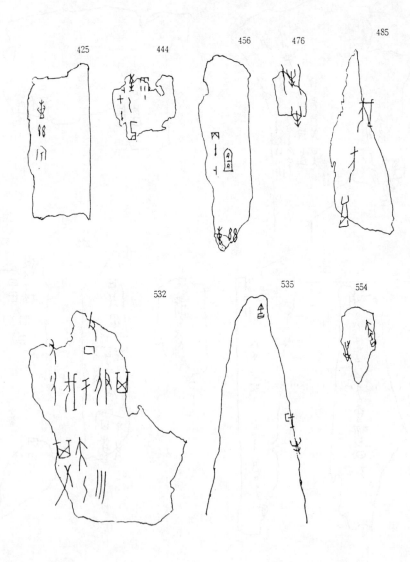

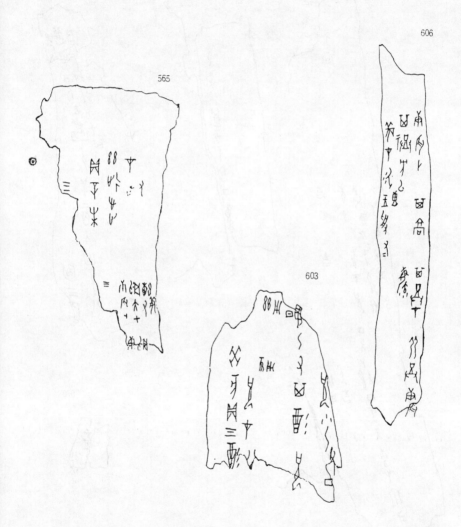

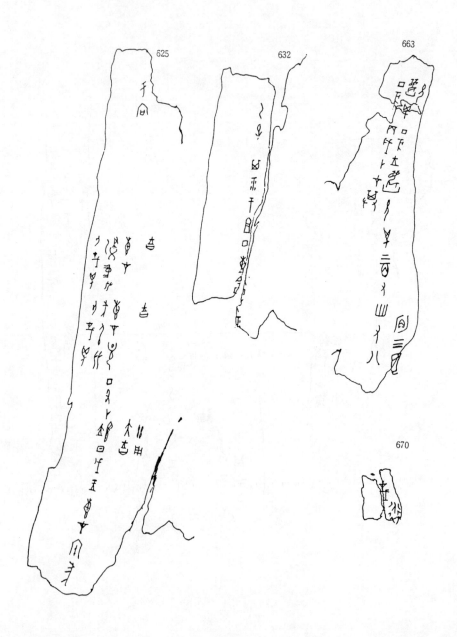

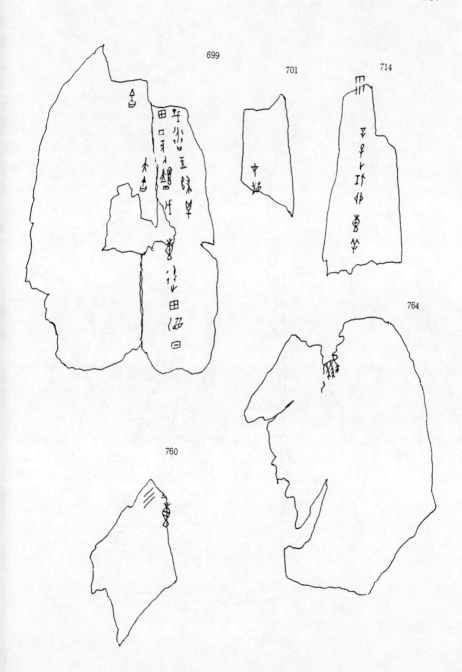

723

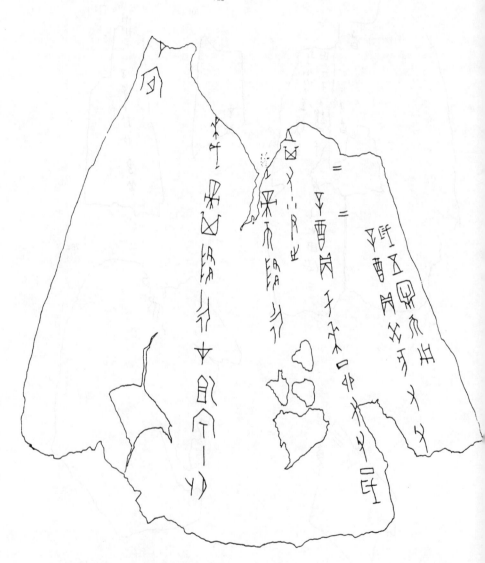

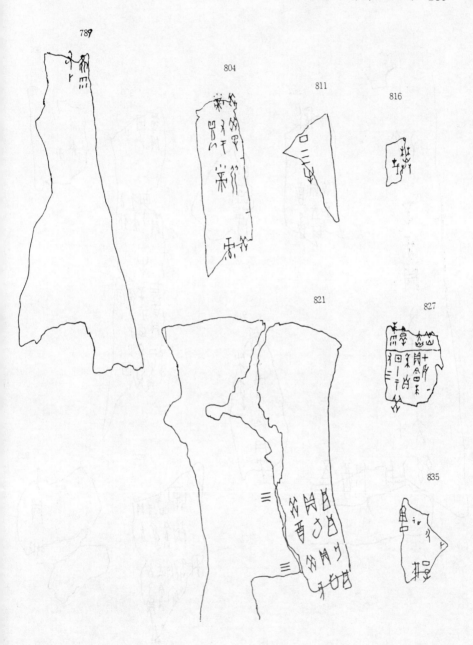

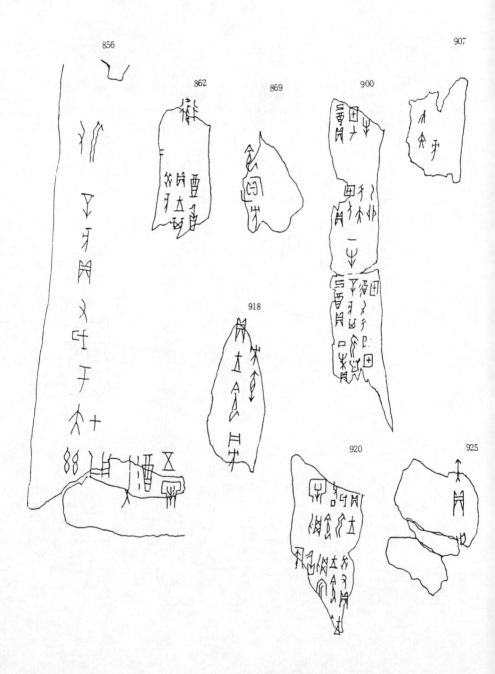

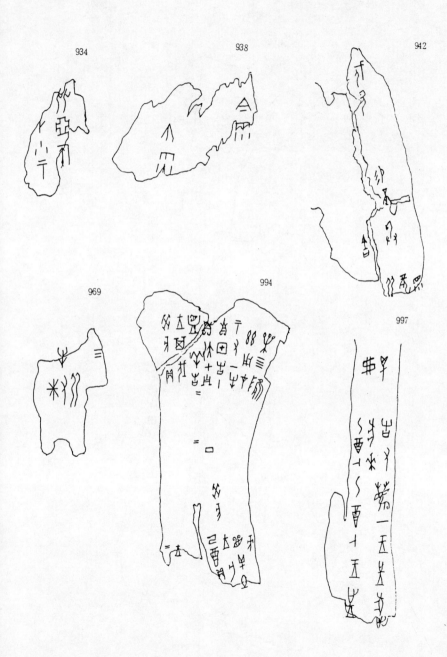

1062

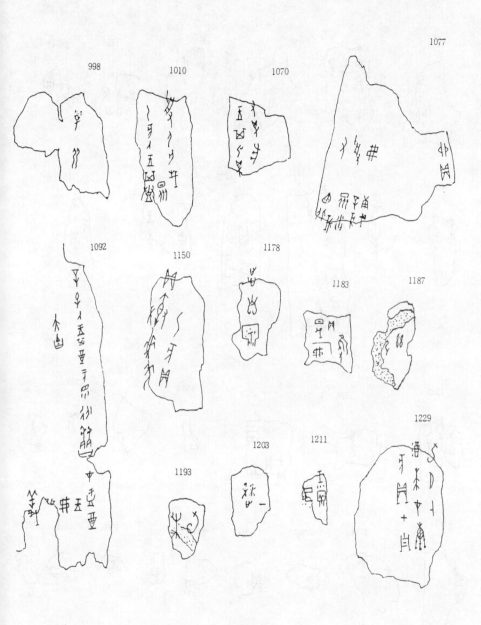

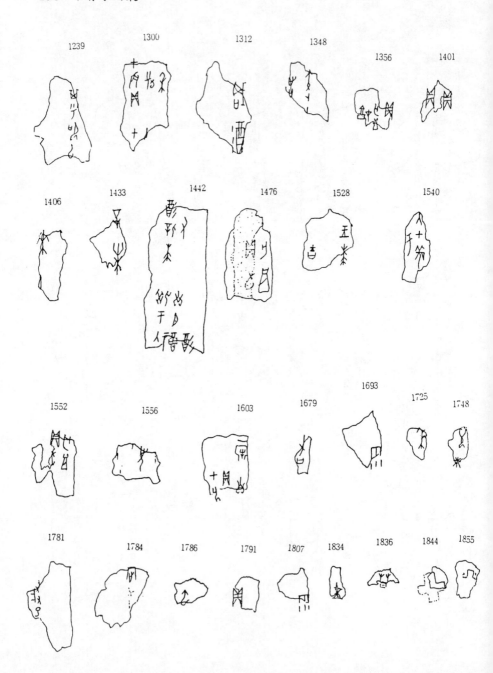

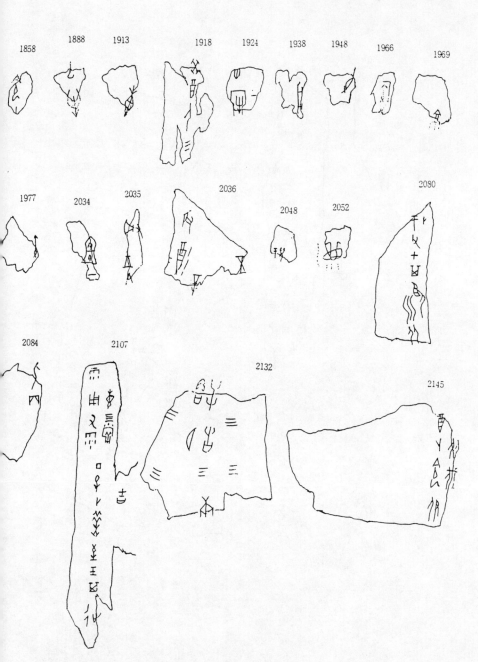

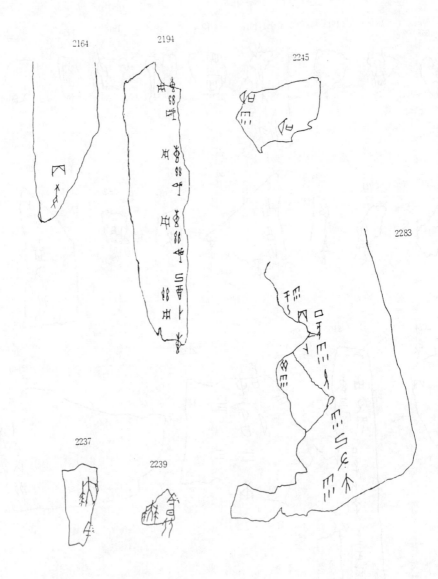

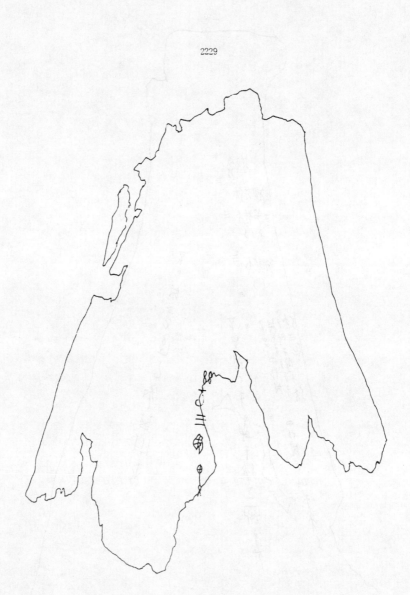

2229

2293

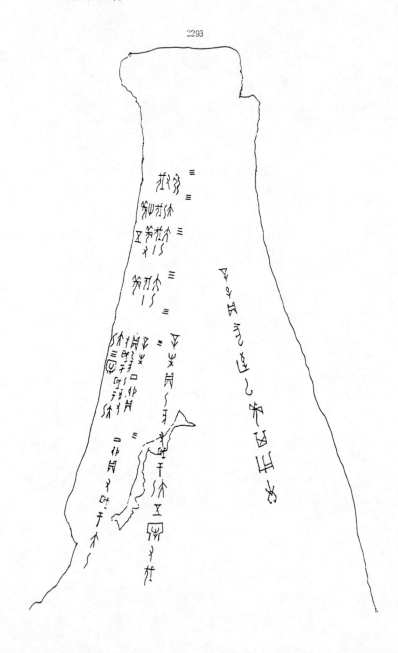

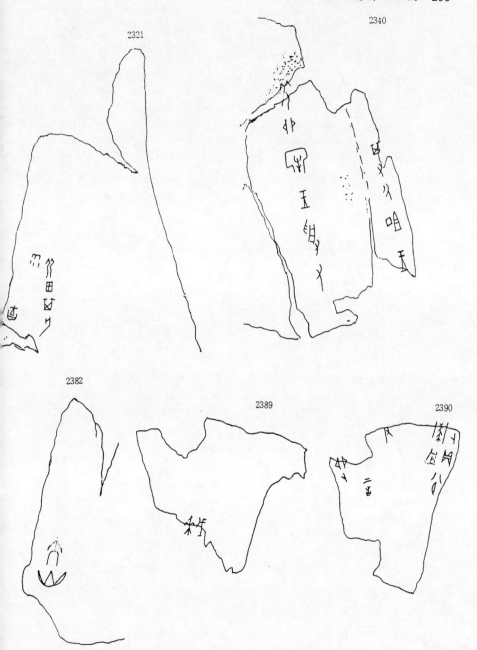

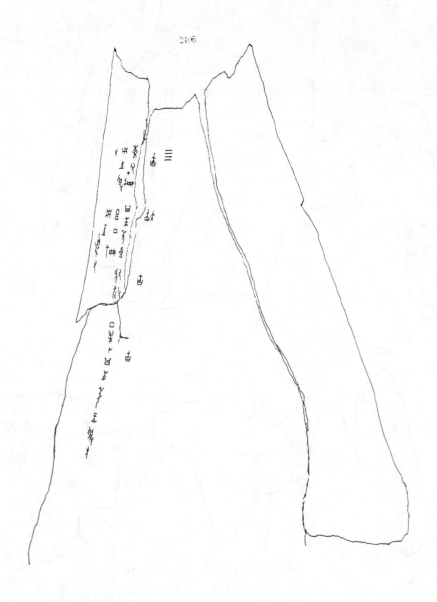

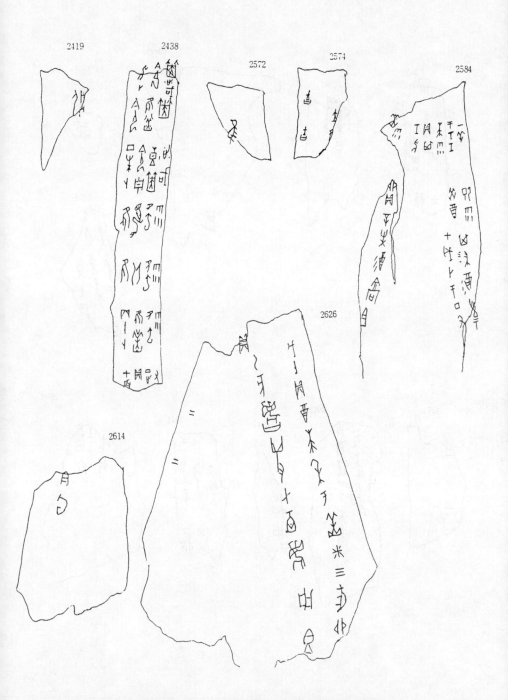

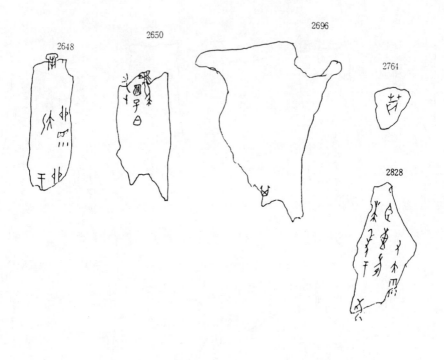

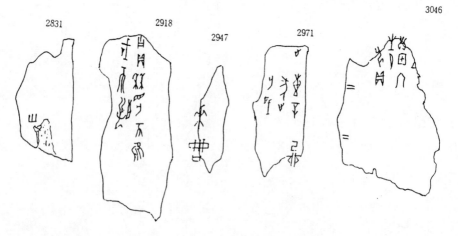

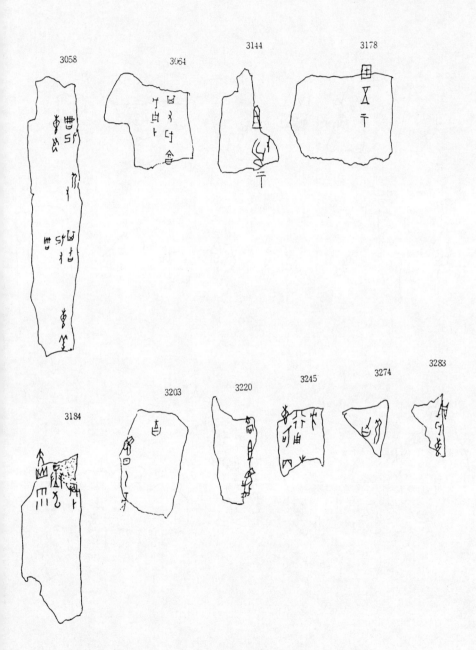

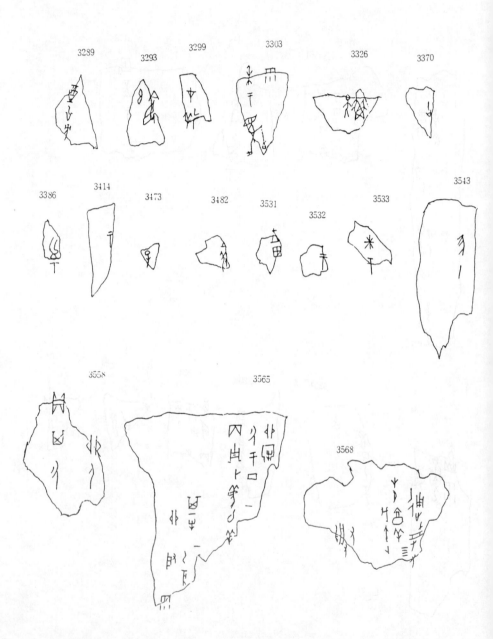

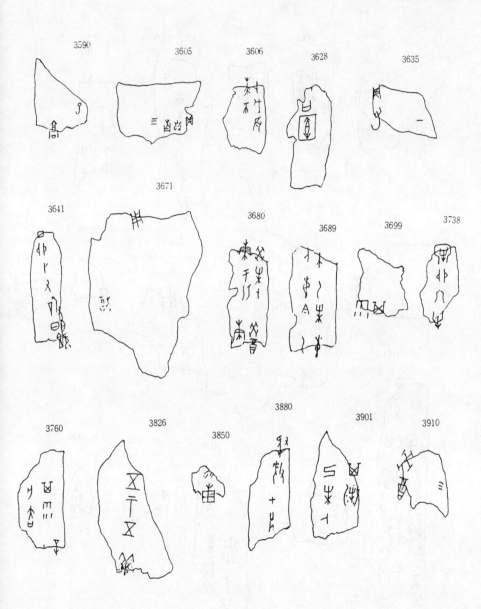

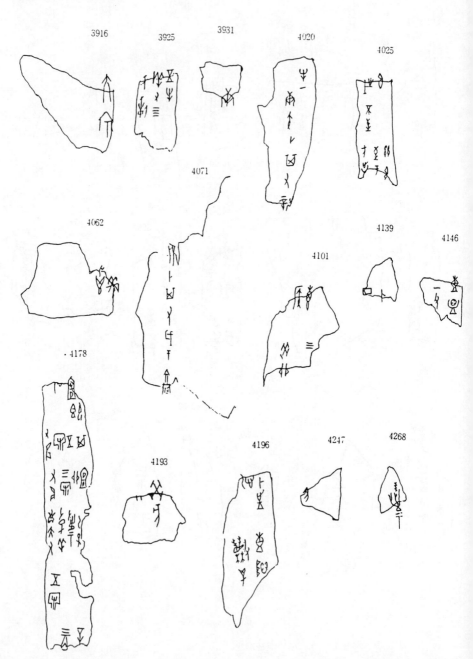

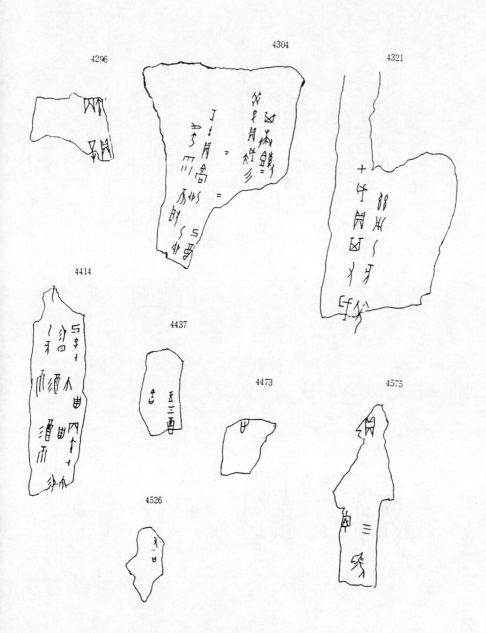

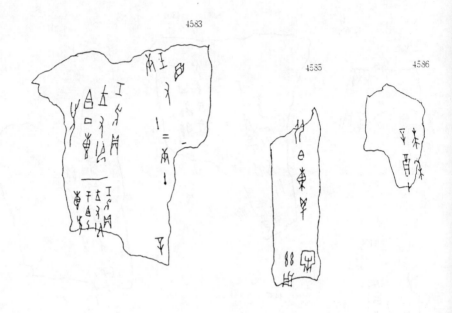

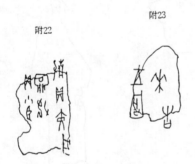

略談研究甲骨文字的新方向

　　中國文字起源於圖繪。由圖繪演變成表形文字，彼此間主要的區別：是前者形構並不固定，一幅圖畫可以表示許多意義，而且絕不代表任何一個語言；後者的形體大致有一定寫法，一形只表一音、一義。文字直接反映的是語言，它代表一種經過約定俗成，用來詮釋語言，傳達思想的工具。而我們今天能夠看到最早的，而具有成熟系統的中國文字，要算是殷代盤庚以後的甲骨文（註①）。

　　甲骨文字仍然保留了許多圖畫意味濃厚的形構，如：罴字作𤲃；漁字作𤉥；𤗪字作𤘫；犁字作𤘔，但大致上已具備了六書中的象形、指事、會意、形聲等書體，以及引申、假借的用法。前人研究甲骨文，基本是以《說文解字》一書為基礎，輔以若干吉金、竹簡文字的形構，來分析甲骨文字的結體，從而追溯文字的本義。在這方面做得最全面的，要推孫海波的《甲骨文編》與金祥恆先生的《續甲骨文編》（註②）。然而，由於甲骨文已經脫離文字草創雛形的階段，若單憑形構的分析、比附來疏解甲骨文的字形字義，是非常不可靠的。因為純由文字的基本結構和字根的角度研究甲骨文，並不能確切地掌握某字在殷代的實質意義。

　　由於文字的字義內涵是隨著語言不斷變動的，或擴大、或縮小，甚或完全更易。殷代文字亦不例外，大多已經脫離了本義的用法，透過不同句式，不同詞性，而呈現各種不同的意義。如：𤇾，即立字；從人站立於地上。卜辭均通作位，列置也。𤓓，即眔字；象淚水由目湧出。卜辭用為連接詞，及也。𤯌，即果字；象果實貌。卜辭用為動詞，作祼，灌祭也；字復用為專有名詞，婦名。𤔔，即隹

字；象短尾鳥。卜辭用為發語詞，作唯；復用為人名。Ｖ，即止字，象足趾形。卜辭借為代詞，作此。這些字義的轉變，有部份我們仍能由字根的整理推溯出來；但有許多用法已經與本字的形構完全不同，我們無法單憑獨體形構去推尋判斷。是以，今日研究甲骨文的途徑，除了在字形分析仍待加強外，更應該透過卜辭辭例、詞彙的理解，排比歸納出每一個甲骨文字在殷代的實際用法，從而釐定出殷代文字在整個中國文字演變過程中的意義。如此研究甲骨文，在判斷字義上至少不致流於揣測猜度，莫衷一是的舊病；在考究殷史料上更藉此有一通盤的認識和堅實的證據。

今就日人島邦男《殷虛卜辭綜類》（註③）收錄從人部首的甲骨文，剔除了誤收（註④）、同義詞（註⑤）和一些因卜辭殘缺，不能釋讀的文字（註⑥）外，總共有七十七字。我們分別由辭例、句型去分析這些字的獨立用法，發現殷代文字的用法，已經遠遠離開本義，進而充份發展文字引申、假借的功用。現以人部文字為例，標示所用本義、引申義、假借義的比率如下表：

殷代文字人部本義、引申、假借表

	字例	甲骨用本義	甲骨用引申義	甲骨用假借義
1	人	。人民		
2	尸			。方國名
3	壬		。盼望	。附庸或將領名
4	疾	。病	。速、烈	
5	尿	。小便		
6	勿			。否定詞
7	屎	。糞便		

8	𠙻		∘地名
9	千		∘數名
10	企	∘開啓	
11	旨		∘人名或族稱
12	身	∘肚	
13	孕	∘懷孕	
14	氐	∘致送、攜帶	
15	元	∘大	∘地名
16	兄		∘附庸族名
17	𠂤	∘示股脛間	∘地名、子名
18	𠂆	∘示背與腿	
19	𠂤		∘人名
20	兕		∘地名
21	長		∘族名
22	猒		∘地名
23	長	∘長幼	
24	耂		∘族名
25	老		∘人名、地名
26	猒		∘地名
27	先		∘族名
28	茍		∘族名
29	光		∘地名
30	兄		∘地名
31	𢥠		∘地名
32	𣎴		∘人名或族稱
33	𣏟		∘人名或族稱

34	𐎠		｡族名
35	兒		｡人名
36	兒		｡族名
37	囚	｡災害	｡地名
38	及	｡趕上	
39	羌		｡族名
40	𦫵		｡地名
41	尤		｡人名｡地名
42	沈		｡地名
43	是		｡地名｡族名
44	及		｡地名
45	比	｡次、頻、往	
46	幷		｡地名
47	北		｡方位
48	𡥆		｡地名
49	沘		｡地名
50	𠈌		｡地名
51	奻	｡眾妾	
52	眾	｡眾人	
53	化		｡地名、族名
54	𡥉		｡人名
55	鬥		｡地名
56	役	｡擊	｡地名
57	保	｡安、祐	｡地名
58	毓	｡生育	
59	值		｡人名

60	休		。地名
61	漢	。埋	
62	竹		。人名
63	伇		。族名
64	耤	。耕耨	
65	虎		。地名。族稱
66	次		。人名
67	國		。人名
68	食		。人名
69	裒		。人名
70	佤		。地名
71	佫		。地名
72	覞		。地名
73	妙		。地名
74	拜	。祈拜	
75	港		。地名
76	醜		。人名
77	代		。更替

　　根據上表人部字的統計，甲骨文字用本義的比率只佔18％，用引申義的有13％，用假借義的卻多達71％。由此可見甲骨文人部的字，不能單純站在本形本義去理解的竟高達八成。是以，吾人要全面研究殷代文字，實有必要整體辭例排比觀察，加強引申、假借的認識。故就文字本形、引申、假借義的串連，編列甲骨文詞彙總編，是當下研究甲骨學者該走的一大方向。

(甲)甲骨文字引申義舉隅

　　文字的引申，是由本義推展、衍生而成，故引申義是本義在語詞涵義上的擴張，二者關係密切。甲骨文有本義與引申義並用的，如：疾，用爲疾病；又用爲劇烈。目，用爲眼睛；又用爲專注。然而，大多殷文在運用引申義的同時，它的本義反而不顯著，如：漁，本象游魚在水中流動，但甲骨文已全用作捕魚的意思。吉，本示持戈守室，但甲骨文只見用作安全意。這也是文字發展成熟的一個普遍現象。

　　今列舉若干甲骨引申義例如下：

1　🔍

　　即疾字省；從人，諸點示人生病所流的汗水。吾人由卜辭辭例如：疾雨、疾邘于某先祖、某人亡疾、問疾有姕否，得知🔍與🔍同字。甲骨文有用作本意：

　　《乙8965》：乙卯卜，貞：「子啓亡疾？」

　　《前1.25.1》：☑貞：「疾齒，邘于父乙？」

疾，病也。卜辭貞問子啓是否沒有疾病，和求父乙降福免除牙患，都是用疾字本義。疾病之來多無期無迹（註⑦），故引申爲急、爲速。卜辭謂「疾雨」，又謂「雨疾」，意即降雨劇烈。

　　《南明202》：☑貞：「今夕其雨疾？」

　　《乙2877》：不其疾雨？

2　👀

　　象目形，隸作目字。卜辭稱眼病爲「疾目」。

　　《佚524》：癸巳卜，殼貞：「子漁疾目，禳告于父乙？」

字引申爲專注、監視。

　　《前4.32.6》：☑貞：「呼目呂方？」

　　《乙584》：目于河？

吕方乃殷西北强鄰，屢次犯境，是以殷人多呼喚守邊監視其動向。目於河，即巡視黃河，以防水患。

3 

隸作保，從人負子，字由而而，本義爲撫養、看顧。《說文》：「養也。」引申有保守、保全、安祐意。卜辭多用引申義。

《乙3294》：☐貞：「茲雲其降其雨，保？」

前辭謂卜問降雨否，祈求上蒼保佑。

《合424》：☐害貞：「寅尹保我事？」

《乙7781》：乙弗保黍年？

《金618》：☐貞「𡍬于西，弗保？」

國之大事，在祀與戎。「保我事」，是卜求先世賢臣寅尹護佑我國內外無恙。「保黍年」，即求佑豐年。

4 

隸作異，字由形衍生，象人雙手持器皿高置頭上，示小心翼翼保護所持物品；爲戴的本字。卜辭引申爲保佑意。

《庫134》：☐雨，帝異降茲邑，禍？

《人2141》：戌寅卜在韋師，自人亡𢦏，異其耤？

「帝異降茲邑」，謂卜問上帝福祐降臨此城邑否。「異其耤」，即保祐自人耕作順利。

5 

隸作吉。敔簋的吉字作，上從斧鉞；持兵戈以守筮盧。引申有平安意，善也。卜辭習言「大吉」、「弘吉」。

《乙3427》：王固曰：吉。亡禍。

《佚894》：己未卜王貞：「乞有求于祖乙？」王吉茲卜。

「王吉茲卜」，即王以此卜爲吉善。

6 

隸作䨖，從至隹。乃至的本字。《說文》：「鳥飛從高下至地也。」篆文省隹形而仍存本義。《論語》：「鳳鳥不至。」即用

至的本字。字引申為來也，到也。卜辭謂召集眾人來會為「雉眾」，以服役於軍事或農耕收割。

《前5.6.1》：☑中不雉眾？王固曰：弘吉。

中，中軍；殷人軍隊已經有左、中，右的編制。此言卜問中軍召眾人入伍宜否。

7 象水中游魚，字畫味極濃，於此可見圖繪過渡到文字的痕迹。隸作漁，名詞作動詞用；捕魚也。卜辭多言「王漁」，即貞問殷王往捕魚宜否。

《前6.60.7》：☑王漁？十月。

由上述諸例，可見若不先根據辭例逐一分析歸納文字的實際用法，徒然就文字的形構定奪字義，是無從真正去認識殷代文字的。

(乙)甲骨文字假借義舉隅

中國文字的衍進過程，大致上是由純擬實象的象形開始，進而透過虛象表意發展出指事，接著會合二或三體形符以示意，便形成了會意。純表形文字的造字方法發展到會意，可謂已經到達頂峰。然而人事日繁，庶物頻生，會意並不足以表達所有意象。先人漸漸懂得由語音的異同去分合文字，利用原有同音或音近的文字代表一些新出的意念，於是一個文字既有用作本義，亦可以兼俱其他同音文字的意思。如：用鵬鳥的朋借為朋友。禾黍的來借為來去，鳥棲的西借為西方。假借字的運用，藉簡馭繁，以一音表眾義，擴大了中國文字的用法。先人透過字音的假借，有了一個共同的認識：只需要引用一個與所欲表示意象近似的語音，再附加上一相關的形符偏旁，便可以輕易的表達出新的概念，從而開始了一形一聲的造字方法。

甲骨文字的假借義基本上是採用同音字的假借，如：借鳳爲風，借燕爲宴，借若爲諾，借衣爲殷，只取其音而不用其本義；然而，有部份假借字基本上是沒有本義的。甲骨文中許多專有名詞都是爲了表達某些新起的人名、族名、地名的需要而創制新字的。這些文字只是隨著該人該族的興衰而誕生而消佚，它們從來沒有機會以本義見用於世。這和昔日部落社會標示的圖騰是可以互看的。如：𠂤，本示人曲背之形，卜辭全不用作本義，借爲方國名，即東方的夷方。𠂤，即休字，象人休憩於樹下；卜辭自始用爲地名。𠂤，即長字，示人身披長髮；卜辭均用爲地名。

根據前表，甲骨文字大半已經運用假借義，是以吾人研究上古文字，對於文字之用必須有一深入剖析。今列舉若干假借義例如下：

1 𠂤

即亦字，兩點示人二腋下。卜辭所用亦字已非本義，習言「亦雨」、「亦出」、「亦圍」、「亦有來艱」、「亦𠂤」、「亦不吉」；均借爲連詞，有又、復的意思。

《前7.35.2》：囗雨。七日壬申電。辛巳雨。壬午亦雨。謂辛巳日有雨，次日壬午又有雨。

2 𠂤

即蜃字，象形，屬蛤類。古人用蜃殼助耕。卜辭多借用爲地支，隸作辰。《說文》：「震也。三月陽氣動，雷電振，民農時也，物皆生。」字又借爲晨，早昧爽也。經傳皆作晨。

《㣇47》：乙未卜，𠂤貞：「辰入馬其犁？」卜辭貞問晨早是否召喚馬方族眾或馬官助耕。字又借爲振，救也，起也。

《粹1207》：己亥貞：「我多臣不辰？」

不辰，即不來振救也。是知蜃的假借義有三：一、干支；二、晨；三、振。

3 🦅

即鳳字，象形。《說文》：「神鳥也。」卜辭借用爲風字。卜辭習言「冓風」，即遇風暴。巨風成災，殷人乃卜求先祖鬼神「寧風」。寧，止息也。

《掇1.549》丙辰卜，于土寧風？

即求土神止息風災。卜辭又借鳳爲殷附庸名。

《京5》：鳳入百？

《甲3112》：甲寅卜，呼鳴🦅，獲？丙辰，鳳獲五。

前辭謂鳳入貢，貢數爲百。此辭又謂鳳助殷王狩獵，丙辰日擒獲獸五。是知鳳字借用作：一，風；二、族名。

4 🌾

從禾從勹，示犁田耕種，隸作利。《說文》：「銛也。」卜辭用爲吉祥意，與「無災」、「弗晦」對貞。

《存1.2036》：☒無災？利。

字又借爲黎。《釋名》：「土靑曰黎。」即古黧黑字。卜辭習言「利馬」，即「黧馬」；黑色馬也。

《佚970》：重利馬眔大𤉲無災？弘吉。

利字在第一期卜辭復借爲附庸族名，屢次入貢。

《粹1505》：利示二十屯。爭。

及至第三期卜辭，利族已爲殷所呑併，成爲殷邊田狩地。

《甲3914》：庚午卜，狄貞：「王其田于利，無災？」

是知，秝字在殷代並不用爲犁田，均屬於假借義：一、吉祥；二、黧黑；三、族名；四、地名。

5 仐

即衣字，用以蔽體。《說文》：「上曰衣，下曰裳。」卜辭借爲殷，盛也，大也。

《乙7119》：翌乙未勿衣夋？

衣夋，即盛大夋祭先祖。卜辭又習言「衣逐」，即率眾大肆狩獵。

《前2.11.3》：壬申卜在䕃貞：「王田㞢。衣逐，無災？」

字又用爲地名；見第四、五期卜辭，與ﾃ、天邑商、公、宮諸地同辭。

《粹1041》：己丑貞：「王于庚寅步自衣？」

是知，衣字不用本義，甲骨文字假作：一、殷；二、地名。

6 希

隸作希，象豕形。《說文》：「脩豪獸，一曰河內名豕也。」卜辭借爲祟。祟、希同屬寘韻。祟，神禍也；即上天降臨災禍。見卜旬卜辭。

《前5.18.1》：癸丑卜，出貞：「旬出希？其自西出來艱。」

7 先

隸作先，象人，首配飾物。卜辭借用爲殷附庸族名。其酋封爲侯，受殷王田地賞賜。

《前2.28.2》：壬戌卜，爭貞：「乞令受田于先侯？」十月。

《撫續142》：乙亥卜，執先？

執先，即驅執先族的族人。

上述假借字字例，在理解上都超出了本義的範圍，而且許多已經兼具數個假借義。是以我們必須由詞義、辭例的綜合比較，才能全面的了解每一字在殷代的確切用義（註⑧）。

(丙)結語

　　根據前文對於字義的探討，吾人今後研究甲骨文的重點，宜注意下列數項：

1. 甲骨文字形本義的分析。
2. 由斷代分期歸納甲骨文字的引申義和假借義的演變。
3. 甲骨文習用詞彙的解釋。
4. 由甲骨文辭例歸併同義詞，明瞭文字的流變。
5. 甲骨文字分期字形表，下與吉金文、篆文、隸、楷結合。
6. 建立古文字學理論。吾人冀能從平實客觀的立場，把甲骨學建立在科學的理論基礎上。

註　釋

①根據考古發掘，目前已知中國最早的文字，是仰韶時期的西安半坡陶文，共二十二字。其形構部份已經符合造字的原則，如：丨、
　‖、八、Ⅹ、Ｙ、↑、Ｐ；同時由相同字形的出現，半坡陶文似乎已具備約定俗成的筆劃。

②孫海波《甲骨文編》・中國科學院考古研究所編輯・一九六五年九月・中華書局。　金祥恆《續甲骨文編》・一九五九年十月・藝文書局。

③日人島邦男《殷墟卜辭綜類》・一九六七年十一月・東京大安。

④《綜類》人部誤收字，如：

　　　　Ｙ 即匕字，撓鼎之器，今言飯匙，所以載鼎實也。《說文》：
　　　「相與比敘也，從反人，亦所以用比取飯，一名栖。」段玉裁注：
　　　「匕即今之飯匙也。少牢饋食禮注：所謂飯操也。禮記雜記乃作

枇，本亦作朼。」吉金文作，見鼻鬲。卜辭不用本義，借爲𡛷，即妣，殁母也。

〈後下22.5〉：☒叀伐匕于箐？

伐，祭名；謂殷人卜問伐祭先妣於箐地。匕又借爲牝，畜母也。

〈南明734〉：己丑卜，王叀壬匕犬禽？

謂殷王於壬日將擒獲牝犬。字復借爲庇，蔭也；祐也。

〈京3860〉：弜匕，冓雨？

〈後下36.6〉：乙巳卜，叀北唯匕？

又如：實爲人二字合文，即登人；意即徵召人民從事征伐。

〈存1.564〉：癸巳卜，㱿貞：「登人呼伐𢀛☒？」

⑤人部同字異構的字，主要是因爲時代不同，書寫上有省簡或增繁的現象。如疾字作，作；身字作，作，作；兕字作，作；長字作，作，作，作；囚字作，作，作，作；羌字作，作，作，作，作；沘字作，作，作；衆字作，作；役字作，作，作；毓字作，作，作；虎字作，疊作等。我們由文字的結體，與及在語句中的詞性、用法等加以比較，可以證明以上諸組字例皆屬於同字異構。

⑥人部存疑的字，有：、、、、、、、、、、

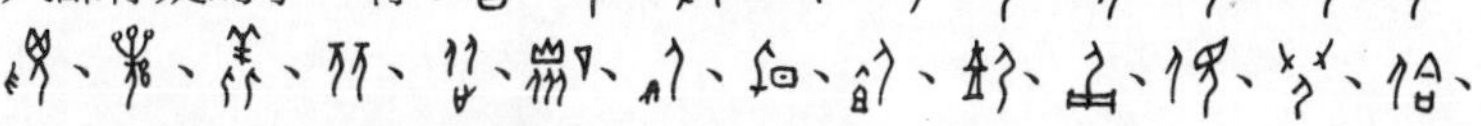

、。彼等字形雖然能夠比附於若干偏旁，唯上下文殘缺，不能通讀，故暫置諸存疑部份。

⑦參段玉裁《說文解字注》七篇下疾字。

⑧本文引申、假借字例，均節錄自拙稿《殷虛甲骨文字通釋稿》。一九八九年十二月。文史哲出版社。

甲骨學九十年的回顧與前瞻

今天非常榮幸能在這裡與各位討論一些甲骨學史的問題，這些問題過去是一直在思考的，可是感覺上仍未十分成熟。事實上這個題目由我來報告並不是太恰當，因爲甲骨學到現在至少發展了九十年，對我來說，我踏進這門學問圈子裡也不過是十幾年的事。所以以十幾年來看九十年的發展，而且又要在兩、三個鐘點中向諸位報告完畢，自然是一次不太客觀的探討。因此，在這幾個鐘點裡面我只準備重點的與諸位談一些人和事　這些人和事都是對整體甲骨學史有較深遠的意義。報告很粗略，希望在座諸位能多賜教。

我早在中學的時侯曾閱讀了一些王國維先生的文章，認識了甲骨文的一些大概，正式接觸甲骨學則是始自我在台灣大學唸書的時候，那時開授甲骨學的是　金祥恆先生，我深受　金先生治學的篤實態度所感動，很自然的便跟隨他寫了些文章。當年的董作賓先生和金先生都有一個共同的願望，就是把甲骨學這門學問加以普及推廣。今天我亦希望能用簡單的語言把一些糾纏的問題解釋清楚，向諸位交代九十年間這門學問的發展重點。首先我們來看看什麼叫甲骨文。

第一節　甲骨文的名稱

過去研究甲骨文字的學者對於它的名稱是並不統一的。最開始的時候，一般人並不知出土的甲骨爲何物，只稱它作「龍骨」。當

然這名稱是非常不適合的。所謂龍骨是古代動物的化石，在中醫來說是具有補腎止血的功用，但與我們所說的甲骨顯然不是同一樣東西，後來亦沒有人再用此名。也有學者稱這些材料爲「甲文」、「龜甲文」，但事實上甲骨文不僅刻在龜甲上，殷墟出土的甲骨文有刻在牛、羊、豬、鹿、虎、象，甚至人的頭骨上面，因此單稱之爲龜甲文顯然並不是太理想。若干學者以它們刻於龜甲上而稱之爲「契文」，但事實上甲骨文除了以契刻爲主外，亦有用毛筆寫上去的，故契文這名稱並不能全面涵蓋這些材料。有學者認爲它們的內容是有關貞卜事情的，故稱之爲「卜辭」，可是甲骨文中亦有記事的刻辭，所以卜辭的稱呼也不理想。有學者認爲這些都是殷商的文字，故直稱爲「殷文」，但由周原等地已陸續發現周代的甲骨文，殷文自然亦並不是理想的名稱。有學者認爲它們是殷墟出土的，所以便稱之爲「殷墟文字」。可是目前所見的甲骨文很多都是在殷墟以外的地方出土的。而且殷墟出土的文字，也不單只是甲骨文，尚有許多刻在陶器、銅器、玉器、石器上的文字。因此殷墟文字這名稱與甲骨文並不相稱。

最後我們要說個比較恰當的名稱——「甲骨文」。所謂甲骨文，是泛指刻寫在龜甲獸骨上的文字。這名稱基本上已足以涵蓋我們所需要研究的對象。今日的甲骨學者大致亦認同了這個名稱。研究有關甲骨文的這門學問，我們稱之爲「甲骨學」。

第二節　甲骨的發現

甲骨文最早是出現於清光緒年間。傳說在光緒廿五年（1898年）秋，北京城的一位金石學家，亦是當時的國子監祭酒（相當於現在

的國立大學校長）王懿榮因患病，遂延請太醫診治，太醫診脈後便開了一張藥方，王懿榮隨即派下人往藥店購藥。那藥店根據記載是北京宣武門外菜市口的達仁堂。藥買回來後，他是個好學的人，因為藥是吃進肚子裡的，當然是要看看是些什麼東西。無意間他發現其中有一味特別的藥，叫做龍骨。一時好奇，遂拿起一看，竟然看見龍骨上刻有些類似篆文但又不認識的文字，他大為吃驚，於是便馬上派人把達仁堂的龍骨全數購回。果然在其中又發現了好些刻有文字的骨片，於是這便成為發現甲骨文字最早的紀錄。一般的甲骨書籍都是以此年（1898年）作為研究甲骨的起點。但事實上這故事聽起來卻有點兒可疑。近人提出可疑的地方共有三點：

一、北京菜市口由光緒年間迄今根本就沒有達仁堂這個中藥店。我曾託友人走訪宣武門外及菜市口一帶，附近只有二間中藥店，一間是宣外騾馬市大街84號叫"鶴鳴堂"；另一間是在宣外菜市口廠內大街7號叫"西鶴年堂"，這個西鶴年堂是個老字號，店內的牌匾是明朝嚴松的書法。

其後友人復來函見告，他四處調查的結果，知道在解放初期，北京前門外大柵欄內確開有一"達仁堂"，現在是鞋店。據一些中藥店的老人說："達仁堂"和"同仁堂"都是樂家經營的，最初的撐櫃的是樂達仁，起名"達仁堂"藥店。"同仁堂"只在北京有，而"達仁堂"則在北京以南一些大城市都有分號經營。由此看來，這間達仁堂的開業年間亦不能早到清代末年。

二、中藥店在用龍骨配藥時的習慣，往往是先將這味龍骨搗碎成粉末，然後才混入藥包中出售的。那麼，當時的王懿榮是不可能在藥包中看見一塊塊的龍骨片，自然亦無從由龍

骨粉末中發現它上面是否刻有文字。

三、根據羅振玉等早期描述殷墟的書籍，可見當年有字的甲骨
　　是無人收購的，農民需要將甲骨上的字跡刮去才能賣掉。

　　如此，王懿榮是不太可能在他的藥包中發現甲骨文字的。
根據以上三點，由買藥而發現甲骨文的美麗傳說是不可靠的。但事
實上，王懿榮是近代較早接觸、收購和鑒定甲骨的人，這說法大體
是不錯的。而甲骨的發現，應以河南安陽西北郊小屯村的農民居首
功。

第三節　甲骨四堂

　　王懿榮是第一批接觸甲骨的學者，他在1898年首先大批收購甲
骨文字，但可惜在第二年（1900年）八國聯軍攻入北京，王懿榮自
殺，因此並沒有對甲骨作任何的研究，其後王家家道中落，王懿榮
的兒子王翰甫出售家中古物，王懿榮的友人劉鶚悉盡購入王氏所藏
千餘片甲骨，又絡續向北京古董商收購，約得五千餘片。其時，劉
鶚的家庭教師羅振玉有機會目睹這些殷墟寶物，乃力勸劉鶚選其中
精要拓印傳世。1903年乃編成《鐵雲藏龜》，這是第一部著錄甲骨
文的書籍，但可惜劉鶚因罪被判充軍新疆至死，故亦沒有機會對甲
骨作進一步的研究。

　　將甲骨和甲骨文字建立爲顯學的，首推甲骨四堂。

　　談起四堂，對於我的研究工作無疑有一種策勵的意義。事實上，
當今研究甲骨的都是以四堂的後人爲主，此外的重要學者幾乎都受
到四堂直接或間接的影響，所以甲骨四堂在甲骨學史上是有啓先之
功。由今日來看四堂的研究成果，自然覺得有不周全的地方，然而

「但開風氣」，四堂在甲骨史上是肯定佔有極重要的位置。他們能就同樣的材料而「看人所不能看」，「說人所不能說」，這份靈敏的觸覺已是我們後輩需要學習的地方。

　　㈠　羅振玉　號雪堂。（1866～1940）浙江上虞人。

　　羅振玉爲清末遺老，觀念保守。唯學問爲天下公器，自不能因人而廢言。他對於甲骨學的貢獻可以歸納爲以下五點：

(a) 甲骨文的搜集和流傳。

　　研究古文字最重要的首務是整理、掌握一手材料，而羅振玉對於甲骨的最大貢獻亦在此。他以辦報的財力積極的搜羅以萬計的甲骨，並親自選拓督印成書，即其著名的貞松堂本：

　　　《殷虛書契前編》　　　1913年
　　　《殷虛書契菁華》　　　1914年
　　　《鐵雲藏龜之餘》　　　1915年
　　　《殷虛書契後編》　　　1916年

這些材料拓制精細，而且都是眞品。後來郭沫若對這些書的評價非常高，認爲是研究甲骨必備的書。沒有羅氏這些書的材料，當時根本談不上任何的甲骨研究。

(b) 對甲骨出土地望和年代的確定。

　　在羅振玉以前，大家只猜想甲骨是上古三代之物，但確實的時限卻無人能識。早在劉鶚的時候，對於甲骨出土的地方，亦受商人欺騙，以爲甲骨是出土於河南的湯陰。當時的國外學者也同樣被騙，日人林泰輔的《龜甲獸骨文字》是國外的第一部甲骨著錄，他在序中也稱甲骨出土於湯陰。及至羅振玉一再加以利誘，商人才說出「龍骨」的正確出土地點爲安陽。羅氏隨而根據《史記》考證出安陽爲殷代後期建都的所在地。

　　　　《史記》〈殷本紀〉索隱："契封于商，其後盤庚遷殷。"正
　　　　義引《括地志》："相州安陽，本盤庚所都，即北冢
　　　　殷虛。"
　　　　《史記》〈項羽本紀〉："項羽乃與期洹水殷虛上。"傅瓚注：
　　　　"洹水，在今安陽縣北。"

羅氏遂推斷這些甲骨文字是殷代貞卜的文字。他隨即派遣其弟羅振
常和妻弟范兆昌前往安陽，直接搜購甲骨。1916年，他更親赴安陽
作實地調查。

　　至於甲骨的年代，1910年羅振玉在《殷虛貞卜文字考》的序文
中已提出是商代晚年武乙時期的遺物，及至1914年他寫《殷虛書契
考釋》的時候，更進一步指出安陽小屯的甲骨是商王武乙直至帝辛
滅亡間的占卜文字。這和我們目前認為殷虛甲骨的年代是由盤庚以
迄帝辛的結論相距不遠的。

(c) 運用甲骨文考釋殷帝王名號，並糾正古書的訛誤。

　　羅氏已體察由地下材料印證古書的重要性，他在《殷虛書契考
釋》中歸納自成湯至帝辛間帝王謚名見於卜辭的共有17人，其中的
15人與《史記》〈殷本紀〉相合；並認為《史記》的天乙即卜辭的
大乙之訛；武乙之子，《史記》書作大丁，而《竹書紀年》則作文
丁，與卜辭所言的文丁、文武丁相合，是知《史記》誤而《竹書》
正確。

(d) 考釋甲骨文字

　　羅氏針對甲骨文的形、音、義分別加以考釋。《殷虛書契考釋
》為羅氏研究甲骨文字集大成之作，其中包括都邑、帝王、人名、
地名、文字、卜辭、禮制、卜法等八類，奠定了後人分析甲骨內容
的基礎。由1914年的初版考釋出485字，增加至1927年增訂版的571
字，主要包括一般的干支、數目、象形、方向、否定詞等常見字例。

至今我們所認識的甲骨文字也不過是一千字上下，所以羅氏在考釋文字方面貢獻甚大。

(e) 提出研究甲骨的方法

羅氏在《殷虛書契考釋》中歸納研究甲骨學的困難有三：(i)文獻少、(ii)卜辭詞句過于簡單、(iii)古文字形體的不規則、不固定。他強調考索文字重在由下往上推的方法："由許書以溯金文，由金文以窺書契"。這種推的方法的確能夠幫助吾人認識若干字的本義，尤其是圖畫意味濃厚的象形文字。但是甲骨文並非是中國最原始的文字，它已經是一種非常成熟的字體，但是甲骨文並非是中國最原始的文字，它已經是一種非常成熟的字體，基本上兼備了六書的用法，所以單憑文字形體的比附，我們不能通讀甲骨文。譬如一個🐟字，象魚群在水中游動，是一個圖畫文字，可是該字在殷代的用法如何，它在上下文之間是如何講的呢？這仍需要利用其他的方法來判斷它的用義。可是當時羅氏能充份利用金文、說文來作爲研究甲骨文的橋樑，已是一個非常重要的識見。

以上五點貢獻，基本上以第一項對於甲骨的流傳功勞最大。羅氏竭力收集拓印甲骨，使後人能有可靠可用的研究材料，這是羅氏了不起的地方。而他更了不起的是能夠知人善用─對於王國維的賞識和提拔。

㈡　王國維　號觀堂。（1878～1927）浙江海寧人。

四堂中對於甲骨學的貢獻以王國維居首功。他早期是學古文，走科舉爲官的路，繼而興趣轉向西方哲學，接著又熱衷於文學、文學批評，研究詩詞、紅樓夢，最後因羅振玉的關係而進入中國古代史、古文字學的範圍。王國維當時只是一個年青小伙子，但羅振玉已預見他將來在學術上的成就，把家中大量藏書與古物借與王國維閱讀，後來更攜同王國維東渡日本，讓他能充份利用所藏甲骨。王

國維能成就他顯赫的學術地位，自應拜羅氏所賜。王國維對於甲骨學方面的貢獻，歸納爲以下六點：

(a) 考釋文字

過去羅振玉考釋文字多達數百，但是以易識的常用字爲主。王國維精通文字、音韻、訓詁之學，而且充份利用比較文例、文獻的方法，他所考釋的雖只有十餘字，但均爲通讀卜辭的關鍵字，篇篇皆有獨特的見解，能發前人之所未發。如〈釋旬〉、〈釋西〉、〈釋史〉、〈釋禮〉、〈釋天〉、〈釋物〉等論文，具收入他親編的《觀堂集林》中。此書爲研讀甲骨必備之經典。

(b) 提出二重證據法

王氏在清華研究院開授古代史的課，後結集成《古史新證》一書。書前的總論提出考證古代史必須充份利用遺留下來的可信古籍，如《詩》、《書》、《易》、《禮》、《春秋》、《左傳》、《國語》、《世本》、《竹書紀年》、《戰國策》、周秦諸子和《史記》等，與地下發掘的甲骨、金文相互印證。王氏的治學方法遠比當日仍盛行的乾嘉戴段二王以來「以經注經」的方法更能客觀的「看人所不能看」，收獲自然倍勝於前人。

(c) 利用甲骨探討商周歷史和典章制度

王國維自1915年開始寫了一系列的文章，都是集中討論上古史的問題。例如：

〈殷虛卜辭所見地名考〉	1915年
〈三代地理小記〉	1915年
〈鬼方昆夷玁狁考〉	1915年
〈殷周徵文〉	1916年
〈殷周制度論〉	1917年
〈古史新證〉	1925年

由此可見王國維潛心攻治古器物、古文字學並非玩物喪志，他是以研究文字爲手段，藉以考究文字背後的地理、方國、社會狀態和典章制度，從而反映古代歷史的眞面目。

(d) 先公先王考以證古書的可靠。

1917年王國維先後寫畢〈殷卜辭中所見先公先王考〉、〈續考〉兩篇文章，已足以奠定其在甲骨四堂的位置。因爲這兩篇文章的出現，使我們了解到《史記》記載的的眞實無訛。這對於當日由崔述、康有爲以至顧頡剛的疑古學派和中國文化西來說無疑是强而有力的反駁，從而肯定我國古文獻的可信度。

王氏的考釋論證犀利，如卜辭中的殷先公王亥，王氏論定爲《世本》的胲、〈帝繫篇〉的核、《楚辭》〈天問〉的該、《呂氏春秋》的王冰、《史記》〈殷本紀〉的振、《漢書》〈古今人表〉的垓。文中論證的串連都充分利用文字、音韻與文獻互較等方法，可見其目光的敏銳細微。

王氏又據《楚辭》〈天問〉中的「該秉季德，厥父是臧」和「恆秉季德」諸文，提出卜辭中的王亥當即該；卜辭中的王亘當是恆，乃王亥之弟。該與恆皆「秉季德」，卜辭中亦有殷先公季，當即胲、恆之父，而〈殷本紀〉復言「冥卒，子振立」，遂推知卜辭的季即文獻的冥。

郭沫若在《古代研究的自我批判》中曾對王國維的〈先公先王考〉一文推崇備至，郭說：“他首先由卜辭中把殷代的先公先王剔發了出來，使《史記》〈殷本紀〉和《帝王世紀》等書所傳的殷代王統得了物證，並且改正了他們的訛傳。” 又說：“我們要說，殷虛的發現，是新史學的開端；王國維的業績，是新史學的開山。”

這無疑是十分客觀中肯的評價。

(e) 啓迪甲骨的綴合

殷墟甲骨是多災多難的地下寶物，一出土便不斷遭受天災與人禍的破壞。譬如農民盲目挖掘時的破損，商人把同一片甲骨又分割售與不同的買主，都在在增加了解甲骨的困難。殷墟十五次發掘的三萬多片甲骨不幸因抗日而由安陽搬至昆明，因內戰再由昆明移至台灣。到了台灣島，復由中部楊梅轉運至北部南港。到了南港，又遭水災浩劫。許多甲骨片就在漫長的搬運過程中斷裂，甚至變成粉碎，再也無法復完。

我們從事研究工作自然重視掌握完整的材料。完整的甲骨片對於我們理解卜辭的上下文和對貞的關係都有決定性的幫助，所以併合復完破碎的甲骨是一項極困難而急於完成的工作。首先點出甲骨併合的重要性的，是王國維。王氏在1917年爲上海倉聖大學猶太人姬佛陀編寫《戩壽堂所藏殷虛文字》及《考釋》，發現其中的一片〈戩1.10〉可以和羅振玉《殷虛書契後編》上8.14一片所記的世系相連，斷痕相接，可以互相結合，乃"一片折而爲二"，遂開創了綴合甲骨的先例。於此，我們亦不得不佩服王國維先生過目不忘的記憶能力。

(f) 開創斷代研究的方向

所謂斷代，是決定每一片甲骨的時代。甲骨學史上研究斷代成就最大的是董作賓先生，而開其先河的，還是王國維。董先生在北大時曾是王氏的學生，他的斷代方向可能是承受王氏的影響。

王國維在〈殷卜辭中所見先公先王考〉一文中，根據羅振玉的

《後編》上20.9一片中的父甲、父庚、父辛並祭的稱謂，與〈殷本紀〉世系相核對，論定此片爲“武丁時所卜”。父甲、父庚、父辛分別爲武丁對其父輩陽甲、般庚、小辛的尊稱。王氏復據《後編》上7.7一片的兄庚、兄己並祭的稱謂而定爲“祖甲時所卜”，兄庚、兄己相當於〈殷本紀〉的祖庚、祖己。此無疑開啓了董作賓、郭沫若等學者對於卜辭斷代研究的先路。

　　㈢　董作賓　號彥堂。（1895～1963）河南南陽人。

　　董作賓先生是我老師的老師，在四堂中他對於甲骨的貢獻是僅次於王國維，主要有如下四點：

（a）殷墟的挖掘

　　自1898年甲骨出土以後，同時本身亦開始遭受破壞和散逸的威脅。由於甲骨的價值漸爲人所悉，小屯農民每年都有集體或個別的私掘，使大批甲骨失去了原有的地層關係；另且大量的甲骨隨而流散於國外，如美、加、英、日、蘇俄、瑞士、香港等地都有公、私的收藏。爲了挽救甲骨和其他的殷遺存，1928年秋中央研究院歷史語言研究所成立，隨即委任董先生爲研究員到安陽實地考察。董先生認爲殷墟的挖掘仍有可爲，遂在同年的10月開展了15次利用現代考古技術的發掘，至1937年6月止總共發掘了有字甲骨近三萬片，特別是在第三次發現了著名的大龜四版，對於甲骨的研究更是具有特殊的意義。董先生是一連串科學挖掘中始終參與其事者，爲新中國保存了最完整、最可靠的一批材料。

（b）甲骨斷代

　　在1929年12月的第三次殷墟發掘，發現了四個較完整的龜腹甲，

上面都刻滿了文字，報告稱此爲"大龜四版"。其中的一個龜甲上〈甲2122〉，每一條卜旬卜辭的干支之後和"卜"字之前都有一個相當於人名的字。董先生認爲可能是當時參加占卜活動問卜的史官名字，稱作"貞人"。這個龜腹甲上總共有 ㄓ、賓、𝄞、𝖼、𝖽、爭六個貞人，他們自然應該是同一個時期的人。1931年董先生在《安陽發掘報告》第三期上〈大龜四版考釋〉就提出了貞人斷代的學說。1933年董先生撰《甲骨文斷代研究例》一書，站在貞人的基礎上進一步歸納了十個斷代的標準：

　　一世系、二稱謂、三貞人、四坑位、五方國

　　六人物、七事類、八文法、九字形、十書體

並把甲骨的年代劃分爲五個時期：

　　一盤庚、小辛、小乙、武丁

　　二祖庚、祖甲

　　三廩辛、庚丁

　　四武乙、文丁

　　五帝乙、帝辛

斷代的劃分使十多萬片零散的甲骨從此鴻濛鑿破，成爲有條理有系統的史料，更藉此可以探討不同時期典章制度的深變，把商史的研究建立在一個比較科學的堅實基礎上。

(c) 甲骨分派研究

　　董先生後來透過斷代的研究，復推出分派斷代的觀念，重新把甲骨就新舊派的更替區分作四個階段：

　　第一階段　舊派（遵循古法）　盤庚、小辛、小乙、武丁、祖庚

　　第二階段　新派（改革新制）　祖甲、廩辛、庚丁

　　第三階段　舊派（恢復古法）　武乙、文武丁

　　第四階段　新派（恢復新制）　帝乙、帝辛

新、舊派的差異可由祀典、曆法、文字、卜事四方面加以比較。詳
參董先生的《殷曆譜》和《甲骨學六十年》。

> *1.* 祀典　舊派的祀典繁雜，祭祀種類有：彡、畺、魯、屮、袞、
> 勺、福、歲、御、匚、冊、帝、烄、告、求等。新派的祀典
> 有系統，通常爲：彡、翌、祭、畺、魯五種常祀。

> *2.* 曆法　自祖甲開始卜辭中已不見有"十三月"，又把"一月
> "改爲"正月"。可知殷代曆法是由舊派的"月終置閏"演
> 變爲新派的"月中置閏"。

> *3.* 文字　如：王字舊派作，象王者正面拱手而坐之形，頭上
> 無冠，新派則增作。叙字舊派作，象焚木柴之形，新派
> 則改作，以手奉木於神前之形。又，祭名，舊派作，新
> 派則作。

> *4.* 卜事　舊派繁雜迷信，新派簡略開明。如卜告、卜求年、卜
> 受年、卜日月食、卜雨、卜有子、卜娩、卜夢、卜疾病、卜
> 死亡等都不見用於新派。

然而，董先生的分派研究對於甲骨學界的影響顯然沒有《斷代例》
來得廣，這與第三階段的自組、午組等卜辭是應屬於第一期抑或第
四期的斷代有關。就目前的研究結果看來，這批所謂復古的材料似
乎是宜置於第一期卜辭中的。

(d) 殷代曆法研究

　　董先生留給甲骨學後人兩本了不起的著作，一本是《甲骨文斷
代研究例》，一本則是《殷曆譜》。其中尤以後者更是體大思精的
專門著作，目前台灣能通讀此書的不會超過十人，因爲要了解殷曆
必需先要具備古文字學、天文學的基礎，以及具備一條量天尺。董
先生爲了要從事殷曆的研究，做了許多吸取天文知識的準備工作，
除了1945年寫定《殷曆譜》外，在1960年、1974年分別撰寫《中國
年曆總譜》、《中國年曆簡譜》。董先生研究殷曆表面上是透過卜
辭中日月交食的紀錄與置閏的推求，印證合天的曆譜，從而確定殷
周的年代。事實上他更希望藉此書作爲甲骨分派研究的實驗，建立
一新的體系。他在《殷曆譜》自序說：

　　　"此書雖名殷曆譜，實則應用斷代研究更進一步之方法，試作
　　　甲骨文字分期分類分派研究之書也。余之目的，一爲藉卜辭
　　　中有關天文曆法之紀錄，以解決殷周年代之問題，一爲揭示
　　　用新法研究甲骨文字之結果。　"

殷代曆法實爲研究殷墟卜辭中最困難的一部分。大陸學者曾有初步
評介四堂的文章，但只寫了羅振玉、王國維、郭沫若三堂，唯獨缺
董先生一人，《殷曆譜》的難讀也未嘗不是其中的一個因素。

　　（四）　郭沫若　號鼎堂。（1891～1978）四川樂山人。

　　甲骨四堂中最絕頂聰明的，要算是郭沫若。他的天才可以直追
王國維。郭氏對於文學、哲學、史學、考古、古文字學、戲劇、詩、
詞、文藝創作、書法等，斷乎無一不精，都有其獨特的見地。他研
究一門學問，都能夠在最短的時間有最多的收獲，「看人所不能看」。
郭氏在甲骨方面的貢獻，有以下六點：

（a）結合古文字和古代史，對古代社會作全面系統的研究。

以下是郭氏有關綜合古文字和古代史的一系列著作：

中國古代社會研究	1930
兩周金文辭大系	1931
甲骨文字研究	1931
殷周青銅器銘文研究	1931
金文叢考	1932
卜辭通纂	1933
中國古代銘刻匯考	1933
中國古代銘刻匯考續編	1934
兩周金文辭大系圖錄考釋	1935
殷契粹編	1937
殷周是奴隸社會考	1942
論古代社會	1943
古代研究的自我批判	1944
青銅時代	1945

短短的十餘年間，他完成了十四套巨著和許多單篇的論文，其著作量之多，而且議論深入有創見，在前人是無出其右的。我們固然可以解釋是由於他的聰明才氣，但主要的更是他有一明確的追求目標：他要透過古文字去了解中國古代社會的源頭和其社會形態。由古代奴隸社會的肯定，從而作為他在現世傳播馬克思主義的唯物史觀的理論基礎。這是郭沫若研究古文字和無限創作慾望的動力根源。不管他的寫作動機是如何，他的研究成果和時代意義是藉得讓我們後人深思的。

(b) 擅用排比方法研究甲骨。

　　如《甲骨文字研究》〈釋五十〉一文，討論卜辭的 ✡。此字自羅振玉以來皆認爲與 ✗|一般，乃「十五」的合文，但郭沫若排比「十五」與「五十」的卜辭，歸納卜辭的十之倍數皆合書，如 ∪、∪∪、∪∪∪是，而不足十之數皆析書。郭氏由綜合文例的異同來推論 ✡ 實即五十的合文，可謂深具卓識。郭氏這種排比文例以考究文字的用法，是一個很好的研究方向，可惜這方面的工作在過去做的並不徹底，希望將來有多些朋友在這裡下功夫。

(c) 考證殷先王名稱

　　早在羅、王時代，基本上已把卜辭中的先公先王名稱剔出來了，但其中亦有訛誤的地方。如羅振玉以來均釋 ✦ 爲羊，謂羊甲即《史記》的陽甲，及至郭沫若始在〈通118〉一片考釋中論定 ✦ 甲才是陽甲，而 ✦ 甲則是另一先祖沃甲：

　　　"✦ 甲在南庚之次，小辛之上，考之《史記》，南庚與小辛之間爲陽甲、盤庚，此 ✦ 甲正是陽甲。……又南庚之上有半泐者，亦當是帝名，余謂乃 ✦ 之泐。……彼與此同見而又在南庚之上，則釋爲羊甲、羌甲者均非也。……✦ 甲乃南庚之父沃甲也。"

郭氏又據〈通176〉一片中的世系排比互較〈殷本紀〉，論定卜辭的戔甲相當於河亶甲：

　　　"殷王之名甲者有大甲、小甲、河亶甲、沃甲、陽甲、祖甲，其於甲日卜祭某甲而合祭某甲者，二甲必相次，所祭者在後，所合祭者在前。戔甲與小甲爲次，亦正當於河亶甲也。"

(d) 藉甲骨探討上古神話

　　*1.*帝使鳳

　　古代神話中鳳鳥為上帝的使者，郭沫若引用卜辭印證此說出自殷商。

　　〈通398〉　于帝史鳳二犬？

　　釋文：“蓋視鳳為天帝之使，而祀之以二犬。荀子解惑篇引詩曰『有鳳有凰，樂帝之心』。蓋言鳳凰在帝之左右。今得此片，足知鳳鳥傳說自殷代以來矣。”

　　〈通別2.2〉乙巳卜貞：王賓帝史，亡尤？

　　互較二片卜辭，第一片的帝使鳳早在殷代已見用為祭祀的對象。

　　2.蜺虹啜水

　　虹，古傳說為兩首蛇，見於雨後，飲水於河邊，人以手指之則手腐爛。郭氏指出此傳說與卜辭所述相吻合。

　　〈通426〉　　王固曰：虫祟。八日庚戌虫各雲自東𡇏母，昃，亦虫出蜺自北，飲于河？

　　釋文：“𦥑是蜺字，象雌雄二虹而兩端有首。……釋名云：『虹，攻也，純陽攻陰氣也。又曰蝃蝀。其見每於日在西而見於東，掇飲東方之水氣也。』……蜺既象有雙首之虫形，文復明言飲，是則啜水之說蓋自殷代以來矣。”

(e) 以干支計算地望的距離

　　郭氏在《甲骨文字研究》、《卜辭通纂》、《殷契粹編》考釋中都能充份利用干支的關係以計算日程。如郭氏排比〈通431〉、〈通512〉二辭，定出“沚國在殷之西，土方在沚東，呂方在沚西”、“土方在殷之北”，“呂方在殷之西北”的大概位置。復由〈通513〉一辭推算土方、呂方的正確距離。

　　〈通513〉四日庚申亦虫來艱自北，子𤔲告曰：昔甲辰方圍于𢽦，

俘人十屮五人；五日戊申，方亦圍，俘人十屮六人。

六月在◻。

釋文："本片言「四日庚申亦有來艱」，則四日前之丁巳必曾

有來艱一次，又言『昔甲辰方圍于屰。…五日戊申方亦圍』，

則庚申之來艱乃報戊申之寇，丁巳之來艱乃報甲辰之寇也。

甲辰至丁巳十四日，戊申至庚申十三日，邊報傳至殷京（今安

陽）之日期前後相差不遠，是知土方之距殷京約有十二三日之

路程也。每日行程平均以八十里計，已在千里上下，則土方之

地望蓋在今山西北部；而呂方或更在河套附近也。"

郭氏除了估計日行八十里稍有偏差外，其推算方法基本是正確的。

古書一般記載日行三十里。如：《詩經》〈六月〉："我服既成，

于三十里。"鄭箋："日行三十里，可以舍息。"《周禮》〈遺人

〉："三十里有宿，宿有路室"。今按平均日行三十里計，屰地南

距殷都約四百里。土方約在山西省，而呂方宜遠在陝西一帶。另外，

古代方國逐水草而居，其地並不固定，是以這依據干支計算地望也

只能推敲出一大概的方向。

(f) 主編《甲骨文合集》

《甲骨文合集》由現存十六餘萬片甲骨中選取四萬多片，十三

巨冊堂堂推出，爲目前最完備的甲骨資料集成，對於甲骨材料系統

的分類分期整理有極大的貢獻，亦提供學者基本的研究材料。這是

郭沫若晚年對甲骨學的另一功勞。

郭沫若是個絕頂聰明自信的人，然而下筆萬言，往往立論太急

太粗，而又不甘心從闕，故四堂的文章亦以郭氏問題最多。譬如郭

氏就〈粹1162〉"丁酉卜，其呼多方小子小臣，其敎戒？"一條，

遂謂"與殷鄰近各國有派遣留學生至殷都之事"，是過於武斷大膽的。又如〈通140〉："貞：𤕝甲不𡆥王？"釋文謂𤕝象狗形：

> "𤕝乃狗之象形文，亦即小篆苟字。…金文多用爲敬字，…蓋敬者警也。自來用狗以警夜，故假狗形之文以爲敬，就其物類而言謂之狗，就其業務而言謂之敬。"

唯此說並無實據。卜辭中本有狗犬字作𤠮。甲骨偏旁從亻的皆象人身，如：𦣻（望）、𤕲（疾）、𡰪（屎）、𡰣（尿）、𠂤（身）、𠂤（長）、𠀱（死）、𠂤（及）、𠆎（比）、𠦜（并）、𣂈（競）、𠦜（眾）、𠂤（鬥）、𠊳（育）、𤕲（休）等是，而動物的取象卻鮮從人身的，如𦍌（羊）、𤓷（牛）、𧆸（虎）、𧰼（象）等字可見。郭氏僅由音韻相近似來推定文字的關係，其證據是並不充份的。

　　另外，郭氏有關於鐵的擁有時期，奴隸社會與封建社會間的上下限、以至殷代農業發達與否的問題，其論點都是一再更易。由此都可見郭氏立論的急燥。

　　以下粗略的談一談甲骨四堂的後人。

　　羅氏弟子：羅福頤（故宮博物院）

　　　　　　　商承祚（中山大學）

　　　　　　　孫海波（復旦大學）

　　王氏弟子（清華時期）：余永梁

　　　　　　　　　　　　戴家祥（北京師範大學）

　　　　　　　　　　　　徐中舒（四川大學）

　　　　　　　　　　　　朱芳圃（河南大學）

　　　　　　　　　　　　吳其昌

　　王氏弟子（北大時期）：丁山

　　　　　　　　　董作賓（中央研究院）

　　　　　　　　　容庚（中山大學）

自稱受羅王之學影響者：郭沫若（中國科學院）

　　　　　　　　　唐蘭（北京大學）

　　　　　　　　　于省吾（吉林大學）

董氏弟子：胡厚宣（中國科學院）

　　　　　嚴一萍（藝文印書館）

　　　　　金祥恆（台灣大學）

　　　　　李孝定（中央研究院）

　　　　　張秉權（中央研究院）

受董學影響者：陳夢家（暨南大學）

　　　　　　　島邦男（日本弘前大學）

目前研究甲骨學的學者仍是以四堂的後人爲主，他們遍及中國大陸、台灣、香港、日本、加拿大、美國、澳洲等地。其中學風最盛而又最有成績的仍是在中國大陸。以下抄錄大陸某大學碩士班的古文字課程，包括：甲骨學、金文選讀、秦漢文字、戰國文字、古文字學發展史、漢字源流、考古學等。當我看到這個課表，我不禁嚇了一跳。我們目前在台灣沒有一所大學可以同時開出上述這些專門課程。台灣研究甲骨學的地方只有台灣大學和中央研究院，台大自去年金祥恆先生逝世後，甲骨學這門課程已停開了，中央研究院對於甲骨學下一代的培育亦沒有明確的方針。是以甲骨學在台灣是漸趨於息微的。這方面今後仍冀待著有心人的大力振起。

第四節　甲骨學今後的方向

　　甲骨學由早期的釋字考詞，過渡至讀片、斷代分期以迄考史明經。今後走的方向又將要如何？過去我在香港中文大學的〈中國語文集刊〉曾寫過一篇小文章，也談到研究甲骨的新方向。當時所考慮的只是集中在文例方面，現在把該文章的幾點淺見重新整理如次：

一、材料的系統整理、推廣

　　甲骨學的書籍價錢昂貴而且不容易購買，是普及推廣甲骨學所最不容易解決的難題，也影響了培育新一代人材和研究的風氣。胡厚宣自1956年向中國科學院提出《甲骨文合集》的計劃，1959年正式開始編集，1979年完成了四萬多片十三巨冊的甲骨資料大集成，分政治、經濟、文化、其他四大類。《合集》的釋文亦將於1989年推出。此書已稍稍能夠滿足一般的學術研究。台灣的藝文書局復把《合集》和《小屯南地甲骨》、《周原甲骨》景印匯成一總集。這對於海峽兩岸甲骨學的推廣肯定會有幫助。資料有了，冀待的是人材的出現。此外，多寫幾本理想的甲骨學入門書籍亦是急不容緩的。

二、甲骨文字形本義的分析

　　目前能看到的甲骨文約4500字左古，其中能識讀的只不過是一千餘字，不識的字仍居多數。這其間乃有一很大的研究空間等待我們去開發，今後宜多繼續文字本義考析的工作。此外，對於字與字間未關係，文字偏旁的研究，以至文字理論的建立，都是今後探討甲骨文字形的重要課題。

三、由斷代分期歸納甲骨文的引申義和假借義

　　甲骨文是一種成熟的文字，字的用法許多已不再是本義而改用引申和假借的意義。過去孫海波的《甲骨文編》、李孝定先生的《

甲骨文字集釋》諸字書，所強調的主要是每一個字的本義，將來我們要走的方向，則是全面分析每一個字的用法。透過不同的句式、不同的詞性，考定各種不同的意義。如：

　　⿰，象人臥病之形，即疾字。卜辭有用本義。如〈前1.25.1〉：
　　　　"☑貞：疾齒，邻于父乙？"字復有引申作急劇意。如〈
　　　　南明202〉："☑貞：今夕其雨疾？"

　　⿰，象目形，即目字。卜辭有用本義，如〈佚524〉："癸巳
　　　　卜，㲉貞：子漁疾目，⿰告于父乙？"字復引申有專注、
　　　　監察意。如〈前4.32.6〉："☑貞：呼目呂方？"〈乙584
　　　　〉："目于河？"

　　⿰，象淚水自目湧出，即眔字。卜辭則假借爲連詞，及也。

　　⿰，象果實形，即果字。卜辭中借用爲動詞作祼，灌祭也；字
　　　　又用爲名詞，婦名。

　　⿰，象短尾鳥，即隹字。卜辭借用爲發語詞，作唯；又用爲人
　　　　名。

　　⿰，象足趾形，即止字。卜辭已借爲代詞，作此。

這方面我在《殷墟甲骨文字通釋稿》中已作了一部分的工作，但做得並不徹底，將來仍需要繼續補足。

四、甲骨斷片的繼續綴合

　　甲骨的綴合首先需要能夠接觸原材料，如不在其位的人，實在很難從事這項工作。當年的嚴一萍先生運用拓片影印來併合，結果給他復完了許多完甲，但併錯的也有若干。因爲我們在做綴合的工作時，必須要前後看，上下看，核對甲骨背後的鑽鑿形態和位置，與及甲骨之間的紋路，若只憑拓印是不容易看出來的。這方面的工

作仍寄望於中央研究院和大陸能看到實物的諸先生們。只要能夠併合一版有用的大龜甲或牛肩骨，對於我們的研究工作可以省走許多的路子。現在我們許多的研究成果，都是倚靠一些殘缺的甲骨片爲證。可是，這是非常危險的，因爲上下文的殘缺，碎無對證，往往便流於主觀的比附和猜度，所以甲骨綴合工作的完成是甲骨學作爲科學的綜合研究的第一步。

五、甲骨文辭例的整理

辭例的歸納可以讓我們了解許多同字異形的同義詞，和區分異字同形的混同。如卜辭中的 $\mathbb{I}$ 、工、丁諸形同字，藉著辭例的排比研究，考定乃示字的異體。詳見我在香港中文大學中國語文集刊的〈釋示冊〉一文。這方面我在《殷墟甲骨文字通釋稿》已做了一部分的工作，但仍是今後值得注意的方向。

六、甲骨文文法的研究

過去討論甲骨文法的書籍只有1953年管燮初先生的《殷虛甲骨刻辭的語法研究》一本，距今亦已三十多年。由於甲骨材料的日增、甲骨文釋讀的更易修正，因此甲骨文文法有進一步討論分析的必要。我曾撰寫《殷墟卜辭句法論稿》一書，針對甲骨的句法作了些工作，主要是由卜辭的對貞互較常態與變異句型的作法，藉此反映上古句法的類型。這方面的研究今後仍有細作的必要。

七、斷代問題

過去董作賓先生提出十個斷代標準，但對於分別若干第一、四期的卜辭卻仍有糾纏不清的情況，因此復提出新、舊派的說法。後來加拿大多倫多博物館的許進雄先生據甲骨實物的分別，提出第十一個斷代的標準──鑽鑿，這方法亦普遍爲現代甲骨學者所接受。近年我在研究卜辭的否定詞時，發現不同的期數，否定詞的用法亦有

差異。這可以作為判斷卜辭期限的另一標準。詳見《殷墟卜辭句法論稿》。將來希望新的材料出土，能夠產生更多新的斷代方法，使每一片甲骨都能恰當的放在它固定的位置上。這是一項非常重要的工作。特別是同坑位甲骨相關狀況的了解，可以提供我們對殷代歷史作深入的研究。這也是將來應用斷代需要注意的地方。

八、成套卜辭的研究

中央研究院的張秉權先生根據同坑位出土的甲骨，上面刻寫的卜辭內容相約，兆序相連，提出了成套卜辭的說法。由成套卜辭的同中求異，有助於我們分析殷代歷史和辭例。這方面的綜合研究仍有待進一步的探討。

九、殷墟以外的甲骨文字研究

一般言甲骨文只知是出土於安陽殷墟，近來經過科學的發掘，發現許多地方都出現了甲骨，而且時間亦不局限於商代。如：

河南鄭州二里崗　　　　　（商中期）

山西洪趙坊堆村　　　　　（周）

陝西長安張家坡　　　　　（周）

北京昌平白浮村　　　　　（周）

陝西岐山鳳雛村　　　　　（周）

扶風齊家村　　　　　　　（周）

復據1986年4月30日北京電美聯社報道，西安市西郊斗門鄉花園村發掘出一批4500年至5000年前的甲骨文，這批甲骨文分別刻在一個骨笄、一顆獸牙和若干塊獸骨上，字體細小，筆劃剛勁有力，字體結構佈局嚴謹，時代是屬於龍山文化晚期，即相當於文獻的夏代時期。如果報導屬實，這將是甲骨學史上的又一盛事。

以上陝西鳳雛村出土的周原甲骨，無論在量和內容而言都是極

為重要的，它可以補足由殷商過渡至周代的一段歷史，使我們能比較清楚了解殷、周間未關係。今後我們研究甲骨的大方向，恐怕亦會由商代的甲骨進而至周代的甲骨。

十、橫面的對每一個殷王歷史作斷代的綜合研究。

整體結合文字與歷史的研究方向是我目前在做的一個計劃，估計明年能夠完成其中的一部分。重寫〈殷本紀〉的帝王信史應是今後甲骨學者一致的目標。

以上只是一份很粗略的報告。四堂以外，如中國科學院的一些先生、海外方面，特別是日本有關甲骨的研究，都有他們特別的看法。因為時間的關係，也不得不省略了。

談王國維的三種境界

王國維在《人間詞話》中謂古往今來成就大事業、大學問者必經過三種境界。這是治學的不二法門，也是我們研究甲骨學必備的態度。第一種境界是：

「獨上高樓，望盡天涯路」

它所強調的是「立志」。每人都需要選擇屬於自己的方向，然後單獨去面對它，克服其中的困難。做學問不能人云亦云，更不可以鬧哄哄的「跟風」，首先需要學習面對孤獨，品嚐黑暗。從孤寂中成長，了解自己內心所需；由獨處中尋找出最適合的路向。這樣，才能事半功倍，以最短的時間，攻取最大的事業。

登樓要獨上，上樓需要有攀越最高層的信心，不是隨俗從眾的別人上二樓就只跟著上二樓，好朋友上三樓，又跟著上三樓，而是特立獨行，義無反顧的向頂樓大步邁進。選擇登樓要有極果斷清明的心，充份了解自己的需要，不然，好不容易攀登上去之後又抱怨不夠高不夠好，要下來再作其他的選擇。這是徒然浪費自己的生命。

獨上高樓之後，不是在樓中隨便閒逛，或低頭看看樓下便算了事，而是要「望盡天涯路」，極目蒼穹的盡頭，仰首往最遠的一點，才能看得通、看得廣、看得眞、看得深。如此的治學態度，胸襟才能博大。由獨上的信心，不群的傲氣，堅毅的苦學，孕育出「一口吸盡西江水」的氣度，使古今學問都盡在我掌中開展。有此志向風範，才能攀上無數歷史巨人的頭上，成就一代通人的事業。這是王國維當年期許後學的第一種境界。第二種境界是：

「衣帶漸寬終不悔，為伊消得人憔悴」

這是一種無悔的愛情觀，帶出的是「執著」二字。為著內心牽掛的
伊人暮想朝思，使到身體愈形消瘦憔悴，衣服都變得越來越寬鬆。
雖然，一往的鍾情不見得會有結果，徒然剩下的只是淒淒的無奈與
鬱結，但只要認定對方是值得你付出的，內心始終沒有絲毫的怨意。
情到深時，其意義顯然已不在於獲得多少，而是呈現那份默默付出
的真誠思念。在靜夜獨自品味著埋藏在靈魂深深深處的執著，一份
終生無怨無悔的堅持。人類的價值，生命的光華，也在於擁有這點
真樸無邪的泉源。治學如同樣能夠充分運用這份執著、不移、果毅
的精神，自然能夠超越前人，克服許多紙上、地下的困難，無堅不
摧。這是王國維指出的第二種境界。

　　然而，無限的執著往往畫地自封，陷於既定的框框，難以自我
超脫。唯有能入能出，才可以避免主觀枷鎖的限制，並全面的了解
問題的癥結所在。王國維提出的第三種境界：

「眾裡尋他千百度，驀然回首，那人卻在燈火闌珊處」

所描述的正是這種客觀的治學精神。詞中的「他」、「那人」，自
然是心裡朝夕牽掛的伊人，也代表著治學問題的關鍵所在。經過無
數次的尋訪，在茫茫紅塵中苦覓，始終不見伊人的蹤影。「眾裡尋
他」所強調的仍是上承第二種境界的無限執著。及至「驀然回首」，
在歸途中最不經意間，偶爾抬頭，原來思念的人兒卻早在最光亮最
明顯的地方等著哩。治學也在在需要這份不經意的靈光，使平凡的
材料在不平凡的組合中呈現答案。我們做學問往往由難處入手，愈
苦思問題，問題便愈糾纏，不容易發現其癥結所在，而事實上答案
很可能是最簡單而又最直接的。治學的途徑需由無窮的執著跳出，
綜觀材料的異同，才能見人所不能見，成就一代的事業。這是王國

維的第三種境界。

　　其實上述三種治學的境界必須打通來看，由立志而執著而客觀，是一體的多面。三種境界就是一種境界，也是成就大事業、大學問者共同兼備的方法論。

　　甲骨學成為顯學距今不過百年，其間王國維的貢獻是有目共睹的。他的偉大顯然是在於身體力行這三種境界，足以作為後世治甲骨學者追求一代事業的典範。

論王國維的二重證據法

第一節　前言

　　前人研究甲骨文字，都是由考字開始。由考字而釋詞，從而探討文字背後的歷史意義。考字的方法一般是由字形和字用入手。對於字形的了解，傳統是用「六書」的角度來分析字體，判斷某字是屬於某書。其後有由「原形」的比較，以確認文字的最早形體。因爲中國文字由象形始，象形又源自圖畫，文字愈上溯其字形，圖書意味則愈濃厚，象之作 〈甲2422〉、虎之作 〈甲2422〉，都能充分反映該字的意義。然而，目前我們所能看見的最早字體——甲骨文，它是殷商時期一種相當成熟的文字。這種文字已經具備六書的體用，並不能一一顯示文字的原始形體。於是，前輩學者又提出所謂「基因」的研究方法。由於甲骨文字字形的不統一，書寫筆畫紛紜，可是，只要是屬於同一個字，它們都會有共同的基本結構；多一點則過繁，少一點則不能顯其意。如象之作 〈前3.31.3〉，虎之作 〈續4.7.2〉，都呈現該字的共同特徵。透過歸納字形的基本因素，對於文字的主體和附加偏旁有較客觀的理解。此外，吾人又常用「推」的方法，由說文上推金文，由金文上推甲骨，作爲確認甲骨文相當於某字的佐證。這種推的方法亦可以藉斷代分期排比出一條甲骨文字演變的線，用已知的線來推論未知的點在線上的位置，或早期、或中期、或晚期。互較點線，觀察文字演變的規則，或增繁、或減省、或更易、或移位、或同化、或分化、或訛誤等。

以上是近人考釋甲骨文字形常用的方法。至於有關字用方面的研究便涉及引申、假借的歸納和卜辭上下文的理解，乃屬於釋詞的部分。

甲骨文研究由考釋文字擴展至通讀文句。吾人通常是應用對貞或相類辭例的互較，來檢視詞匯的用意。如：

「旬亡畎」一句常見辭例，數以百見，如果孤立的來看這一辭例，顯然無法推斷它的意義，可是只要把它和另一常見的辭例「干支卜貞：旬亡囚？」並排互較，我們立刻會歸納出下列的認知：一、觀察卜辭斷代，「旬亡囚」只出現於前期卜辭，「旬亡畎」只用於晚期卜辭。它們的關係應是先後的關係，而不是並行的關係。二、兩辭例的詞性、句型完全相同。三、未知的關鍵字"畎"的主要結體與"囚"同，應是囚字後增意符"犬"。囚，前人已釋作禍，畎字亦宜讀與禍同。此辭卜問下旬十天無禍否，其意相當於《易經》的「旬无咎」。

〈明820〉：「叀幽Ψ？」一例屬孤證，如單獨看這條材料實不足以判斷「幽Ψ」的意義。然而，排比〈乙7120〉的「叀幽牛业黃牛？」、〈粹550〉的「叀幽牛？」等常見辭例，可推知「幽Ψ」即「幽牛」；Ψ為牛的異體。

〈存1.564〉：「癸巳卜，骰貞：ㄒㄒ人呼伐呂囚受囚？」一例中的「ㄒㄒ人」，於上下文意很難通讀。吾人取〈續1.10.3〉：「囚貞：登人三千呼伐呂方，受业又？」等常見的「登人」例互證，見見「ㄒㄒ人」當「登人」之省，即徵召部屬意。

研究甲骨由釋詞進而至考史。關於考史的方法，王國維先生首先提出結合紙上材料和地下材料的二重證據法（註①）。吳其昌稱之為物質與經籍證成一片法、陳寅恪釋之為地下之實物與紙上之遺文互證法、傅斯年則推譽為直接和間接材料互相為用法、蔣汝藻指此為新舊史料輾轉相生法。彼此稱謂雖不同，但所指則一。二重證

據法於清儒戴段二王所倡樸學之後另闢蹊徑，建立一精確的實證方法，強調「以事實來決定事實，而不應以後起的理論來決定事實」（註②），爲當世史學提供一科學的求眞的方向，影響極爲深遠。

第二節　論「二重」

二重證據法的「二重」，包括紙上的古文獻材料和地下的考古材料。所謂「紙上材料」，王氏在《古史新證》第一章〈總論〉歸納爲十種古書：

> 「所謂紙上之史料，茲從時代先後述之：㈠尚書、㈡詩、㈢易、㈣五帝德及帝繫姓、㈤春秋、㈥左氏傳及國語、㈦世本、㈧竹書紀年、㈨戰國策及周秦諸子、㈩史記。」

紙上材料中的經書，王氏均以史料的態度來處理，其攻治經學的目的主要仍是要推證古史（註③）。唯驗諸王氏學術論文，其中徵引的紙上材料顯然遠遠不只上述十種。吾人由其平生治學的方法，率皆由校書入手，「二十年間無或間斷」（註④），可見「二重」中的紙上材料，乃指舉凡可靠的、實錄的古代文獻而言。爲了確保紙上材料的可靠性，王氏強調古文獻在使用前的校訂預備工夫。他手批手校古書多達一百九十餘種，對於古書版本和文字的驗證實其畢生精力之所生。

所謂「地下材料」，王氏在《古史新證》中只提出兩種：

> 「地下之材料、僅有二種：㈠甲骨文字、㈡金文。」

事實上，王氏用以證史的地下材料，除了甲骨、金文外，還包括了燉煌及西域的木簡和竹簡、殘卷、大內檔案、外族遺文、刻石、瓦當、璽印、兵符、帛書等古器物（註⑤）。王氏謂今後史學需要結

合紙上、地下材料，互爲表裡，始得印證歷史的眞相（註⑥）

第三節　論「證據法」

　　二重證據法中運用的「證據法」，不只是單純的排比材料。細審王氏所著論文內容，其驗證方法可以包括如下七種：

一、以小學證古史

　　王國維强調小學爲破解古史的重要工具（註⑦），小學的基礎在《說文》，《說文》則又建基於古文字學之上。王氏以古文字學爲主，結合古音韻、古書訓詁的成果來印證古史，往往有看人所不能看的功效。例：

　(a)考訂甲骨文的夒爲商史的帝嚳。

　　王國維在〈先公先王考〉中推論卜辭的夒即相當於文獻的帝嚳，其步驟如次：

　(1)首先由原材料入手。王氏歸納如下的卜辭同類辭例，認爲袞祭的對象是神靈，且都是殷代的先公先王，夒自然是屬於先公中的一員。

　　　　貞：袞于夒？

　　　　貞：袞于夒六牛？

　(2)互較卜辭辭例「高祖乙」、「高祖王亥」、「高祖上甲」等，可見「高祖」的稱謂應是指殷代重要的、有貢獻的、或開國的先王。夒既冠以高祖之名，其地位當非一般殷王可比。

　　　　癸巳貞：于高祖夒？

　(3)王氏由卜辭中世系的先後次序來看，殷人對先公夒的祭祀，排列在上甲之前，顯然他的即位也應在上甲之先。這和文獻

中帝嚳的身份是完全吻合的。

　　□𤰈罜 上甲其即？

(4)王氏利用金文的柔字作一橋樑，推論其形構演變上承甲骨文
　的 𤰈，下開《說文》的夒：

　　　𤰈—（𤰈〈毛公鼎〉、𤰈〈克鼎〉、𤰈〈番生敦〉、𤰈
　　　〈晉姜鼎〉）—夒

　《說文》：「夒，貪獸也。一曰母猴，似人。從頁。己、止、
　夕，其手足。」段玉裁注：「詩小雅作猱。毛曰：猱，猿屬。
　樂記作獶。」甲骨文的 𤰈，其形體與《說文》的夒所從手足
　者正相合。

(5)王氏由古音分部證夒、柔、告同音通假。《說文》的夒讀爲
　「奴刀切」，《詩經》的猱，今讀爲「納告反」，是知 𤰈、
　夒、柔皆讀爲告韻，即同屬段玉裁古音十七部中的第三部，
　相當於近人研究古韻分部的幽部 (og) 字，與文獻的「帝嚳」
　同音。彼此有通假的條件。

(6)王氏復以古書作旁證。王氏謂帝嚳，《逸周書》作「帝告」，
　《史記》〈殷本紀〉作「帝嚳」，〈索隱〉：「一本作俈」。
　見告、嚳、俈與嚳音全同。帝嚳，帝俈爲成湯的先王，則其
　人必爲帝嚳無疑。王氏又指出《史記》〈殷本紀〉「帝嚳」
　下注引《世本》：「亦曰夋」，謂夋形與卜辭的 𤰈 同，文獻
　又與帝嚳通，是知 𤰈 當爲嚳字的原形。

(b)考訂甲骨文的 𡉚 爲商史的相土。

　　王國維在〈先公先王考〉中推論卜辭的 𡉚 即相當於文獻的相土，
其步驟如次：

(1)先由原材料歸納，𡉚 爲卜辭中袞祭、求禾的對象，其人應屬
　殷代的先祖。

貞：夔于 ℓ 三小牢、卯一牛、沈十羊。

貞：卒年于 ℓ 九牛？

(2)由金文證 ℓ 即土字。王氏引〈盂鼎〉中「受民受彊土」之土作 ⊥，而卜辭因用刀鍥，故其字中空作 ℓ。

(3)王氏結合文獻，論卜辭的土即相土。王氏謂《史記》〈殷本紀〉引錄殷先公世系稱土的只有「相土」一人：「契卒，子昭明立。昭明卒，子相土立。」是知卜辭中的先公 ℓ，當即文獻的相土。

二、以古音證古史

王國維非常重視清儒研究古音韻的學術成果，認爲清人區分古音廿二部爲「前無古人，後無來者」（註⑧）的創獲。王氏擅用古音韻的通假關係，作爲文獻與文獻間串連的橋樑。例：

(a)用音韻證殷商的鬼方即兩周的昆夷、玁狁。

王國維在〈鬼方昆夷玁狁考〉一文鋪列西北外族鬼方的名稱，其演變如下表（註⑨）：

鬼方　　魖方 — 㝱方
〈易〉　〈梁伯戈〉〈小盂鼎〉

　　昆夷 — 混夷 — 緄夷 — 緄戎
　　〈詩〉　〈詩〉　〈史記〉〈史記〉

　　犬夷 — 犬戎 — 畎戎 — 西夷犬戎
　　〈山海經〉〈左傳〉〈史記〉　〈史　記〉

　　薰育 — 薰粥 — 葷粥
　　〈史記〉〈史記〉〈史記〉

　　㫇狁 — 厰狁 — 玁狁 — 獫允 — 葷允
　　〈不娶敦〉〈兮甲盤〉〈詩〉　〈漢書〉〈漢書〉

王氏應用音韻的關係，串連此西北方外族在不同時期的稱謂。如：
鬼字屬上古韻微部（ əd），昆字屬文部（ ən）；陰陽對轉通用。
混、犬，聲母分屬喉（ʔ-）、牙（舌根）同音；可以通假。昆、薰，
聲母相同，韻母同爲文部字；可以互用。薰的語音引而長之即爲玁
狁。

（b)用音韻證金文的陸鼄即古文獻的陸終。

　　王國維在〈邾公鐘跋〉一文，詳考金文中邾國祖先陸鼄的鼄字，
從蟲鼄聲。鼄，即古文墉，是知鼄字從庸聲，屬古韻東部（ung）
字。王氏認爲鼄即螽字，螽屬中部（ong）字；古韻東中旁轉。而
螽、終又屬同部，是以金文中的陸鼄，相當於《世本》、《大戴禮
》〈帝繫篇〉、《史記》〈楚世家〉中所言邾氏的先祖陸終（註⑩）

　　王氏利用音韻通假的方法，超越字形、文獻的限制，使眾多孤
立的點扣連成一時空緊密交錯的線面，譜出一篇篇傲視當世的文章。
〈鬼方昆夷玁狁考〉、〈邾公鐘跋〉是其中充分應用古音韻成果的
代表作。

三、以古器物證古史

　　王國維應用地下的古器物材料，考訂上古曆法、禮儀及文物制
度（註⑪）。王氏復藉古器物的出土地望來推審古史，如在〈鬼方
昆夷玁狁考〉一文，王氏就大、小盂鼎出土的地望：陝西鳳翔府郿
縣，考證盂的封地西北接岐山，東連豐鎬，南限經南、太一諸山，
從而推論盂所征伐的外族鬼方，其活動範圍宜在其西的汧隴之間
（註⑫）。此結論與後來吾人利用卜辭印證鬼方的位置相合。

四、蟬連互證法

　　王國維擅用文字，文獻相互重疊串連的方法證史，他首先把形
近、形訛、通假或偏旁通用的文字歸納成一組，接著把相關的文獻
也排列成一組，最後把文字和文獻兩組的成果連接起來，推出結論。

吾人稱此種反複互證的方法爲蟬連互證法。例：

  (a)互證卜辭的高祖亥即文獻的振

　　王氏在《古史新證》中推論卜辭的高祖亥、王亥，相當於《史記》〈殷本紀〉的振、《山海經》的王亥。其論證如次：

  (1)文字的串連

　　　　王氏首先歸納卜辭中高祖亥、王亥的字形，論其字通假爲《世本》的胲、《楚辭》〈天問〉的該、〈帝系篇〉的核、《漢書》的垓，後因形近訛寫爲《史記》〈殷本紀〉的振。

  (2)文獻的串連

　　　　王氏復排比同類史料，繫連《山海經》的王亥、古本《竹書》的殷王子亥和今本《竹書》的殷侯子亥爲同一人。

  (3)文字與文獻的串連

　　　　王氏進一步就《史記》、《竹書紀年》等材料，論證振和王亥爲同一人的異稱，使卜辭和古書得以連接。《史記》〈殷本紀〉敘述殷先公先王的世系：「冥卒，子振立；振卒，子微立。」〈索隱〉：「皇甫謐云：微字上甲。」《竹書紀年》：「殷王子亥賓于有易而淫焉，有易之君綿臣殺而放之。是故殷主甲微假師于河伯以伐有易，克之。」王氏互較以上兩條材料，認爲振和王亥同作爲上甲微之父，是知振即王亥。

　　今由卜辭辭例，見王亥作 𡗗𠃌，又作 𡗗𠃌，從鳥，此與《山海經》〈大荒東經〉言王亥「兩手操鳥，方食其頭」其意暗合。又卜辭中祭祀世系的次序亦見王亥爲上甲之父，與文獻的振自是一人無疑。此足證王氏推論的精確。如：

　　〈集24975〉　　☒王☒其袞☒上甲父☒𧘈☒？

　　〈集1182〉　　☒袞于河、王亥、上甲十牛，卯十宰？五月。

　　〈屯1116〉　　辛巳卜貞：王𧘈，上甲即宗于河？

　　(b)互證卜辭的季即文獻的冥

　　王氏在《古史新證》首先排比卜辭中王亥、高祖亥的字形，相當於古文獻的核、該、振諸字。復互較以下兩條紙上材料，見該爲季之父、振爲冥之父。

　　　　《史記》〈殷本紀〉：「相土卒，子昌若立。昌若卒，子曹圉立。曹圉卒，子冥立。冥卒，子振立。」〈索隱〉：「振，世本作核。」

　　　　《楚辭》〈天問〉：「該秉季德、厥父是臧。」

該、振既同屬王亥的異稱，則《史記》的冥自應相當於《楚辭》的季。王氏復認爲卜辭中的殷先公𦎫，隸作季，亦即王亥之父冥。

五、以地下材料證地下材料

　　王國維充分利用地下考古的研究成果，交相印證。如以金文來考訂卜辭。例：王氏在〈釋旬〉一文（註⑬），列舉〈使夷敦〉、〈㝵敖敦蓋〉的金文鈞字作𠣅、作𠣅，《說文》的古文鈞作𨮯（𨮯），同字互較，推論卜辭中常見的𠃌、𠃌諸形，當即旬字。

六、以紙上材料證紙上材料

　　王國維認爲一篇論證文章的確立，盡可能應用原文獻互證原文獻，而不以後出文獻印證古先的文獻。如王氏在〈秦郡考〉一文中，提出「以《漢書》證《史記》，不若以《史記》證《史記》」的觀點：

　　　　「余謂充錢氏之說，則以《漢書》證《史記》，不若以《史記》證《史記》。夫以班氏較裴氏，則班古矣。以司馬氏較班氏，則司馬氏又古矣。細繹《史記》之文，無一與《漢志》相合，始知持班、裴二說者，皆未嘗深探其本也。」（註⑭）

王氏一方面強調最早材料的重要性，一方面則注重原文獻中互見互證的方法，來推尋古史的眞面目。

七、闕疑

　　王氏的二重證據法已經貫徹「從闕」、「存疑」的客觀精神（註⑮）。由於研究材料的不充分，王氏對於若干命題雖經深思熟慮再三，但仍不草率作任何判斷，寧可闕疑以待後世賢者。這是二重證據法求眞求深，而不流於空疏不實的最佳保障。王氏治學的精確不可易，也在於能掌握「闕疑」的方法。

　　根據以上諸項的剖釋，希望能讓後學對於王氏博大思精的「二重證據法」有較深切的認識。

第四節　　結語

　　王國維治學的方法求其會通，他平生非只徒追求專家的學問，而是一心致力於通人的事業。細審其論文，率多由小見大之作（註⑯），無論考一字或釋一器，研究的重點都在於了解其背後的社會狀況、文物制度、字形的演變，以至器物的歷史。王氏有關結合古史、古文字的貢獻，已足以奠定其在甲骨四堂的不朽地位。最後，僅引錄王國維在〈毛公鼎考釋〉序文中所提及的治學方法，作爲本次講稿的結語，亦聊與諸君共勉：

　　「苟考之史事與制度文物，以知其時代之情狀，本之詩書以求其文之誼例，考之古音以通其誼之假借，參之彝器以驗其文字之變化。由此以至彼，即甲以推乙，則於字之不可釋，誼之不可通者，必間有獲焉。然後闕其不可知者，以俟後之君子，則庶乎其近之矣！」

註　釋

①王國維《古史新證》：「吾輩生于今日，幸于紙上之材料外，更得地下之材料。由此種材料，我輩固得據以補正紙上之材料，亦得證明古書之某部分全爲實錄，即百家不雅訓之言亦不無表示一面之事實。此二種證據法惟在今日始得爲之。」（文見《國學月報》〈王靜安先生專號〉）

②文見王國維〈再與林（浩卿）博士論洛誥書〉。

③王國華《王觀堂先生全集》序：「並世賢者，今文家輕疑古書，古文家墨守師說，俱不外以經治經。而先兄以史治經，不輕疑古，亦不欲以墨守自封，必求其眞。故六經皆史之論雖發於前人，而以之地下史料相印證，立今後新史學之骨幹者，謂之始於先兄可也。」

④趙萬里〈王靜安先生手校手批書目〉：「蓋先生之治一學，必先有一步預備工夫。如治甲骨文字，則先釋《鐵雲藏龜》及《書契前、後編》文字。治音韻學，則遍校《切韻》、《廣韻》。撰蔣氏《藏書志》，則遍校《周禮》、《儀禮》、《禮記》等書不下數十種。……自宣統初年以迄於今，二十年間無或間斷。求之三百年間，實與高郵二王爲近，然方面之多，又非懷祖，伯申兩先生所可及也。」（文見《國學論叢》〈王靜安先生紀念號〉）

⑤王國維在〈最近二三十年中中國新發見之學問〉一文，提到今日發見之地下材料有五：「㈠殷契甲骨文字、㈡燉煌塞上及西域各地之簡牘、㈢燉煌千佛洞之六朝唐人所書卷軸、㈣內閣大庫之書籍檔案、㈤中國境內之古外族遺文。」

⑥王國維《殷虛文字類編》序：「新出之史料在在與舊史料相需，

故古文字、古器物之學與經史之學實相表裡，惟能達觀二者之際，不屈舊以就新，亦不紐新以從舊，然後，能得古人之眞而其言可信於後世。」

⑦吳其昌〈王觀堂先生學述〉三：「先生之學，其目的在於考史，而於史之範圍之中，又偏重於古史。而先生考證古史之學，皆建設於小學之上。換言之，即以小學爲工具、爲基礎也。……先生一派，則欲先從契、古、籀等文字著手，而歸宿於說文。……先生之目的在考史，故從古文字學發軔；其以說文爲證合之關鍵，則一也。故先生之學，其目的則在古史，其根據則在小學。其於小學也，其關鍵則在說文，其根據則在古文字學。」（文見《國學論叢》〈王靜安先生紀念號〉）羅振玉《觀堂集林》序亦言：「蓋君之學，實由文字聲韻以考古代之制度文物。」

⑧王國維〈兩周金石文韻讀〉序：「自漢以後學術之盛無過於近三百年。此三百年中經學、史學皆足陵駕前代，然其尤卓絕者，則在小學。小學之中，……其尤卓絕者，則爲韻學。古韻之學，自崑山顧氏而婺源江氏而休甯戴氏而金壇段氏而曲阜孔氏而高郵王氏而歙縣江氏，作者不過七人，然古音廿二部之目，遂令後世無可增損。故訓詁名物文字之學，有待於後人者尙多，至古韻之學，則謂之前無古人，後無來者可也。」

⑨王國維〈鬼方昆夷玁狁考〉：「混夷之名，亦見於周初之書。大雅緜之詩曰：混夷駾矣。說文解字馬部引作昆夷，口部引作犬夷，而孟子及毛詩采薇序作昆。史記匈奴傳作緄，尙書大傳則作畎夷。顏師古漢書匈奴傳注云：「畎，音工犬反。」昆、混、緄并工本反，四字聲皆相近。余謂皆畏與鬼之陽聲，又變而爲葷粥（史記五帝本紀及三王世家）、爲薰育（史記周本紀）、爲獯鬻（孟子），又變而爲玁狁，亦皆畏、鬼二音之遺。畏之爲鬼，混之爲昆、爲

緄、爲畎、爲犬，古喉牙同音也；畏之爲混，鬼之爲昆、爲緄、
爲畎、爲犬，古陰陽對轉也。混、昆與葷、薰非獨同部，亦同母
之字（古音喉牙不分），玁狁則葷、薰之引而長者也。故鬼方、
昆夷、薰育、玁狁自係一語之變，亦即一族之稱，自音韻學上證
之有餘矣。」（文見《觀堂集林》卷13。）

⑩王國維〈邾公鐘跋〉：「陸螽，即陸終也。《大戴禮‧帝繫篇》：
「陸終娶於鬼方氏，鬼方氏之妹謂之女嬇氏，產六子，其五曰安，
是爲曹姓。曹姓者，邾氏也。」《史記‧楚世家》語同其說，蓋
出於《世本》，此邾器而云陸䨺之孫，其爲陸終無疑也。」（文
見《觀堂集林》卷18。）

⑪吳其昌〈王觀堂先生學述〉：「先生如〈生霸死霸考〉等文，搜
集三代古彝器銘識上干支，一一爲之配合推審，以定其時代，更
從其時代，以推測古代曆朔上之方術。……先生如《觀堂集林》
中〈說斝〉、〈說觥〉、〈說盉〉、〈說彝〉、〈說俎〉、〈說
環玦〉、〈說珏朋〉、〈釋觶觛卮䚢鍴〉等文，亦皆一一憑藉眞
物，或根據三代刻辭上所繪之形象，以衡宋時考古圖、博古圖等
之得失，更以之上定三代行禮作樂及日用之器物。」

⑫王國維〈鬼方昆夷玁狁考〉：「唯竹書紀年稱王季伐西落鬼戎，
可知其地尚在岐周之西。今徵之古器物，則宣城李氏所藏小盂鼎
與濰縣陳氏所藏梁伯戈，皆有鬼方字。案：大小盂鼎皆出陝西鳳
翔府郿縣禮村溝岸間，其地西北接岐山縣境，當爲盂之封地。大
盂鼎紀王遣盂就國之事，在成王二十三祀，小盂鼎紀盂伐鬼方，
獻俘受錫之事，在成王二十五祀，則伐鬼方事在盂就國之後。鬼
方之地自當與盂之封地相近，而岐山郿縣以東即是豐鎬，其南又
限以終南、太一，唯其西汧渭之間乃西戎出入之道；又西踰隴坻
則爲戎地。張衡所謂隴坻之險，隔閡華戎者也。由是觀之，鬼方

地在汧隴之間，或更在其西。」

⑬詳見《觀堂集林》卷六。

⑭文見《觀堂集林》卷十二。

⑮王國維《金文編》序：「余案闕疑之說，出於孔子，蓋爲一切學問而言。獨於小學則許叔重一用之，荀勗輩再用之，楊南仲三用之，近時吳中丞又用之。今日小學家如羅叔言參事考甲骨文字，別撰〈殷虛文字待問編〉一卷，亦用此法。……余嘗欲撰〈尚書注〉，盡闕其不可解者，而但取其可解者著之，以自附於孔氏闕疑之義。」

⑯吳其昌〈王觀堂先生學述〉：「由〈散氏盤〉之一眉字，而以之考證殷周之際西北之地理與民族；知西周之初，渭水兩岸有一微種之民族。由〈夜雨楚公鐘〉之一 字，而以之考證楚中世建都之所在；知 即熊咢； 以上六世皆居武昌，而史顧缺其文。從〈北伯鼎〉出土之地，以推證郇邶之故彊。從邵肇鐘出土之地，以推證呂氏之故邑。至於從不 敦、兮甲盤以考證玁狁之興衰盛亡；從甲骨文字以考證殷一代之先公先王，尤爲彰彰人所共知者。此所謂大而能化，殆自歐、呂以來，未有能及先生者也。」

殷周彝器作器人物簡論

殷周彝器作器人物簡論

　　自王國維先生提倡地下材料、古文獻二重證史，地下考古的價值日益重要。吾人探尋上古史料的眞面目，每多仰賴甲骨、吉金上所記載的古文字。殷虛甲骨文的書寫人物主要爲王室的史官，近人統稱作貞人集團；兩周吉金文的時代較甲骨稍晚出，銘刻的人物亦遠較甲骨複雜。今僅據近年《考古》、《文物》等發掘報告，檢視殷周鑄刻吉金的人物類別；並就彝器出土的地望，觀察兩周文化的分佈狀況。

第一節　何謂題銘

　　中國青銅彝器上的古文字，兩漢時期泛稱爲盤盂書，宋以後統謂鐘鼎文，民國以來則多以吉金文名之，蓋指美好金屬上的文字而言；簡稱金文。金文的書寫有鑄有刻，有陽文有陰文。就銘文的內容來說，題銘是其中最不可缺少的一部份。

　　所謂題銘，即銘文上的題款；乃彝器擁有者的簽署。簡單的形式，如：「某。」或增繁作：

　　「某作。」

　　「某作自用。」

　　「某作，用爲紀念某人某事。」

　　「王侯賞賜，某誌功而作，以傳子孫萬世。」

作，有持有、使用的意思。《左傳》成公八年「退不作人」杜注：

「作，用也。」由題銘的辭例可以反映出題款人物的身份和社會階層。

　　前人研究吉金文，多就銘文史料與吉文獻相互推尋，評論先秦典章制度和社會形態。其中對於兩周時期的題銘，似乎仍少作系統的研究。本文嘗試就近三十年中國出土的彝銘資料，對殷周題銘人物作一介紹。

第二節　題銘之源流

　　題銘的時代，可以上溯殷商，發展至兩周而大盛，下開後世的璽印、刻符。現分圖騰族徽、公侯題銘、私家題銘三類論次如後。

(一)圖騰族徽（殷商）

　　現今所見最早的青銅器，是河南偃師二里頭出土的銅爵，時限大致相當於文獻中的夏朝；至於最早的銘刻文字，則只能由殷商彝器中推尋了。殷商銘文的字數非常少，主要的特色有二：(1)、圖形文字。(2)、以十干爲名。（註1）其中若干獨體的圖形文字，前輩學者已論定爲氏族之圖勝族徽（註2）。這類徽號正是吉金文上題銘的先河。

　　題銘的演變，在殷商時期有如下諸階段：

(1)某氏族公用作器所題款識。殷商銘文中若干獨體圖形文字，代表該族公有彝器的標誌，如：🦋、🐟、🔲、🏛、🔱等。

(2)某氏族爲某人作器所題款識。這階段的題銘已具備私有與紀念的意義。如：《父戊方鼎》：「天黽作父戊彝。」《作季簋》：「亞醜作季隆彝。」《亞醜父辛簋》：「亞醜父辛。」諸例中的主語「天黽」、「亞醜」皆爲族名，賓語「父戊」、

「季」、「父辛」則爲接受紀念的先王名。

(3)某人爲某人作器所題款識。以宗室大族的私家鑄製爲主。如：《季作兄己鼎》：「亞醜季作兄己障彝。」《敦卣》：「子賜敦用作父癸障彝。天黽。」

殷代題銘的形式，基本上已經齊備，唯製作人物僅限於王族和氏族主。

(二)公侯題銘（兩周）

題銘的意義由殷商共有器的認識，伸展至兩周王侯權貴的私有標誌，復作爲權力的象徵，和歌頌功勳世業，以垂後世的誇飾工具。

(三)私家題銘（兩周以降）

由於青銅器的普遍使用，加上封建社會形態的崩潰，使若干地主富豪和新興士人階層有機會參予種種禮儀活動，並有能力從事青銅彝器的鑄造和使用，故作器人物的階層大大地超越過去。

題銘由圖騰的草創，下開帝王刻銘而公侯貴族刻銘，以迄一般的私人鑄刻，代表著青銅彝器如禮器、樂器、冥器、貨幣、工具等趨於普及與大眾化的過程。這與整體社會制度的更革，由帝王政治下降至貴族政治，再轉變爲布衣卿相有著相當密切的關連。

第三節　殷商彝器作器人物考

殷商彝器上多見附列氏族族徽的「某作某器」辭例，如妏簋：「妏作乙公寶彝。也冊。」其中有省主語，如龍母尊：「作龍母尊。正。」有省賓語，如馘鼎：「馘作尊彝。𧾷。」有兼省主語、動詞，如杞婦卣：「亞醜。杞婦。」今就現世所見商器中的族徽、作器人物、紀念人物的關係列表如次。

族　徽	作器人物	紀念人物	器　名	引　書
(狽)	元	父戊	元卣	三代13.24.1
	尹光	父丁	尹光鼎	三代 4.10.2
	棽	祖丁	棽卣	三代13.38.3
	麃	父丁	麃觶	三代14.52.12
	剌	兄辛	剌卣	三代13.30.5
	貺	父丁	貺觚	綴遺16.29
	皿伯		皿伯觚	三代14.30.8
	禾		禾鼎	三代 2.45.5
	戲	父戊	戲作父戊觚	三代14.31.4
天	禾	父乙	盉簋	三代 6.36.5
(亞印)	戊甬	父乙	戊甬鼎	三代 4. 7.2
(鑊馭)	仲子曩引	父丁	仲子曩引觥	三代18.21.2
(也冊)	妝	乙公	妝觚	三代14.31.6
	右正嬰		嬰方鼎	考古74.6
	孝	祖丁	孝卣	三代13.34.5
	亳	母癸	亳尊	錄遺201
	褱	母辛	褱尊	三代11.29.1
(亞矣)	妃		妃盤	考古74.5

族　徽	作器人物	紀念人物	器　名	引　書
亞 𦵔	小臣邑	母癸	小臣邑斝	三代13.53.6
𦵔	征	父辛	征角	三代16.46.6
𦵔	坃	父乙	坃鬲	錄遺107
追	夾		夾壺	三代12.4.8
𦵔	𦵔者君	父乙	𦵔者君尊	錄遺202
𦵔(庚冊)	宰椃	父丁	宰椃角	三代16.48.2
𦵔(庚冊)	戲	父辛	戲方鼎	三代12.9.2
𦵔冊	娘	父庚	娘鼎	陝藏71
𦵔(庚)	帚		帚卣	錄遺271
𦵔𦵔	婦嬃		婦嬃卣	三代12.57.5
𦵔	卸	父乙	卸鬲	三代5.38.1
𦵔(戈)	器		器簋	三代6.22.6
𦵔	厚	兄辛	厚簋	三代7.18.5
𦵔	飲		飲卣	陝銅4.137
𦵔	祀	父丁	祀盂	三代14.8.7
𦵔	牭	父乙	牭卣	文物58.5
中	俌	父癸	俌爵	三代16.31.7
中	俌	父乙	俌罍	陝銅3.28

族徽	作器人物	紀念人物	器名	引書
	婦𡠯		婦𡠯鼎	文物78.5
	婦𩿧		婦𩿧觚	三代14.30.6
田告亞	冀	祖乙	冀鼎	三代 3.29.1
	般	父乙	般鼎	美集R101
	荀	父乙	荀觶	三代14.53.5
	遞		遞尊	貞松7.15
亞 	邲其	祖癸	邲其卣	錄遺273
 (亞集)	莫	父丁	莫卣	三代13.32.1
 (集)	佫	父癸	佫簋	三代 6.41.5
	馭八	父己	馭八卣	三代13.36.1
	椎㪉	父癸	椎㪉爵	文物82.2
	對	父乙	對尊	三代11.24.5
 (亞束)	無憂	父丁	無憂卣	三代13.23.14
呂	孳	父甲	孳爵	貞松10.20
	貝隹	父乙	貝隹爵	三代16.39.3
	復	父丁	征人鼎	三代 4. 4.1
	玑	父庚	玑鼎	三代 3.46.2
	盒	父辛	盒卣	三代13.34.4

族　徽	作器人物	紀念人物	器　名	引　書
〔圖〕	〔圖〕	父癸	〔圖〕卣	三代13.34.1
〔圖〕(亞若)	我	祖乙	我方鼎	三代 4.21.1
〔圖〕	我	父乙	我方鼎	三代 4.21.4
〔圖〕	何	兄辛	何壺	三代12.10.1
亞〔圖〕	伯禾		伯禾鼎	三代 2.45.8
〔圖〕	中	父乙	中罍	三代11.41.6
〔圖〕	中	父丁	中盉	三代14.09.1
〔圖〕	万〔圖〕	父辛	万召觚	錄遺359
〔圖〕	小子夫	父己	小子夫尊	三代11.31.7
〔圖〕	尸	父乙	尸卣	三代13.24.3
〔圖〕	小臣〔圖〕	祖乙	小臣系卣	三代13.35.2
亞	耳	祖丁	耳作祖丁尊	三代11.23.8
亞	〔圖〕		亞〔圖〕方鼎	考報77.2
〔圖〕(亞舲)	曆	祖己	曆鼎	三代 3. 1.2
〔圖〕	〔圖〕	父辛	〔圖〕卣	三代13.26.2
〔圖〕	羿	母辛	羿鬲	三代 5.30.3
〔圖〕	〔圖〕	祖己	〔圖〕爵	三代14.31.7
〔圖〕	〔圖〕	祖戊	〔圖〕簋	三代 6.43.1

族　徽	作器人物	紀念人物	器　名	引　書
〔徽〕	鳥	祖癸	鳥簋	三代 7.21.1
〔徽〕	〔字〕	父乙	〔字〕觚	三代14.31.9
〔徽〕	〔字〕	祖癸	〔字〕卣	三代13.27.7
〔徽〕（射）	〔字〕	父壬	〔字〕簋	二件，未著錄，現藏故宮博物院
〔徽〕	〔字〕	父乙	〔字〕尊	三代11.29.3
〔徽〕（旅）	〔字〕	父乙	〔字〕簋	三代 6.52.2
〔徽〕	韓	父癸	韓鼎	錄遺266
〔徽〕	〔字〕	父辛	〔字〕鼎	三代 3.20.2
〔徽〕	聽		〔字〕簋	三代 8.49.1
〔徽〕	〔字〕	父丁	〔字〕尊	三代11.30.4
〔徽〕	〔字〕	父丁	〔字〕卣	三代13.28.2
〔徽〕	〔字〕	父乙	〔字〕壺	三代12.08.3
〔徽〕	〔字〕婦	□癸	〔字〕婦簋	錄遺143
單	陵	父乙	陵方罍	陝銅2.5
〔徽〕	〔字〕	父丁	〔字〕罘	三代13.52.8
〔徽〕	僉	父丁	僉簋	考文84.3
〔徽〕（天舟）	采	父乙	采卣	三代13.14.1
〔徽〕	亳	父乙	亳作父乙鼎	攗古二之一.20

族　徽	作器人物	紀念人物	器　名	引　書
〔圖〕	發見駒	父乙	發見駒簋	三代 6.45.1
〔圖〕(亞醜)	季	兄己	季鼎	三代 3. 9.3
〔圖〕	杞婦		杞婦卣	三代12.60.2
〔圖〕		文嫊己	文嫊己觥	薛氏12.7
〔圖〕	网	文父丁	小子网簋	三代 8.33.2
〔圖〕	向		向鼎	小校2.40
〔圖〕	玑	父癸	玑鼎	三代 3.15.3
〔圖〕	小子昔	父己	小子昔卣	三代11.38.2
〔圖〕	小子啓	父辛	小子啓尊	三代11.31.2
〔圖〕	小子𝕏	父己	小子𝕏鼎	小校2.85
〔圖〕	商	父丁	商尊	陝銅2.3
〔圖〕	小子𝕏	父丁	小子𝕏簋	三代 7.47.2
〔圖〕	小子𝕏	母辛	小子𝕏卣	三代13.42.2
〔圖〕	小臣缶	大子乙	小臣缶方鼎	三代 3.53.2
〔圖〕	小臣兒	己	小臣兒卣	三代13.33.3
〔圖〕	者夫	祖丁	者夫瓿	三代 5. 8.4
〔圖〕	簵頊	祖辛	簵頊觶	三代14.54.5
〔圖〕	敎	祖癸	敎簋	三代 6.40.4

族徽	作器人物	紀念人物	器名	引書
	[illegible]	父丁	[illegible]尊	三代11.25.4
	婦闢	文[illegible]日癸	婦闢鼎	三代 3.20.3
	無敄	父甲	無敄鼎	三代 3.21.4
	[illegible]婦		[illegible]婦爵	三代16.36.6
	[illegible]	父癸	[illegible]卣	三代13.32.2
	婦娫	母癸	婦娫罍	彙編1092
(正)		龍母	龍母尊	三代11.19.4
	[illegible]		[illegible]鼎	錄遺133
(亞古)	古	父己	古父己簋	錄遺147
(來冊)	作冊般	父己	作冊般甗	三代 5.11.1
亞雀	魚	父己	魚父己卣	文叢3.26
彶遽	僕	父己	僕盉	考報77.2
弓	[illegible]	父丙	[illegible]鼎	三代 3. 1.6
	夾	父辛	夾卣	三代13.26.3
(亞高)	亢	父癸	亢簋	三代 6.39.4
犬魚	戊嗣子	父癸	戊嗣子鼎	考報60.1
舟	敄	父癸	敄觶	三代14.54.1
	士上	父癸	士上卣	三代13.44.1

　　統觀上表126件殷商彝器，吾人可以歸納出數點現象：

(1)上述126個彝器中，鑄刻有接近八十個不同的氏族族徽。由此可見商朝氏族的眾多。商代社會的結構是以部族為基本單位，他們都能獨立的鑄製彝器，以紀念其先輩，顯見諸氏族均擁有一定的權力範圍，殷王室只是以共主的名義統轄諸部族，當時似乎仍沒有建立嚴格的君臣上下關係。

(2)商代氏族中作器較多的有 ▨、▨、▨、▨ ▨、▨、▨ ▨、▨、▨、▨ ▨、▨ 等族，相信他們是屬於勢力較大的部落集團。

(3)由 ▨▨ 卣和婦▨▨ 中的 ▨、▨ 二族徽同時並排出現，推想當時氏族間有相互結盟或合併的現象。

(4)族徽中許多均帶亞形，如 ▨、▨、▨、▨、▨、▨ 等，亞取象墓葬形，因此反映此類亞形族徽與宗教崇拜有關。另有多帶冊形者，如 ▨、▨、▨ 等是。冊，表示冊命禱告，與鬼神降佑有關。此外，如以武器形為族徽的 ▨ ▨、▨ 等，以鳥獸形為族徽的 ▨、▨、▨、▨、▨ 等，均代表該氏族崇拜的特有圖騰對象。

(5)族徽中的亞、冊，皆強調該氏族具鬼神的崇拜。在整個族徽字型中屬於次要的符號，有簡省的例子，如：亞集又作集、庚冊又作庚是。

(6)殷商彝器中所紀念的對象，主要為作器人的父輩，其次為祖輩，也有少數是母妣、兄長。由此可見這些彝器都是屬於氏族中的私有器。

(7)作器人物有稱宰、小臣、小子、亞、作冊等官名，有稱伯等爵名，此反映該氏族與商有密切的關係，他們曾接受殷室的任命和封贈。如小臣邑斝：「癸巳王賜小臣邑貝十朋，用乍母癸障彝。唯王六祀肜日，在四月。亞矣。」一辭可證。

(8)作器人物多直書其名。殷人名多用單名，如元卣的元、剌卣的剌、禾鼎的禾等是，偶亦見複名的用法，如尹光鼎的尹光、邲其卣的邲其、無憂卣的無憂等是。

(9)作器人物多爲氏族主，但亦見有稱婦某或某婦者。如婦𡛥罍的婦𡛥、婦婞卣的婦婞、婦🔲鼎的婦🔲等是。另外，妃盤的妃、孃鼎的孃疑亦爲女性。可見殷商時期女性的社會地位並不低，她們有能力代表一族鑄造或擁有彝器。諸氏族中以🔲族多見「婦某作🔲彝」的例子，女權的肯定最爲明顯。

(10)作器人物有異族同名的，他們並非同屬一人，如：「禾」分見於🔲族、天族和🔲族，「中」分見於🔲族和🔲族等是。

第四節　兩周彝器作器人物考

就兩周作器人物的身分，可區分爲周王、諸侯、貴族、后妃、職官、私人六類。現就近年考古材料舉例說明如次：

㈠周天子

兩周金文中，常見周王親自題銘製器。其中用以紀念后妃和賞賜妃妾爲主。如：

「王作親王姬🔲勝彝。」〈河南省新鄭縣唐戶兩周墓葬發掘簡報〉（註3）

「王作姜氏🔲彝。」〈陝西省周至縣發現西周王器一件〉（註4）

「王作豐妊單寶般盉。」〈陝西臨潼發現武王征商簋〉（註5）

「王作仲姬寶彝。」　陝西岐山縣賀家村一號墓出土（註6）

㈡諸侯王

根據近年考古發掘報告顯示，諸侯稱王而自作彝器的有吳、越、

燕、徐、中山等國，多屬於晚周的作品。由此反映出東周時期諸
侯國力日盛，私自鑄器記功封王，已無視周室宗主的地位。如：

「工𠩵王夫差自作其元用。」〈河南輝縣發現吳王夫差銅劍〉（
　　　註7）

「工𠩵王光自作用劍。」〈原平峙峪出土的東周銅器〉（註8）

「郾王職作御司馬。」〈燕王職戈考釋〉（註9）

「𨓚王義楚擇其吉金，自作盥盤。」〈江西靖安出土春秋徐國銅
　　　器〉（註10）

「越王勾踐自作用劍。」〈湖北江陵三座楚墓出土大批重要文物
　　　〉（註11）

(三)公侯貴族

兩周彝器中作器人物屬於公侯貴族的甚眾，有：侯、伯、叔、子、
公子、太子、王子、王孫等；佔作器人物的大宗。如下引的：齊
侯、筍侯、𢼸侯、陳侯、中山侯、虞侯、蔡侯、曾侯、番伯、箕
伯、魯伯、曹伯、曾伯、虢叔、曾子、郳子、蔡公子、吳太子、
王子午、王孫誥等是。

「齊侯作媵子仲姜寶盂。」〈齊侯鑑銘文的新發現〉（註12）

「蔡公子義工作飤簠。」〈河南潢川縣發現黃國和蔡國銅器〉（
　　　註13）

「筍侯作叔姬媵盤。」〈長安張家坡西周銅器群〉（註14）

「𢼸侯獲巢，孚𤰈金，回用作𣪘鼎。」〈陝西長安張家坡西周墓
　　　清理簡報〉（註15）

「陳侯作王媯媵簋。」〈陝西臨潼發現武王征商簋〉（註16）

「陳侯作媯櫓媵壺。」〈概述近年山東出土的商周青銅器〉（註
　　　17）

「天子建邦，中山侯𢗥作茲軍鉞以警𤰈眾。」〈河南省平山縣戰

國時期中山國墓葬發掘簡報〉（註18）

「唯王二月初吉壬戌虞侯政作寶壺。」　山西省文物商店購入虞
　　侯方壺（註19）

「蔡侯朱之缶。」〈襄陽專區發現的兩件銅器〉（註20）

「曾侯乙作𠤳。」〈湖北隨縣曾侯乙墓發掘簡報〉（註21）

「唯番伯酓自作匜。」〈河南信陽發現兩批春秋銅器〉（註22）

「𡠾伯子㝸父作其征𣪘。」〈黃縣㠱器〉（註23）

「魯伯大父作季姬。」〈山東歷城出土魯伯大父媵季姬𣪘〉（註
　　24）

「曹伯狄作𣪘姒𣪘𥰠𣪘。」〈曹伯狄𣪘考釋〉（註25）

「唯曾伯文自作寶𣪘。」〈湖北隨縣發現曾國銅器〉（註26）

「隹王十月既吉，曾伯從寵自作寶鼎用。」〈武漢發現鄅伯鼎一
　　件〉（註27）

「虢叔作旅簠。」　青島市文物管理委員會徵集（註28）

「唯曾子仲誨用其吉金，自作𧹳彝。」〈湖北棗陽縣發現曾國墓
　　葬〉（註29）

「曾子斿擇其吉金，用鑄𤔲彝。」〈記上海博物館新收集的青銅
　　器〉（註30）

「鄝子行自作飤盆。」〈隨縣溳陽出土楚、曾、息青銅器〉（註
　　31）

「蔡公子果之用。」〈蔡公子果戈〉（註32）

「工𢾽大子姑發𠂤反自作元用。」〈安徽淮南市蔡家崗趙家孤堆
　　戰國墓〉（註33）

「隹正用初吉丁亥，王子午擇其吉金，自作𧹳彝䵼鼎。」〈河南
　　省淅川縣下寺春秋楚墓〉（註34）

「隹正月初吉丁亥，王孫誥擇其吉金，自作鐘。」〈同上〉

㈣后妃

彝器作器人物爲周室或諸侯貴族的妃妾，顯見周代女性在上層社會中擁有一定的地位。如：密姒、呂姜、夌姬等是。

「密姒作旅簠，其子子孫孫永寶用。」〈陝西扶風縣雲塘、莊白二號西周銅器窖藏〉（註35）

「呂姜作簋。」靈台縣西周墓葬出土（註36）

「夌姬作寶𩰫。」〈陝西省寶雞市茹家莊西周墓葬發掘簡報〉（註37）

「杞伯母妣作邾□寶鼎。」〈山東滕縣出土杞薛銅器〉（註38）

㈤職官

職官題銘包括周天子和諸侯的卿士。以下分別就尹、宰、相邦、司寇、司馬、師、史、射、小臣、公臣、工、裘、作冊、治尹、善夫、走馬、宗右、乘父等十九類職官舉例說明。

⑴尹

尹，《說文》：「尹，治也。」《爾雅・釋言》：「尹，正也。」古多以尹名官，如：師尹、令尹、膾尹、奄尹，後復有京兆尹、道尹等稱謂。金文用爲百官首長的泛稱，又作諸尹；相當於殷卜辭的「多尹」、《尚書》〈顧命〉的「百尹」、〈皋陶謨〉的「庶尹」。如：

「尹小叔作鑾鼎。」《上村嶺虢國墓地》（註39）

「尹丞鼎。」〈岐山賀家村出土的西周銅器〉（註40）

⑵宰

宰，主也；主理一國內政。金文中見其主理王室宮中事務，並代表王侯賞賜臣下。文獻中又稱內宰。〈月令〉鄭注：「內宰，掌治王之內政。」《詩經》〈雲漢〉有冢宰，即大宰。如：

「魯宰駟父作姬罷滕鬲。」〈山東鄒縣七家峪村出土的西周銅
　　器〉（註41）

(3)相邦

　相，佐也。相邦，一邦之相，爲百官之長。秦戈文有相邦張儀、
　相邦呂不韋，魏劍文有相邦建信侯；相邦相當於文獻中的相君、
　相國、丞相，位甚高。如：
　「四年相邦呂、工寺、工龍丞。」〈長沙左家塘秦代木槨墓清
　　理簡報〉（註42）

(4)司寇、少司寇

　司寇，掌刑獄。《周禮》秋官司寇爲六卿之一。殷商以迄西周
　早期均未見司寇之名，及至春秋列國始多置此官。如：
　「十五年鄭命趙距司寇亘章、右庫工師囗冶贛。」〈新鄭、鄭
　　韓故城發現一批戰國銅兵器〉（註43）
　「魯少司寇坢孫宅作其子孟姬餕滕盤匜。」〈記上海博物館新
　　收的青銅器〉（註44）

(5)司馬

　司馬，掌軍政，《周禮》夏官大司馬爲六卿之一。司馬源自殷
　的馬官。金文中有周室司馬和諸侯司馬之別，在王侯左右，贊
　助王命，地位十分重要。秦漢以後司馬、司徒、司空並列爲三
　公。如：
　「司馬南叔作舜姬滕匜。」　山東莒縣城東出土（註45）

(6)師、大師、右師、右輔師

　金文中的師並不是單純的軍事長官，它常在王侯的左右，掌管
　出入命令、賞賜及王侯家事。古代兵制五旅爲師，《周禮·地
　官·小司徒》注：「師，二千五百人。」師的編制分左中右三，

乃殷商古制。《左傳》文公七年：「夏四月，宋成公卒，於是
公子成爲右師，公孫友爲左師。」如：
「師□作□顧彝。」〈洛陽博物館的幾件青銅器〉（註46）
「師隻作□彝。」〈洛陽市北窰龐家溝出土兩周銅器〉（註47）
「仲大師子爲其旅□永寶用。」〈陝西扶風縣雲塘、莊白二號
　　西周銅器窖藏〉（註48）
「佳王元年四月既生霸，王在減居。甲寅，王各廟，即位。遲
　　公入右師事即立中廷，……事拜稽首，敢對揚天子不顯
　　魯休命。」〈長安張家坡西周銅器群〉（註49）
「佳王九月既生霸甲寅，王在周康宮，格大室，即位。癸伯入
　右輔師裘，……裘拜稽首，敢對揚王休命，用作寶□簋。」
　長安縣兆元坡村兆豐社出土〈註50〉

(7)史

史，乃記事之官，始見於殷卜辭。西周諸國皆置有史官。《世
本》：「黃帝之世，始立史官。蒼頡、沮誦居其職。夏商時分
置左右，故曰：左史記言，右史記事。」金文中史官的職份基
本與文獻相同，掌管出入王命，掌賜、代王出巡、冊命和祭儀
等。題銘爲史官名的有：史㕚、史述、史喪、史成等。如：
「史㕚作旅鼎。」〈洛陽龐家溝五座西周墓的清理〉（註51）
「史述作寶方鼎。」〈岐山賀家村出土的西周銅器〉（註52）
「史喪作丁公寶彝。」〈扶風雲塘西周墓〉（註53）
「史成作父壬鑄彝。」〈熱河淩源縣海島營子村發現的古代青
　　銅器〉（註54）

(8)射

射，或相當於文獻的射人，屬官名；見《周禮》夏官、《儀禮

》大射儀，職掌以「射法治射儀」，導引百官而正其位。此屬
禮儀之官；與卜辭中職司對外征伐的射官性質不同。如：

「射南自作其簠。」〈山東鄒縣七家峪村出土的西周銅器〉（
　　註55）

「𠂤射作隩。」〈洛陽東郊西周墓發掘簡報〉（註56）

(9)小臣

小臣，為天子近臣；內助理朝政，外掌管征戰。《儀禮》大射
禮：「小臣，師正之佐也。」殷商已有小臣一官職，詳拙稿〈
由小屯南地甲骨看殷代官制〉一文。如：

「小臣作父乙寶彝。」〈江陵發現西周銅器〉（註57）

(10)公臣

公臣，官名，彝銘中見其協助諸侯管理百工。如：

「虢仲令公臣司朕百工。……公臣拜稽首，敢揚天尹丕顯休，
　　用作隩彝。」〈陝西省岐山縣董家村西周銅器窖穴發掘
　　簡報〉（註58）

(11)工、工尹、工師

工，泛指管理一般手工業的官員，始見於卜辭。工尹，相當於
文獻的工正，乃直接執掌工匠之官。《左傳》莊公二十二年：
「使為工正。」《左傳》定公十年有「工師」，杜注：「工師，
掌工匠之官。」彝銘中見皇庫、武庫、右庫皆設有工師。如：

「工侅作奠彝。」　陝西岐山縣賀家村一號墓出土（註59）

「王二年鄭命韓右庫工師鼄慶。」〈新鄭、鄭韓故城發現一批
　　戰國銅兵器〉（註60）

「卅三年鄭命楮活、司寇趙它、皇庫工師皮𠂤，冶尹造。」（
　　同前）

「四年鄭命韓☒司寇長朱、武庫工師☒ ☒、冶尹㪳造。」（同
　　前）

「穆王之子，西宮之孫，曾大攻尹季㪳旅用。」〈湖北隨縣城
　　郊發現春秋墓葬和銅器〉（註61）

(12) 裘、右裘

《考工記》有攻皮之工凡五，其一曰裘氏，主製車馬衣裘之職；
或即吉金文中的裘某。如：

「隹三年三月既生霸壬寅，王再旂于豐，矩白庶人取董章于裘
　　衛，……衛用作朕文考惠孟寶彝。」〈陝西省岐山縣董
　　家村西周銅器窖穴發掘簡報〉（註62）

「隹廿又七年三月既生霸戊戌，王在周，各大室，即位。南伯
　　入右裘衛入門，立中廷，北鄉，……衛拜稽首，敢對揚
　　天子丕顯休，用作朕文祖考寶簋。」（同前）

(13) 作冊

作冊，爲史官一類；管理史冊典籍。郭沫若《金文叢考》三〈
周官質疑〉60頁：「余意作冊乃左史右史之通名，事與史同例。
冊者典冊，非必冊命，無論記言記事均須製作典冊。」如：

「隹五月于在斤，戊子令作冊折貺塱土于枏侯，賜金賜臣，揚
　　王休。」〈陝西扶風縣莊白一號西周青銅器窖藏發掘簡
　　報〉（註63）

(14) 冶尹

冶尹，即鑄冶彝器的監官。金文中其次序排列於司寇、工師之
後。如：

「五年鄭命韓☒司寇張朱、右庫工師㠱高、冶尹㾮造。」（同
　　注60）

(15)善夫

善夫，即膳夫；見《周禮‧天官》，司職王侯飲食膳羞，爲食官之長。金文中兼掌王命出納。如：

「善夫旅伯作毛仲姬陿鼎。」（同註62）

「善夫吉父作盂。」〈記岐山發現的三件青銅器〉（註64）

(16)走馬

屬武官名，駐守邊塞。有邊警則入奏上聞。《尚書》、《詩經》、《周官》均作趣馬。金文中復見爲周王近待之官。如：

「走馬薛中赤自作其簠。」〈山東滕縣出土杞薛銅器〉（註65）

(17)宗

宗，官名；見《周禮‧春官》。又稱宗人，掌宗室祭祀諸禮儀。如：

「宗仲作尹姞匜。」〈陝西永壽、藍田出土西周青銅器〉（註65）

(18)右、右王臣、右使

右，金文中屢見隨侍於周天子側。相當於文獻的「右史」，屬記言之官。《禮‧玉藻》：「天子元端而居，動則左史書之，言則右史書之。」疏：「太史爲左史，內史爲右史。」如：

「隹八月初吉丁亥，王格于康宮。榮伯、右衛內即位。……衛敢對揚天子丕顯休，用作朕文祖考寶陿簋。」〈陝西長安新國村、馬王村出土的西周銅器〉（註67）

「隹王三月初吉庚申，王在康宮，各大室。定伯入右即，……即敢對揚天子不顯休，用作朕文考幽叔寶簋。」〈陝西省扶風縣强家村出土的西周銅器〉（註68）

「隹二年三月初吉庚寅，王格于大室。益公入右王臣即，立中
　　　廷，北鄉，………王臣拜稽首，不敢顯天子對揚休，用
　　　作朕文考易仲隩簋。」　陝西澄城縣城郊公社南串業村
　　　西周墓葬出土（註69）

「辛未王在闌自，賜右使利金，用作壇公寶隩彝。」（同註3）

⒆乘父

乘父，相當於文獻中魯國乘田之官，主田疇。《孟子·萬章》：

「孔子嘗為乘田矣。」注：「乘田，苑囿之吏也，主六畜之芻
牧者也。」如：

「乘父士杉其肇伯其皇考作明父寶簋。」　山東泰安縣黃家嶺
　　　出土的春秋銅器（註70）

㈥私人鑄製

這一類作器人物絕大部分是兩周的貴族階級。銘文中雖然並未明
確交代其身份，但顯然與王侯權貴有一定的關係。如：

「𨙭作父戊隩彝。」〈陘陽高家堡早周墓葬發掘記〉（註71）

「衞作父庚寶隩彝。」〈陝西岐山賀家村西周墓葬〉（註72）

　　　參諸本節（五）職官的（12）裘，（18）右，均有名「衞」
的人；出土彝器的位置亦同在陝西岐山的西周墓葬中，是以「裘
衞」、「右衞」和本銘的「衞」極可能是同一人的不同時期稱呼。

「周生作隩豆，用享于宗室。」〈寶雞縣西高泉村春秋秦墓發
　　　掘記〉（註72）

上述六類兩周作器人物的出土量以貴族和職官類最多，其次為諸
侯王題銘。周天子、后妃和私人的鑄製彝銘均屬少數。

第五節　兩周彝器作器人物的分佈概況(註74)

　　根據《考古》、《文物》、《考古學報》等考古刊物，歸納近
卅年中國諸省中出土的兩周青銅器銘文，可以分析出作器人物的分
佈概況如次：

(一)陝西省

　　作器人物有：

　　(1)周天子

　　(2)公、侯、伯

　　(3)右、右師、太師、史、右史、尹、公臣、裘、善夫、工、作冊、
　　　　宗、司馬

　　(4)后妃

(二)河南省

　　作器人物有：

　　(1)周天子

　　(2)諸侯王（吳）

　　(3)侯、伯、子、大子、公子、王子、王孫

　　(4)師、射、史、尹、司寇、工師、冶尹

　　(5)母姓

(三)山東省

　　作器人物有：

　　(1)侯、伯、子、公子

　　(2)宰、司馬、走馬、射、乘父

　　(3)母姓、妃妾

㈣湖北省

　作器人物有：

　⑴諸侯王（楚、吳、越）

　⑵伯、侯、子、公子

　⑶工尹、小臣

㈤江蘇省

　作器人物有：

　⑴諸侯王（吳）

　⑵侯、子、公子、大子

　⑶司寇

㈥安徽省

　作器人物有：

　⑴諸侯王（吳）

　⑵侯、子、公子、大子

㈦河北省

　作器人物有：

　⑴諸侯王（吳、中山）

　⑵侯、伯

　⑶右、史

㈧山西省

　作器人物有：

　⑴諸侯王（吳、徐）

　⑵侯、王子

㈨江西省

　作器人物有：

(1)諸侯王（徐）

(2)令尹

(十)遼寧省

作器人物有：

(1)諸侯王（燕）

(2)侯、伯

(3)史、尹

(十一)甘肅省

作器人物有：

(1)公、伯

(2)妃妾

(十二)湖南省

作器人物有：

(1)伯、子

(2)相邦

(十三)四川省

未見作器人物。

(十四)廣東省

未見作器人物。

(十五)廣西省

未見作器人物。

(十六)雲南省

未見作器人物。

(十七)福建省

未見作器人物。

由上述諸省羅列出土的作器人物，反映出如下數點歷史現象：

(1)作器人物的種類與數量，以陝西省佔最多，河南省次之。二省出土的作器人物約佔全國一半以上，顯示兩周文化的活動重心，是集中在黃河河套以下的一段地域上。

(2)諸侯稱王的彝銘遍及河南、河北、湖北、江蘇、安徽、山西、江西、遼寧諸省。諸侯不宗周室，僭越稱王，乃非禮無道之舉，這情況不但見於邊域，甚至於中原周室鄰近的諸侯亦復如此，可見周天子權力的積弱，已是一蹶不振了。

(3)兩周時期經由天子與諸侯封爵的幅員甚廣，包括中土的陝西、山西、河北、河南，東及山東，東南至安徽、江蘇，南迄湖南，西接甘肅，北達遼寧。這範圍大致涵蓋當時漢民族主要活動的地區。

(4)四川、廣東、廣西、雲南、福建諸省未見有作器人物的彝器出土。在兩周時期這些省份可能仍未完全爲周民族所經營。

(5)相邦一詞多見於南方，宰官獨見於山東，公子、大子則遍及中土及東南。由這些特殊稱謂可以用作彝銘分域研究的標準。

(6)作冊、善夫、裘、右諸官職在銘文中均陪侍王側，並未見載於諸侯彝器中，可見這類官員均屬於周朝王室專有。

註　釋

1.參容庚《商周彝器通考》第五章〈銘文〉頁67～81。
2.參郭沫若《殷周青銅器銘文研究》上冊四篇。1930年手抄本。
3.見《文物資料叢刊》第二冊。
4.見《文物》1975年7期。

5.見《文物》1977年8期。

6.見《陝西出土商周青銅器》一冊頁38。

7.見《文物》1976年11期。

8.見《文物》1972年4期。

9.見《考古》1973年4期。

10.見《文物》1980年8期。

11.見《文物》1966年5期。

12.見《文物》1977年3期。

13.見《文物》1980年1期。

14.見《考古》1965年9期。

15.見《考古》1965年9期。

16.見《文物》1977年8期。

17.見《文物》1972年5期。

18.見《文物》1979年1期。

19.見《文物》1980年7期。

20.見《文物》1962年11期。

21.見《文物》1979年7期。

22.見《文物》1980年1期。

23.見《文物》1972年5期。

24.見《文物》1973年1期。

25.見《文物》1980年5期。

26.見《文物》1973年5期。

27.見《文物》1965年7期。

28.見《文物》1964年4期。

29.見《考古》1975年4期。

30.見《文物》1964年7期。

31.見《江漢考古》1980年1期。

32.見《文物》1964年7期。

33.見《考古》1963年4期。

34.見《文物》1980年10期。

35.見《文物》1978年1期。

36.見《考古》1976年1期。

37.見《文物》1976年4期。

38.見《文物》1978年4期。

39.《上村嶺虢國墓地》科學出版社。1959年版。

40.見《文物》1972年6期。

41.見《考古》1965年11期。

42.見《考古》1959年9期。

43.見《文物》1972年10期。

44.見《文物》1964年7期。

45.見《山東文物選集》圖108。

46.見《文物資料叢刊》第三冊。

47.見《文物》1964年9期。

48.見《文物》1978年1期。

49.見《考古》1965年9期。

50.見《考古學報》1958年2期。

51.見《文物》1972年10期。

52.見《文物》1972年6期。

53.見《文物》1980年4期。

54.見《文物參考資料》1955年8期。

55.見《考古》1965年11期。

56.見《考古》1959年4期。

57.見《文物》1963年2期。

58.見《文物》1976年5期。

59.見《陝西出土商周青銅器》一冊頁38。

60.見《文物》1972年10期。

61.見《文物》1980年1期。

62.見《文物》1976年5期。

63.見《文物》1978年3期。

64.見《考古》1959年11期。

65.見《文物》1978年4期。

66.見《考古》1979年2期。

67.見《考古》1974年1期。

68.見《文物》1975年8期。

69.見《文物》1980年5期。

70.見《山東文物選集》圖96。

71.見《文物》1972年7期。

72.見《文物》1976年1期。

73.見《文物》1980年9期。

74.第四、五節收集的出土彝銘主要是見載於五十年代至八十年代的
考古刊物。一九八四年徐中舒先生出版的《殷周金文集錄》給予
我很多方便。

中國文字簡化芻議

　　我們站在兼顧學理和實用的角度來看中國文字,對於文字的改革有兩個堅持。第一、中國文字的發展由繁而簡,是一自然的趨勢。我們不應因政治的因素來作為文字繁簡取向的標準。第二、中國文字的簡化應在合情合理的情況下進行。所謂合情合理的客觀標準有三:(1)、文字簡化的筆劃必須簡單明確平實,易寫易學易記。(2)、文字簡化規律化。簡化過程務必劃一,儘可能避免例外和混淆。(3)文字簡化要合乎文字的自然發展,兼顧文字形音義歷史的上下相承。文字是文化的一部分,文化的發展是有其延續性的,它不可能完全一刀砍斷而作橫的人工移植,同樣文字亦不可能違背自然的演變規律而徒然進行人為主觀的革新。文字的改革者宜慎重的考慮漢文字本身體系的特性,從而確立一客觀的簡省規律,始可以進行簡化。

　　目前中國大陸所推行的簡體字,除了就繁體字上省略形符或聲符外,一般都是以同音的簡單聲旁取代筆劃較繁雜的聲旁,而構成新的形聲字。如:癢作痒、傭作佣、嚇作吓、曬作晒、遷作迁、療作疗、襪作袜……等是。簡體字的筆劃基本上多取於藝術意味濃厚的章書、草書,強調主觀的約定俗成,如一般簡體的偏旁主要是截取草書的寫法,使文字字形與字義的關係漸趨疏離,例如:門作门、言作讠、食作饣、糸作纟、學作𫲡、𦥑作艹、繼作亦、臤作𠬛、易作㑞、睪作圣、巠作圣……等是。

　　文字構形由繁趨簡的要求,是古今皆然。如大篆「或頗省改」而為小篆,小篆「以趨約易」而為隸書。大陸中國文字改革委員會自一九五六年曾先後正式公佈了四批〈漢字簡化方案〉的簡化漢字,

其中有若干是精簡得非常成功的，簡化的形構不但早已接受歷史的時代考驗，並且合符文字演變的發展規則。這些簡體字自然較容易在漢文字史中留傳下去。如：

無作无，《說文》奇字已作无。

雲作云，《說文》古文已作云。

禮作礼，《說文》古文已作 ⺬⺀。

箇作个，《說文》或體已作个。

撲作扑，《說文》墣字或體已作圤。

網作网，《說文》篆文已作网。

麗作丽，《說文》古文已作 丽。

寶作宝，甲骨文已作 𡨦。

蟲作虫，甲骨文已作 ⸢虫⸥。

從作从，甲骨文已作 从。

電作电，甲骨文已作 𢆉，篆文作 申。

隊作队，甲骨文已作 𨽎。

龜作龟，甲骨文已作 龟。

後作后，甲骨文已作 后。

啓作启，甲骨文已作 启。

龍作龙，甲骨文已作 龙。

氣作气，甲骨文已作 三。

醫作医，甲骨文已作 医。

殺作杀，甲骨文已作 杀，《說文》古文作 杀。

貌作皃，甲骨、金文已作 皃。

然而，若干簡體字的簡化過程卻並不統一，往往甚至有自相矛盾的地方。這使現今的中國文字在應用和學習上徒然增添許多糾纏和混淆的現象。以下僅羅列十一點對於目前中國大陸文字簡化的我見，

希望透過比較客觀的分析，可以使今後文字簡化的方案趨於更完備，讓中國人擁有一種既合理又方便的文字。這是本人北上向諸位報告此稿最大的心願。

第一：同一偏旁的簡化過程並不一致。有更易為一較簡單筆劃的偏
　　　旁，但亦有保持原繁體偏旁不變的。如：

①遼作辽，療作疗。從尞偏旁的字皆簡從了。

　　　但鷚字仍作鷚、繚字仍作繚。

②傭作佣，從庸偏旁簡從用。

　　　但鏞字仍作鏞、鱅字仍作鱅。

③達作达，韃作鞑。從達偏旁的字簡從大。

　　　但噠字仍作噠。

④還作还。從睘偏旁的字簡從不。

　　　但繯字仍作繯，鐶字仍作鐶。

⑤標作标。從票偏旁的字簡從示。

　　　但驃字仍作驃，鏢字仍作鏢。

⑥過作过。從咼偏旁的字簡從寸。

　　　但渦字仍作渦、堝字仍作堝，鍋子仍作锅。

⑦懺作忏、殲作歼。從韱偏旁的字簡從千。

　　　但讖字仍作谶。

⑧觀作观，權作权。從雚偏旁的字簡從又。

　　　但鸛字仍鸛。

吾人觀察以上的特例，首先會提出一個問題：是否由於習見的意符偏旁一經簡省後，另一聲符則不必再進行簡化呢？可是，反證的例子如：鑰作钥，驗作验，錫作锡等字均同時簡化其意符和聲符。由此可知，上述第一點文字簡化的互相矛盾主要歸究於事前沒有確立

全盤簡化的劃一標準。

第二：不同的繁體偏旁在簡化過程中混同而爲一較簡單的新字。這
　　　種混同現象有屬於同音的取代，有屬於主觀的約定。同音取
　　　代的例子如：
①嚇作吓，蝦作虾。繁體所從偏旁的赫、叚在簡化後混同爲一下字。
②優作优。猶作犹。繁體所從偏旁的憂、酋在簡化後混同爲一尤字。
③藝作艺。憶作忆。繁體所從偏旁的埶、意在簡化後混同爲一乙字。
④擁作拥。傭作佣。癰作痈。繁體所從偏旁的雍、庸、雝在簡化後
　混同爲一用字。
⑤寧作宁。廳作厅。艇作舡。燈作灯。繁體所從偏旁的寍、聽、廷、
　登在簡化後混同爲一丁字。
⑥灑作洒。犧作牺。繁體所從偏旁的麗、羲在簡化後混同爲一西字。
⑦氈作毡。戰作战。繁體所從偏旁的亶、單在簡化後混同爲一占字。
⑧癥作症。證作证。繁體所從偏旁的徵、登在簡化後混同爲一正字。
主觀約定的例子如：
⑨達作达。慶作庆。繁體所從偏旁的幸、慶在簡化後混同爲一大字。
⑩區作区。趙作赵。岡作冈。繁體所從偏旁的品、肖、𠘨在簡化後
　混同爲一乂字。
⑪瘡作疮。爺作爷。繁體所從偏旁的節、耶在簡化後混同爲一卩字。
⑫陰作阴。鑰作钥。繁體所從偏旁的侌、龠在簡化後混同爲一月字。
⑬歷作历。傷作伤。繁體所從偏旁的歴、昜在簡化後混同爲一力字。
⑭隊作队。認作认。繁體所從偏旁的㒸、忍在簡化後混同爲一人字。
⑮過作过。時作时。繁體所從偏旁的咼，寺在簡化後混同爲一寸字。
⑯進作进。講作讲。繁體所從偏旁的隹、冓在簡化後混同爲一井字。
⑰漢作汉。歡作欢。戲作戏。鳳作凤。僅作仅。雞作鸡。繁體所從

偏旁的莫、舊、麿、鳥、堇、奚在簡化後皆混同爲一又字。

兼具同音取代和主觀約定而混同的例子，如：

⑱薹作芸。運作运。醞作酝。會作会。嘗作尝。償作偿。繁體所從
　偏旁的雲、軍、昷、曾、尚、員在簡化後混同爲一云字。

⑲滬作沪。護作护。爐作炉。繁體所從偏旁的扈、蒦、盧在簡化後
　混同爲一戶字。

第三：相類似的繁體意符在簡化過程中習見的同化罕見的，意符偏
　　　旁互相混淆無別。如：

　　　　悶作闷。一般從門偏旁皆簡化爲门。而鬪簡作闹、鬧簡作闹；
　　　　從鬥的偏旁亦同樣簡化爲门。門、鬥自此混而無別。

第四：一繁體聲符在經簡化之後與另一繁體聲符相混同，如此簡化
　　　的偏旁與繁體的偏旁混而無別。如：

①劇作剧，據作据。繁體字從豦者簡從居。
　　此與「鋸作锯」所從的聲符居相混同。

②僕作仆，撲作扑。繁體字從業者簡從卜。
　　此與「訃作讣」所從的聲符卜相混同。

③礎作础。繁體字從楚者簡從出。
　　此與「絀作绌，齣作础」所從的聲符出相混同。

④極作极。繁體字從亟者簡從及。
　　此與「級作级」所從的聲符及相混同。

⑤溝作沟，構作构。繁體字從冓者簡從勾。
　　此與「鉤作钩」所從的聲符勾相混同。

第五：同一繁體的聲符在簡化過程中由不同的新字所取代，使初學

　　　　者無所適從，亦破壞文字自然演變的規律。如：
①櫬作梸。
　　　　但襯則簡作衬。繁體偏旁親既簡作亲，又更作寸。
②鄧作邓。
　　　　但燈則簡作灯。繁體偏旁登既簡作又，又更作丁。

第六：同一繁體文字在獨體和在偏旁時的簡化情況並不一致。此亦
　　　　增加了學習簡體字的困難。如：
①開作开。
　　　　但鐦作锎，偏旁的開並不簡作开。
②節作节。
　　　　但癤作疖，偏旁的節並不簡作节。
③習作习。
　　　　但鰼作鳛，偏旁的習並不簡作习。

第七：同一個偏旁的簡化因其所處位置的不同而有差異。如此亦增
　　　　加了學習上和辨認上的困難。如：
　　　　言字一般在偏旁中是屬於左右式的結體，言處於左邊，簡作
　　　　讠。如：訐作讦、評作评、謳作讴。但言字在內外式的組合
　　　　時則簡作文。如：這作这。又，言字在左右式的組合而處於
　　　　右邊時卻不省簡，如：信字。

第八：一繁體字在簡化之後與另一本為繁體的字相混同。如：
①穀作谷，與谷字相混。
②蛋作旦，與旦字相混。
③糊作胡，與胡字相混。

④闢作辟，與辟字相混。

⑤闆作板，與板字相混。

⑥醜作丑，與丑字相混。

⑦夥作多，與多字相混。

⑧劅作刈，與刈字相混。

⑨颳作刮，與刮字相混。

⑩藉作借，與借字相混。

⑪薑作姜，與姜字相混。

⑫剋作克，與克字相混。

⑬傢作家，與家字相混。

⑭韆作千，與千字相混。

⑮鞦作秋，與秋字相混。

⑯匐作伏，與伏字相混。

⑰榨作乍，與乍字相混。

⑱庭作廷，與廷字相混。

⑲餘作余，與余字相混。

⑳硃作朱，與朱字相混。

㉑麵作面，與面字相混。

㉒錶作表，與表字相混。

㉓齣作出，與出字相混。

㉔鏇作旋，與旋字相混。

㉕鹹作咸，與咸字相混。

㉖檯作台，與台字相混。

㉗鬱作郁，與郁字相混。

第九：本來不相同的繁體字在簡化後竟混而為同一字。如：

①發、髮皆簡作 发。

②曆、歷皆簡作历。

③獲、穫皆簡作获。

④彌、瀰皆簡作弥。

⑤簽、籤皆簡作签。

⑥祇、隻皆簡作只。

⑦鐘、鍾皆簡作钟。

⑧團、糰皆簡作团。

⑨辯、辨、辮皆簡作弁。

⑩凋、碉、雕皆簡作刁。

⑪濛、懞、矇皆簡作蒙。

⑫勃、渤、脖、鵓皆簡作孛。

⑬臺、檯、颱皆簡作台。

⑭瞭作了。遼作辽、療作疗。可知瞭、寮皆簡作了。

⑮蘭作兰。欄作栏、爛作烂。可知蘭、闌皆簡作兰。

第十：文字簡化過程中省略的方法並不劃一。中國文字改革方案有
若干規劃是不錯的，如：(1)對於上下式三結體組合的文字，省簡的
對象都是中間一部分。如：尋作寻、奪作夺、奮作奋、虜作虏、慮
作虑、瘡作疮、寧作宁、鼻作鼻、喜作喜、纂作笫、蠢作蚕、磨作
启、堂作坣。(2)對於疊體字皆省簡為一體。如：競作竞、弱作弓、
蟲作虫、蠱作盅、纍作累。可是，目前也有許多省略不一致的字例，
使初學者無所適從。如：

①上下式二結體組合的文字省去下一部分形體。如：鞏作巩、麗作
　丽、坐作丛、襄作齐。但亦有省卻上一部分形體的，如：鬆作松、
　墓作全、麼作么。

②內外式二結體組合的文字省去內一部分形體。如：廠作厂、廣作

广、產作产、飛作飞。但亦有省卻外一部分形體的，如：開作井、
關作关、裏作里、微作兒、滅作灭。

③左右式二結體組合的文字如以左面一部分爲主（多爲聲符），則
省去右面一部分。如：離作离、親作亲、號作号、獸作兽、畝作
亩、殻作壳、剋作克、雜作杂、糶作粜、雖作虽。但如以右面一
部分爲主（多爲聲符），則省去左面一部分。如：像作象、誇作
夸、錄作录、睏作困、條作条、務作务、隸作隶、酸作夋。如此，
亦構成初學者對於判斷文字簡省的混淆。

第十一：過去若干簡體字的整理只是人爲主觀的省略，它的簡化並
不合乎文字自然演變的規則，是以不能利用六書的角度來加
以分析理解。這些文字將來能否廣泛地應用下去仍是一個疑
問。如：能作㠪、熟作丸、照作䒤、集作亼、冀作北、廠作
厂（厂本即斥字）、廣作广等。

　　以上只是就比較的角度粗淺的提出些文字簡化的問題，問題是
否需要解決或該不該解決仍懇請大陸簡體字的專家們多指正。不管
如何，對於目前的中國人，多談一些問題，少談一些主義總是好的。

國家圖書館出版品預行編目資料

甲骨學論叢

朱岐祥著.—初版.—臺北市：臺灣學生，1992[民 81]

面；公分

ISBN 957-15-0347-9 (精裝)
ISBN 957-15-0348-7 (平裝)

3.甲骨–論文，講詞等

792.07   81000998

甲骨學論叢 (全一冊)

著　作　者：朱　　　　岐　　　　祥
出　版　者：臺　灣　學　生　書　局
發　行　人：孫　　　　善　　　　治
發　行　所：臺　灣　學　生　書　局
　　　　　　臺北市和平東路一段一九八號
　　　　　　郵政劃撥帳號00024668號
　　　　　　電　話：(02)23634156
　　　　　　傳　真：(02)23636334
本書局登
記證字號：行政院新聞局局版北市業字第玖捌壹號
印　刷　所：宏　輝　彩　色　印　刷　公　司
　　　　　　中和市永和路三六三巷四二號
　　　　　　電　話：(02)22268853

定價：精裝新臺幣三八〇元
　　　平裝新臺幣三一〇元

西元一九九二年二月初版
西元一九九九年九月二刷